七尾城，桜馬場北側の石垣

野面積《のづらづみ》の石垣が段状に築かれている．石垣構築は能登畠山氏後半（弘治年間〈1555～1558〉）から前田氏（天正9～17年〈1581～1589〉）の頃と幅を持たせて想定されている．

飯田城主郭付近の畝状空堀群《うねじょうからぼりぐん》

主郭周囲の高さ４メートルの切岸《きりぎし》直下に，西から北，東側にかけて広く設置されている．周辺に所在する上杉氏の伝承が残る黒峰城にも設置されており，上杉氏関連の城郭遺構と想定されている．

甲山城遠景

上杉謙信が富山湾や七尾湾の制海権を意識して配置されたと想定される海城．通称「大口《おおぐち》の瀬戸《せと》」と呼ばれる海路の要衝を押さえた軍略上の拠点に築城されている．

松波城の枯山水遺構

15 世紀前半頃の会所が想定される礎石建物に隣接して築庭された枯山水《かれさんすい》式庭園で，池状の落ち込みと泥岩貼付《でいがんはりつけ》遺構，景石《かげいし》，水の流れを表現した扁平な円礫の集合体で構成される．

鳥越弘願寺オヤシキ部分を望む

加賀一向一揆勢の拠点となった城郭寺院．独立丘陵先端部を利用して築城されている．主郭は西南東を土塁《どるい》，南を急峻な崖で囲まれており，大規模な土塁は喰違《くいちがい》虎口《こぐち》となっている．

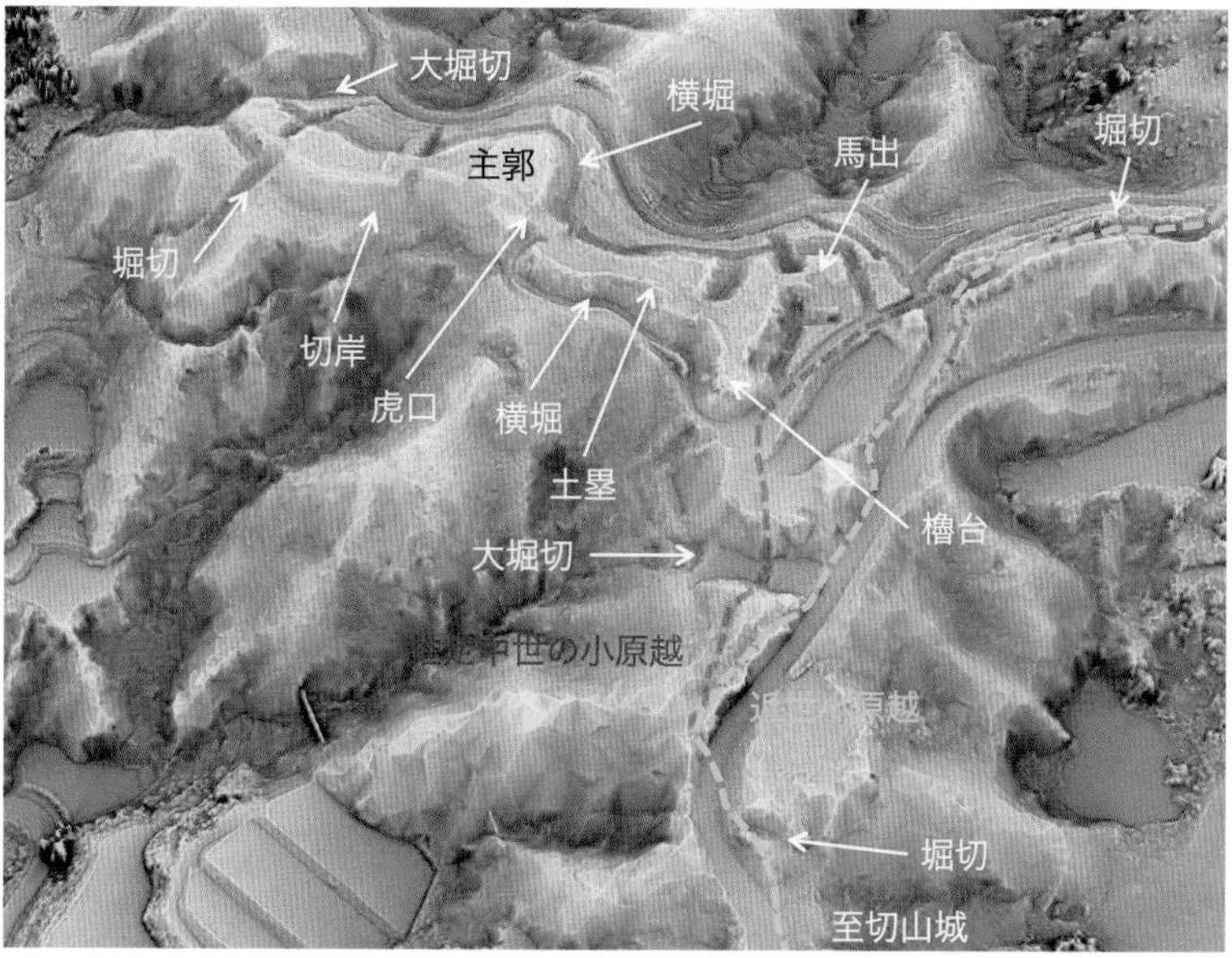

松根城跡航空レーザ測量による鳥瞰図（金沢市埋蔵文化財センター提供）

山中に残る城郭遺構が明確に把握できる．大堀切によって中世小原越(道)は封鎖された．馬出《うまだし》や枡形《ますがた》、堀切《ほりきり》、横堀が機能的に縄張された佐々成政と前田利家の抗争を示す城郭．

舟岡山城，主郭南西側石垣

手取川扇状地を一望できる舟岡山南端部に築城．織田勢と加賀一向一揆勢の戦いの歴史を持つ．主郭周囲は最大高 2.5 メートルの野面積《のづらづみ》石垣造りである．金沢城南方の要城.

鳥越城，外枡形門

加賀一向一揆勢最後の拠点．発掘調査では一向一揆期と織田期の 2 時期が確認されており，石垣による普請《ふしん》は織田勢入城後のもの．外枡形《そとますがた》門は一向一揆期の堀を埋め立てた上に築かれている.

北陸の名城を歩く

石川編

向井裕知［編］

吉川弘文館

刊行のことば

石川県教育委員会の中世城館調査によると、遺跡地図や近世地誌類などから抽出した三一四ヵ所（能登国一一七ヵ所、加賀国一九七ヵ所）のうち現地で遺構が確認できたものは二〇四ヵ所（能登国七〇ヵ所、加賀国一三四ヵ所）を数えるという。本書では、その中でもぜひ現地を訪れていただきたい能登国で二〇ヵ所、加賀国で三六ヵ所、計五六ヵ所について厳選した。その中には整備済みや管理がされており、普段着で探訪できる城館もあれば、遺構の残りが良いものの、平常の管理がされているわけでもなく荒れた状態の城館も少なくない。そのような城館には、長靴や汚れても良い服など万全の準備が必要となるところもあるのでご注意願いたい。

選定基準はおおむね以下のとおり。まずは国県市町の指定史跡、史跡指定等を目指して目下調査中もしくは調査に着手するなど地元が売り出したい城郭、遺構の残り具合と縄張が秀逸な城郭を選択した。とりわけ執筆陣には可能な範囲で現在活躍中の自治体職員に依頼し、地元自治体や団体が売り出したい城郭について執筆いただくようにした。また、現在進行形で発掘調査が進行している城郭がある。それらについては公表が可能な範囲で最新の成果を盛り込んでいただいた。

石川県は、最後の立国となった弘仁十四年（八二三）の平安時代以来、江戸時代まで加賀と能登の二国で構成された。ちなみに来年の令和五年（二〇二三）は加賀立国一二〇〇年である。戦国末期から江戸時代を通して加賀前田家の統治下にあったが、それまでは本願寺による加賀一向一揆勢が実質的に支配をしていた時期が長く続いた特殊な地域である。本書で取り上げた城郭には、加賀一向一揆に関するものが少なくなく、一向一揆軍と上杉謙信軍、織田信長軍、豊臣秀吉軍が争った城郭が多い。それぞれの城郭構造に特色があり、文献史料では窺い知ることのできない歴史が現地にこそ残されていることがよくわかる。ぜひ各論をご参照いただきたい。

近年はお城ブーム、山城ブームと言っても過言ではない。テレビではゴールデンタイムで城郭を取り上げた番組を放映しており、インターネットの世界でも様々な方々が自らのお城愛を発信されている。お城ＥＸＰＯに全国山城サミットなど、全国規模の大会も定期的に開催されている。地域で開催されるお城に関する講演会などは枚挙にいとまがない。そのような中、新型コロナウィルスの蔓延によって、オンラインやバーチャルの世界が急速に拡がっている。確かに便利な面もあるが、いざ経験してみるとやはり実体験を伴わないと物足りなさが残ることが多々あることをみなさんもお感じではないだろうか。歴史を知るのは文献や映像などでも可能であるが、実際に当時の雰囲気や景観を体感できるのは史跡であり、遺跡であり、本書で取り上げた城郭であると思う。

いよいよ行動制限も緩和されつつあり、人々も動き出している。本書は、各地域において第一線で活躍する自治体職員や研究者の方にご執筆いただいた。ぜひ本書を片手に現地を訪れて実際の遺構に接してもらいたい。そして、さらに詳しく知りたい方には、八頁の参考文献に掲げた『石川県中世城館跡調査報告書』や本書にも執筆いただいた佐伯哲也著書、各城跡の参考文献に掲げた各調査報告書等をご参照いただければと思う。

ぜひ本書を片手に名城に訪れ、よりディープな山城の世界へと旅立っていただきたい。

令和四年十一月　　　　　　　　　　　　　　　　　　　　向井裕知

目次

加賀・能登における城館跡調査と整備

向井裕知

石川県における中近世城館調査と整備は、その規模・経費ともに金沢城跡の復元整備とそれに伴う調査が抜きん出ており、調査成果に基づいた復元整備が石川県金沢城調査研究所のもと、着実に実施されている。城跡の調査・整備のための独立した組織を設けている点は、石川県としての金沢城跡に対する思い入れが大きい証左であろう。一方、市町の城郭調査は、石川県教育委員会による中世城館調査によって、地域の城館の実態が学術的に評価され、自治体での調査や史跡指定、整備が着実に進んでいるため、それらの特徴を紹介したい。

【城館調査の嚆矢《こうし》】　石川県における城館調査は、昭和九年（一九三四）に国史跡に指定された**七尾城**の測量調査まで遡る。その後、行政にて本格的に城館跡の調査が実施され始めたのは昭和四十五年以降のことであり、加賀一向一揆の舞台として日本史上に登場する高尾城跡が工事によって破壊されたことが、皮肉にも契機となった。当時工事中であった北陸自動車道の盛土として土砂採取が行われ、高尾城跡の大部分が損壊した。その跡地には石川県教育センターが建設されており、その駐車場からは**高尾城**跡の残地に作られた見晴台へ至る遊歩道が整備されている。なお、幸い尾根頂部は土取《どと》りを免れており、加賀一向一揆によって加賀守護富樫政親が自刃した長享二年（一四八八）より新しい一六世紀後半と推察される遺構が今も残っている（一五六頁参照）。

【中世城館の発掘調査と整備】 石川県中世城館調査によって、文化財的価値が高いとされた城館跡については、積極的に史跡指定を目指した調査が実施されている。

能登町**松波城**跡では園池遺構のみ平成二十四年（二〇一〇）に国名勝の指定を受けているが、園池自体は城館の一角に所在する一構成要素であるために、城館全体としての評価を定めるための発掘調査が近年実施された。結果として、一五世紀前半頃の枯山水《かれさんすい》庭園に伴う礎石建物などが発見され、会所としての機能を持っていたと推察されている。室町時代の園地を伴う空間構成を体感できる城館として貴重であり、今後は整備も行われるようであり、ぜひ訪れていただきたい史跡である。

国史跡**七尾城**は、言わずと知れた能登を代表する城郭である。能越自動車道の工事に伴う発掘調査によって城下の状況は部分的に明らかとなったが、城内の様相は不明であった。そこで、城内中枢部の実態解明を目的として令和二年度（二〇二〇）より発掘調査が開始された。曲輪の造成年代などが確認されつつあり、調査中はその様子を見学することもできる。今後の成果によっては、新たな**七尾城**像が描かれることを期待したい。**七尾城**はすでに遊歩道整備が実施されており探訪しやすくなっている。山頂の城郭付近までは自動車での通行も可能であり、また徒歩による山麓の大手道からの登城ルートも整備されており、城全体を体感することができる。麓の七尾城史資料館では出土品の展示のほか、復元ＣＧも視聴できる。

県史跡**末森城**は、前田利家と佐々成政《さっさなりまさ》の戦いの舞台となった城郭である。昭和六十年代に発掘調査が実施されており、一六世紀中頃までの遺物が出土している。城郭は一六世紀末までは機能していると考えられ、年代差が気になるところである。同様の戦いに使用されたと考えられる**朝日山城**、**松根城**、**切山城**、**高峠城**、**荒山城**でも発掘調査を実施しており、一六世紀末頃の遺物が出土している。**松根城**と**切山城**は国史跡に指定され整備が進行中である。**龍ヶ峰城**も関連城郭と考えられ、発掘調査は未実施ながら遊歩道が整備されているため探訪に適している。

●—金沢城惣構跡升形地点に整備された土居と堀

国史跡**金沢城**は、金沢大学の移転後から石川県によって調査・整備が継続的に実施されている。石川門などの城郭建築も数棟残っており、建物年代の一八世紀後半の姿が復元整備されている。ただし、整備や遺構把握を目的とした調査では近世初頭の金沢城築城期の遺構も見つかっており、築城当初に近い景観がわかりつつある。また、多種多様な石垣が、縄張や建築遺構とともに金沢城を特徴づけている。現在はかつて二の丸にあった御殿の復元整備に向けた発掘調査が進行中である。なお、金沢城下町を取り囲んだ惣構《そうがまえ》については、金沢市史跡「金沢城惣構跡」として痕跡を示す水路と道路及び復元整備地などの公有地が指定されている。発掘調査成果に基づいて、城下への入口となった「升形《ますがた》地点」及び主計町重要伝統的建造物群保存地区内に所在する「緑水苑地点」では慶長年間とされる惣構築造当初の姿が整備されている。

加賀一向一揆によって自害に追い込まれた加賀守護富樫氏の館は、その所在地が不明であったが、開発に伴う発掘調査によって薬研堀《やげんぼり》が発掘されたことで明らかとなった。調査地は野々市市が取得し市史跡として公開されている。全体像は不明な点が多いが市街地に埋もれた守護所の一部が整備されている意義は大きい。

加賀一向一揆最後の砦として知られる国史跡**鳥越城**は、発掘調査成果に基づいて復元整備されており、石垣造りの枡形門は織田勢によるものであるなど、豊富な出土品を展示解説する麓の一向一揆資料館とともに加賀一向一揆と織田勢との戦いの歴史を体感できる城郭である。

大聖寺城は、発掘調査によって鏡石が発見されるなど、石垣による普請がなされていたことが明らかとなった。また会所を伴う園地の存在が推定されるなど戦国期の居城の姿を彷彿とさせる。城下には江戸期の大聖寺藩邸の名残を示す遺構や藩主墓所など、戦国から近世にかけての歴史が体感できる城郭及び関連遺構として貴重である。

以上、史跡整備などが実施されている主な事例を取り上げた。自治体による調査や整備、また民間レベルでの城郭調査が進展し、以前にも増して多くの方々が城跡に訪れるようになった。しかしながら、まだ広く周知されているとは限らず、手続きを経ないまま破壊されてしまうケースが散見される。行政に身を置く立場としては慚愧に堪えないが、本著などの刊行物などを通じて多くの方々に未だ山林に眠る山城の存在を知っていただけることを期待したい。

加賀・能登の中世城館

向井裕知

加賀・能登地域において、主に発掘調査で年代や構造が明らかとなった城館について概観する。

【鎌倉時代の館と城】 当該期の城館は、山城などの遺構には見ることができない。木曾義仲もしくは源義経が居城したと伝わる山城は多いが、大半が戦国後期の改修等を受けており、平安時代末期や鎌倉時代まで遡るのかは不明である。現地に遺構が残っていないために、本書では取り上げていないが、遺跡の発掘調査で明らかとなった鎌倉時代の館である**堅田館**跡（堅田B遺跡）について紹介する。**堅田館**跡は発掘調査成果に基づいて復元した模型が石川県立歴史博物館に、出土品とともに展示されている。

堅田館跡は、石川県金沢市堅田町に所在する一三世紀中葉から一四世紀末頃にかけての館であり、堀から建長三年（一二五一）及び弘長三年（一二六三）の紀年銘を伴う般若心経を書写した「巻数板《かんじょういた》」という木簡《もっかん》とともに大量の土師器《はじき》皿、中国陶磁器、国産陶器・瓦質土器、漆器、木製品等が出土している。越後国人領主色部《いろべ》氏に関する文献では、巻数板吊り行事は領域支配の拠点となる館の安全祈願であり、領域の安寧を祈願する修正会《しゅうしょうえ》も一体となって執り行われていたとされている（中野　一九八八）。つまり、巻数板吊り行事を実施する堅田館跡の居住者は一定の領域を支配しているような人物ということになる。

遺跡の南側には、旧北陸道から分岐し、越中方面へ延びる小原越と呼称される脇街道が東西方向に通過している。更に、その南西方向には森下川《もりもと》が北流し、河北潟、大野川を経て日本海に至る。遺跡背後の北側丘陵先端部には木曾義仲が居城したと伝わり、発掘調査の結果、弥生時代後期、七・一三・一五・一六世紀の遺物が出土した堅田城跡（一六一頁参照）が所在する。つまり、遺跡は背後に堅田城を擁する丘陵、西・南を森下川、東をその支流である深谷川に挟まれており、地理的要因によって東西南北が遮断された環境にある小原越沿いを選地しているといえよう。

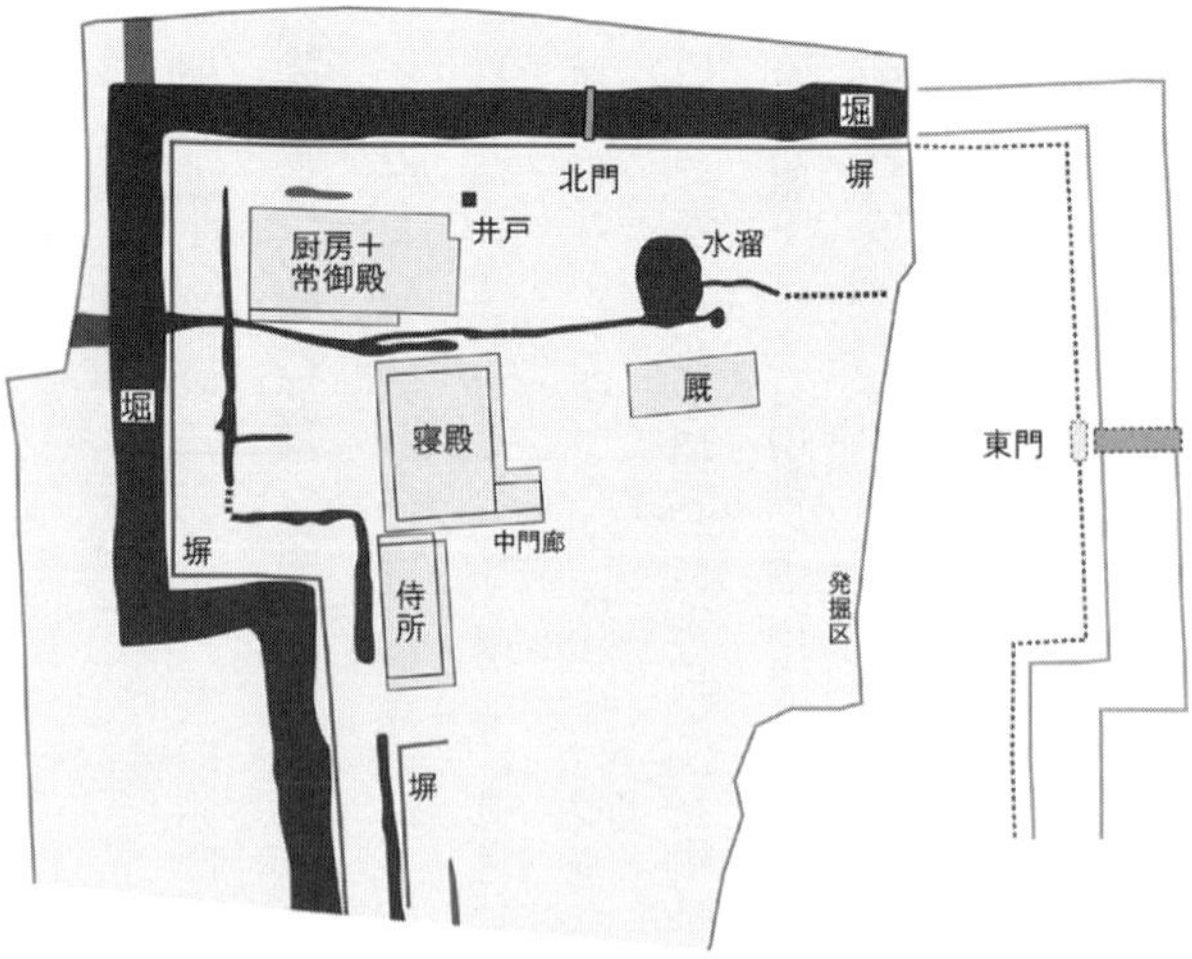

●―堅田館跡Ｉ期遺構模式図（小野 2018 より転載）

館を囲繞《いじょう》する堀の幅は四〜五メートルで深さは八〇センチ前後と深くはない。また、堀際には幅四メートル程度の空閑地が堀に沿って認められるが、土塁《どるい》の痕跡については確認できず、一部に垣根状の柵列を確認するのみである。堀の堆積土の分析により周辺には水湿地や沼沢地が点在していることが判明しており、また一定量の水を貯えた潟のような存在の指摘は居館の堀が水堀であったことを示唆している。

遺跡の最盛期で、巻数板吊りも行われていたと考えられるＩ期（一三世紀中葉〜後葉）の館内部は、中門廊をもつ掘立柱《ほったてばしら》建物や侍所の機能が想定される建物、厩、厨等によって構成される。つまり、一三世紀中葉〜後葉には、方形の堀に囲繞された範囲に中門廊を持つ建物と侍所《さむらいどころ》を備えるような館が成立していることがわかる。しかも堀には屈曲が設けられており、櫓《やぐら》などは見つかっていないが、後の横矢《よこや》に繫がる可能性も考えられ興味深い。

なお、背後の堅田城主郭からは、堅田館造成時頃の土師器皿が出土している。背後の丘陵部は敵かられば絶好の攻撃拠点であるため、無防備ということは考えにくい。戦国後期の遺構によって、鎌倉時代の遺構の状況は不明ではあるが、当地には防御的な施設を構築している可能性が十分に考えられ、鎌倉時代の詰城としての山城と山麓の館の関係を示す可能性が考えられる。

【加賀一向一揆の城】 加賀一向一揆は、蓮如《れんにょ》に絡んだ前期と上杉・織田勢と戦った後期に分けることができる。加賀守護を自害に追い込んだのは前期であるが、その舞台となった**高尾城**に残る遺構は一六世紀後半の可能性が高く、一五世紀後葉から一六世紀前葉の遺構を留める遺跡は少ない。

蓮如の布教により成立したと伝わる**砂子坂道場**跡は、発掘調査によって一五世紀第三四半期頃の遺物が出土し、蓮如布教時期と重なった。越中との国境に築かれた延長八〇〇㍍の堀が特徴的であり、一部喰《くい》違《ちがい》状の虎口《こぐち》が認められる。また、平坦地を隔てる土塁については、尾根を削り出して造成していることがわかった。明確な防御施設は国境を隔てる堀状遺構のみであるが、このような単純なものが初期加賀一向一揆による遺構である可能性が推察される。その他、**若松本泉寺**も初期の遺構を留めている可能性が高い。

戦国後期については、**鳥越城**、**波佐谷城**、**鳥越弘願寺**など発掘調査が実施された城郭だけでも多く確認できる。**朝日山城**についても天正元年（一五七三）に上杉勢を一向一揆が迎え撃った一次史料が存在するなど関係する城郭は多い。最終的には織豊武将が改修する事例が多く、加賀一向一揆衆が築いた遺構を抽出する作業は困難ではあるが、発掘調査によって明らかにされつつあり、各解説をご参照願いたい。

【加能越国境の城】 天正十二年の小牧《こまき》・長久手《ながくて》の戦いに起因する加賀・能登前田利家と越中佐々成政《さっさなりまさ》による抗争で築城・改修された城郭が、加賀越中国境及び能登越中国境に複数存在する。街道筋を掌握することを特徴とし、特に**松根城**の発掘調査では街道を遮断し、戦時封鎖している可能性が指摘された。位置的には、加賀・能登側の城郭を前田軍、越中側を佐々軍と推定するが、構造も特徴的であり加越国境の佐々軍の城郭は当時の最先端の軍事施設として整備されており、規模も大きい。対して前田軍の城郭は、**切山城**以外は元あった城郭をそのまま、もしくは部分改修するのみで使用しており、かつ規模も小さい。ここには、秀吉からの厳命により表立って大きな軍事行動をできない利家と、**末森城**攻めに至る成政の戦略が城郭構造に反映されている可能性が高く、両者のおかれた政治的状況をストレートに示す城郭として稀有な事例といえる。

【参考文献】橋本澄夫「城郭の調査・保存の現況」『日本城郭大系第7巻　新潟・富山・石川』（新人物往来社、一九八〇）、中野豈任『祝儀・吉書・呪符—中世村落の祈りと呪術』（吉川弘文館、一九八八）、石川県教育委員会『石川県中世城館調査報告書Ⅰ（加賀Ⅰ・能登Ⅱ）』（二〇〇二）、石川県教育委員会『石川県中世城館跡調査報告書Ⅱ（能登Ⅰ）』（二〇〇三）、石川県教育委員会『石川県中世城館調査報告書Ⅰ（能登Ⅰ）』（二〇〇四）、向井裕知「鎌倉・南北朝時代の館と城」『中世城館の考古学』（高志書院、二〇一四）、佐伯哲也『戦国の北陸動乱と城郭』（戎光祥出版、二〇一七）、小野正敏「発掘遺構からみる会所」『家具道具室内史』（家具道具室内史学会、二〇一八）

●石川県〈能登〉名城マップ

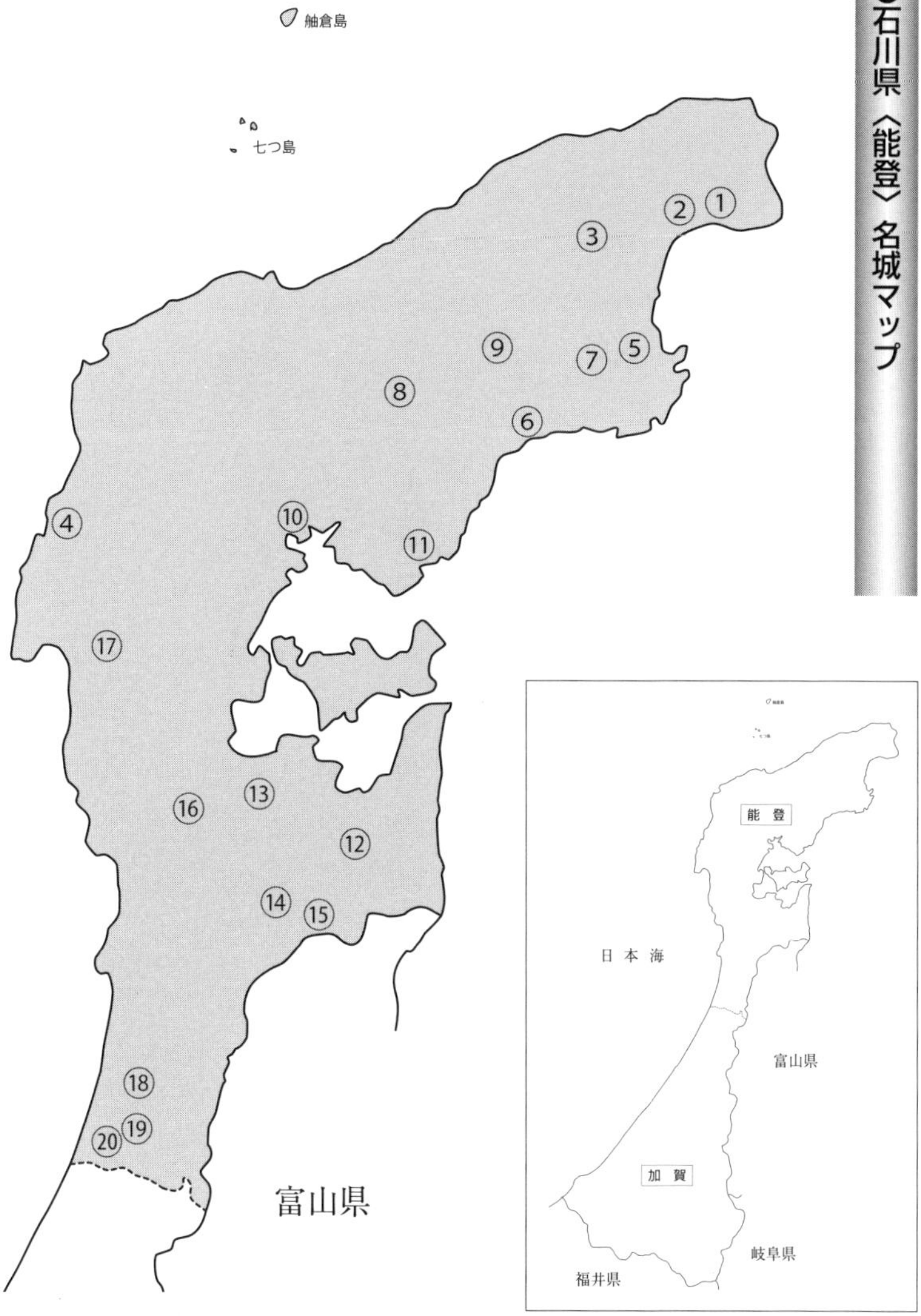

石川県
〈能登〉
① 正院川尻城
② 飯田城
③ 黒峰城
④ 馬場城
⑤ 松波城
⑥ 棚木城
⑦ 背継城
⑧ 左近田砦
⑨ 米山城
⑩ 穴水城
⑪ 甲山城
⑫ 七尾城
⑬ 幾保比城
⑭ 勝山城
⑮ 石動山城
⑯ 館開城
⑰ 木尾嶽城
⑱ 末森城
⑲ 御舘館
⑳ 坪山砦

●石川県〈加賀〉名城マップ

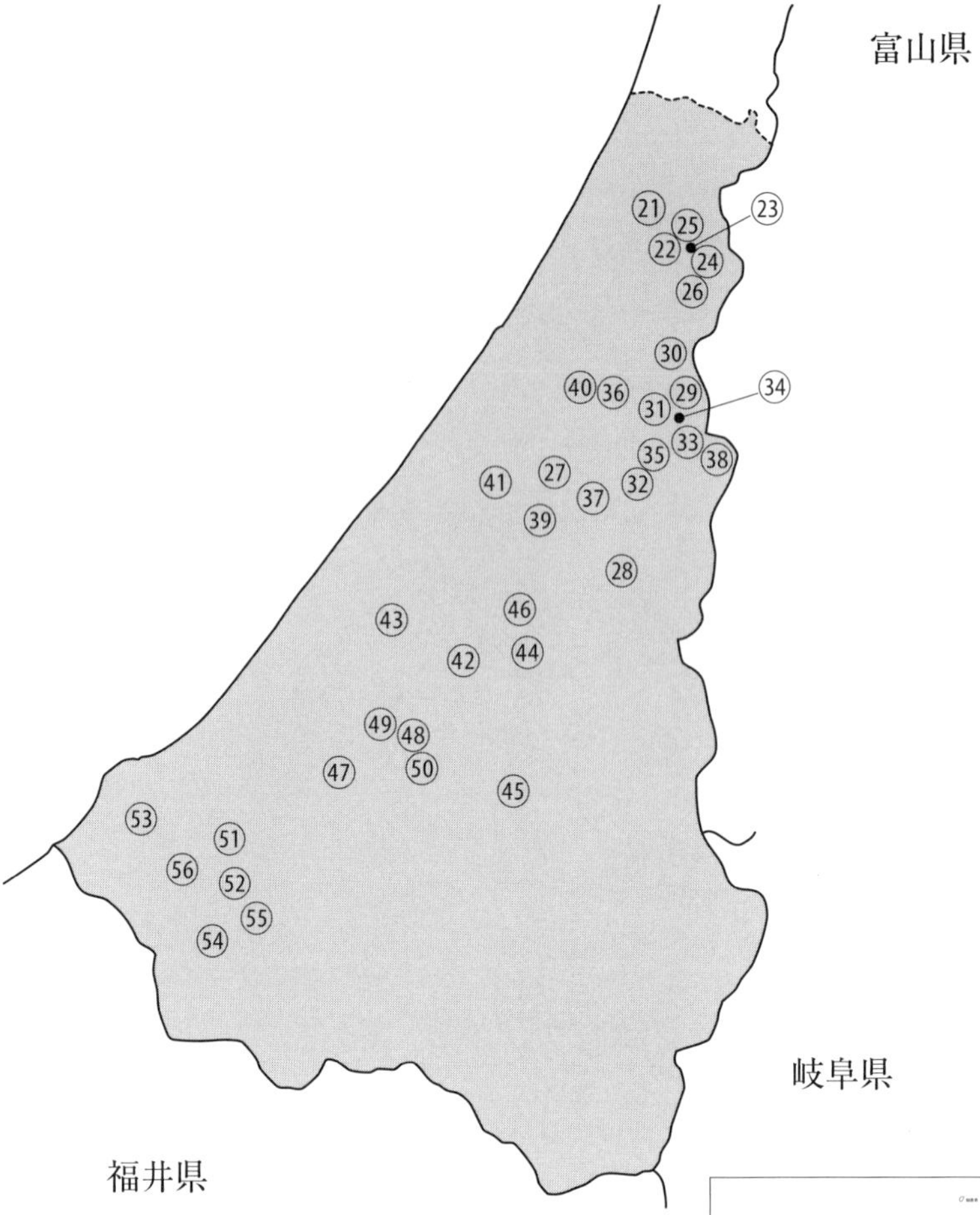

〈加賀〉

㉑多田城
㉒笠野鳥越城
㉓富田和田山城
㉔莇谷城
㉕鳥越弘願寺
㉖龍ヶ峰城
㉗金沢城
㉘鷹巣城
㉙松根城
㉚朝日山城
㉛切山城
㉜高峠城
㉝荒山城
㉞北方城
㉟柚木城
㊱梨木城
㊲若松本泉寺
㊳砂子坂道場
㊴高尾城
㊵堅田城
㊶富樫館
㊷虚空蔵山城
㊸和田山城
㊹舟岡山城
㊺鳥越城
㊻槻橋城
㊼波佐谷城
㊽岩倉城
㊾岩淵城
㊿覆山砦
(51)松山城
(52)塔尾超勝寺
(53)大聖寺城
(54)柴田の付城
(55)赤岩城
(56)日谷城

能登

上空から見た御舘館（宝達志水町教育委員会提供）

舌状《ぜつじょう》台地に築城された方形館．堀と土塁《どるい》による約80メートル四方の主郭と，その北と東に取り付く副郭で構成される見事な遺構が御舘集落に隣接して今も残っている．

●惣堀を残す上杉氏城郭

正《しょう》院《いん》川《かわ》尻《しり》城《じょう》

〔珠洲市史跡〕

〔所在地〕珠洲市正院町川尻
〔比　高〕三〇メートル
〔分　類〕山城
〔年　代〕一五～一六世紀後半
〔城　主〕長川尻氏・長景連
〔交通アクセス〕能越自動車道「のと里山空港IC」から車で六〇分、下車徒歩一〇分。

【奉公衆長川尻氏の築城か】　能登の有力国人だった長川尻氏は、正院川尻村を本貫地《ほんがんち》としており、長享元年（一四八七）室町幕府の奉公衆としてみえる。したがって室町時代長川尻氏によって正院川尻城は築城された可能性が高い。

【長景連の居城か】　江戸期の地誌類『越登賀三州志《えっとがさんしゅうし》』「故墟《こきょ》考《こう》」によれば、天正四年（一五七六）十二月、上杉謙信能登進攻の際に家臣の長与一景連《ちょうよいちかげつら》を正院川尻城に置いたという。景連は越後黒滝長氏の一族とされており、元亀三年（一五七二）十一月、謙信と織田信長が同盟を結ぶにあたり、起請文を信長のもとへ届けている（『上越市史別編1　上杉氏文書集一』上越市、二〇〇三）。恐らく織田家との外交を担当する武将だったのであろう。

天正四年の景連の居城は、一説には棚木《たなぎ》城だともいわれている。珠洲《すず》市には上杉氏の拠点としては飯田城があり、飯田城と正院川尻城はわずか三キロしか離れておらず、両拠点が至近距離に存在するのは不自然である。景連は天正十年棚木城に在城していることが確認できるので、景連は正院川尻城ではなく、棚木城に居城したのかもしれない。

正院川尻城はその後いったん畠山勢に奪還されるが、翌天正五年三月謙信能登再征のときふたたび景連を置いたという。景連の正院川尻城在城を一次史料で確認できないが、「天正五年十二月上杉家家中名字尽手本」（『新修七尾市史7　七尾城編』七尾市、二〇〇六　以下、七尾市史　七尾城編と略す）には能登衆の中に景連の名がみえるので、この時点での能登在国は確実といえよう。

【正院川尻城の落城】 天正六年三月謙信死去により、動揺する能登上杉氏諸将の引き締めを図ったのであろうか、天正七年八月上杉景勝は飯田城主飯田長家《ながいえ》に書状を出し（七尾市史 七尾城編）、長家は景連と嶋倉泰明《やすあき》両人の指示で動くように命令している。これにより景連は長家の上位者であることが判明する。

●―主郭Ａ現状

仮に景連がこのとき正院川尻城に在城していたのなら、飯田城は正院川尻城の支城となる。しかし同時期の飯田城に上杉氏改修の痕跡がみられるのに対して、正院川尻城にはみられない。したがって重点は飯田城に置かれていたと考えられる。上位者の城よりも、下位者の城に重点を置くという奇妙な縄張となっている。

謙信の死後、織田信長に内応した旧畠山家臣温井《ぬくい》・三宅氏は七尾城代鯵坂長実《あじさかながざね》をそそのかし正院川尻城を攻めた。天正七年八月だったと伝える。城主景連は海路越後へ逃れるが、天正十年五月ふたたび鳳至郡の棚木城に舞い戻る。しかし織田方についた長連龍《つらたつ》の猛攻を受け同月二十二日落城、景連も討ち取られ、その首は安土に送られている（『新修七尾市史3 武士編』七尾市、二〇〇二）。正院川尻城は天正七年八月の落城をもって廃城になったとも、あるいは天正十年再度使用されたとも伝わるが詳らかにできない。

【城跡の概要】 飯田湾岸沿いを走る内浦街道が城跡南直下を走る交通の要衝である。「故墟考」では飯田城と正院川尻城を同一の城郭としているが、もちろん別城である。

城跡は耕作などにより破壊され、遺構の残存状況は良くない。A曲輪は高要害《たかようがい》と呼ばれており、城内最高所にも位置していることから主郭と推定される。背後に設けられた横堀①は発掘調査（『正院川尻城跡遺分布調査報告書』一九八七、珠洲市教育委員会 以下、報告書と略す）では主郭Aより五メートル以上の深さを有していることが判明した。B曲輪は下《しも》要害と呼ばれており、その西側に櫓台《やぐらだい》②があり、集落とその直下を通

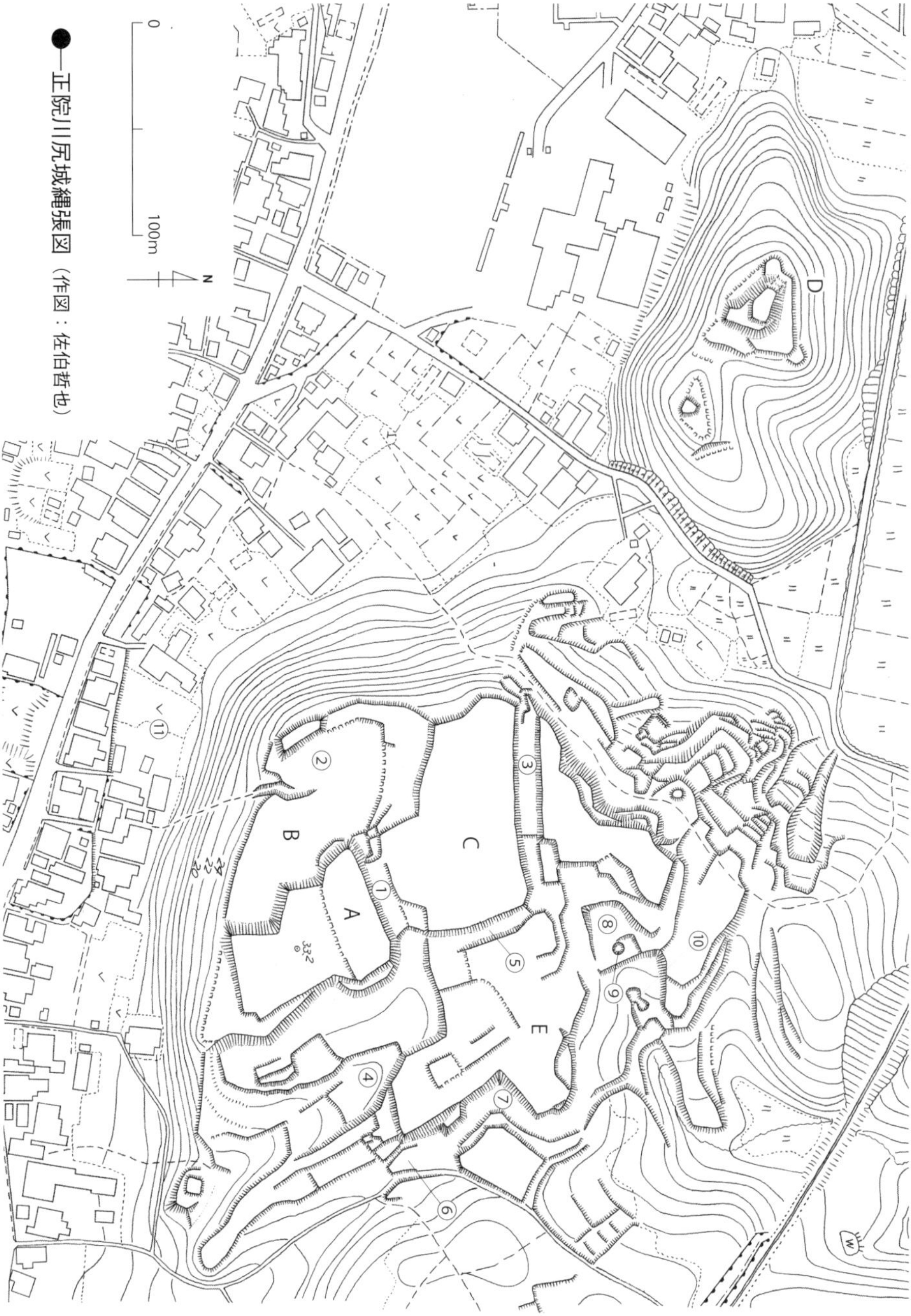

●—正院川尻城縄張図（作図：佐伯哲也）

●—正院川尻城遠望

●—内濠⑪　堀の肩を残す

る内浦《うちうら》街道を監視している。C曲輪の北側から東側を巡る堀③も発掘調査の結果、曲輪面から五・六メートルの差を有していることが判明した。横堀③は恐らく谷と繋がっていたと考えられ、内堀として機能していたと考えられる。このA・B・Cが主要曲輪群で、③〜⑤〜④を繋ぐ線が、内堀ラインとして機能していたと考えられる。

　E曲輪の東側を巡る横堀⑦も発掘調査により、曲輪面から深さ五メートルを有していたことが判明した。恐らく⑥〜⑦〜⑧が外堀のような役目を果たしていたのであろう。正院川尻城は天然の要害に頼ることができないため、深さ五メートルの横堀を巡らせ、敵軍の攻撃を遮断していたのである。

　山上だけではなく、山麓にも防御施設を巡らしていた。城跡南側の⑪地点は内濠《うちごう》と呼ばれており、現在も堀の肩をわずかに残しているため、伝承通り横堀だった可能性は高い。山麓を通る内浦街道を警戒しての横堀だったことは明白で、恐らく惣堀のような存在だったと考えられる。山麓に残る城郭施設の多くは、後世の改変で破壊されているので、横堀⑪は貴重な城郭遺構といえる。

　井戸は⑨・⑩が考えられる。報告書では主郭Aの周囲にさらに三ヵ所の井戸を図示しているが見当たらなかった。大手方向については残念ながら詳らかにできない。

　主郭Aで発掘調査を実施し、柱穴が検出されたが、建物を復元するに至らなかった。遺物は珠洲焼・中国製白磁・近世陶磁が出土したが、いずれも細片のため制作年代は不明。

【城主の推定】　惣堀の存在から、正院川尻城は極めて大規模な城郭で、地域支配の城郭だったと推定される。一六世紀に拠点城郭として存在したことは明白だが、上杉氏改修の痕跡は見当たらない。天正五〜七年に飯田城が上杉氏奥能登支配の拠点として改修され、正院川尻城はその支城として機能が変化したのではなかろうか。なお、城西側のD地点に殿山《とのやま》と称される地点があり、若干の遺構が残るが、正院川尻城と具体的な因果関係は不明。

【参考文献】　佐伯哲也『戦国の北陸動乱と城郭』（戎光祥出版、二〇一七）、佐伯哲也『能登中世城郭図面集』（桂書房、二〇一五）

（佐伯哲也）

●奥能登における上杉氏の拠点

飯《いい》田《だ》城《じょう》

〔所在地〕珠洲市飯田町
〔比　高〕四五メートル
〔分　類〕山城
〔年　代〕一六世紀後半
〔城　主〕飯田長家
〔交通アクセス〕能越自動車道「のと里山空港IC」から車で六〇分、下車徒歩一〇分。

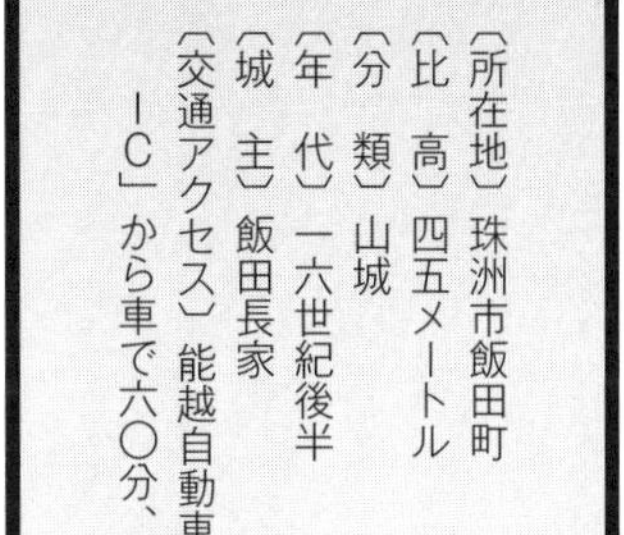

【奥能登の要衝】　飯田城が位置する若山荘は、摂関家九条氏が領有する荘園として古くから開けていた。それは飯田湾沿岸を通る内浦《うらうら》街道と、奥能登山岳地帯を走る若山街道が交差する場所に選地する交通の要衝であったことにも一因する。さらに遠く離れた越後から人馬・物資を船で輸送する上杉氏にとって必要不可欠な飯田港も存在する。このような好条件を備えた飯田城は、奥能登における上杉氏の拠点といえよう。

【飯田長家の在城】　江戸期の地誌類『越登賀三州志《えっとがさんしゅうし》』「故墟《こきょ》考《こう》」では飯田城と正院川尻城を同一としているが、明らかに別城である。飯田城の城主と伝えられている長与一景連《ちょうよいちかげつら》は、正院川尻城の城主として考えるべきであろう。

飯田城の城主として、飯田与三右衛門長家《ながいえ》が伝えられている。長家はかつて奥能登の在地土豪とされてきたが、近年の研究では越後国頸城《くびき》郡夷守《ひなもり》郷などを領有していた飯田与七郎の同族と考えられている。謙信に従って奥能登へ従軍し、奥能登制圧とともに飯田城周辺の土地を与えられたのであろう。「上杉謙信知行覚《ちぎょうおぼえ》」(『新修七尾市史7　七尾城編』七尾市二〇〇六　以下、七尾市史七尾城編と略す)により、天正五年(一五七七)三月に謙信から珠洲郡小伯(泊)・伏見・細谷(屋)の地を与えていることが確認できる。いずれも飯田東部に現存する集落名である。したがって天正五年における長家の飯田城在城は確実といえる。

ここで重要なのは、上杉謙信の七尾城奪取は天正五年九月

●―飯田城遠望

なので、それ以前に奥能登を制圧してしまったことになる。謙信は七尾城を力攻めするのではなく、七尾城周囲を制圧して七尾城を孤立化させたのである。謙信の意外な用意周到の作戦を見ることができる。

【謙信死後の長家】　天正六年謙信死去後の長家は、上杉家を二分した御館《おたて》の乱で景勝方に服属し、天正七〜八年の間に景勝に年頭の祝や太刀などを贈っている（七尾市史 七尾城編）。天正七年八月、謙信の代官として能登支配を任されていた七尾城主鰺坂長実《あじさかながざね》が七尾城から追放され、上杉氏による七尾城支配が終了する。しかし奥能登は上杉方だっようで、長家は上杉方の立場を変えなかった。しかし長家は天正八年閏三月上条政繁《まさしげ》書状（七尾市史 七尾城編）を最後に上杉方との交流が途絶える。天正八年六月織田方の長連龍《つらたつ》が菱脇の戦いで長実を追放した温井《ぬくい》・三宅兄弟を破り、能登における織田勢力が確立したことにより、上杉方として存続できなくなったのであろう。長家は越後へ移住したと伝える。飯田城はその後使用された形跡はなく、ほどなく廃城になったのであろう。

【城跡の概要】　城跡は通称城山山頂に位置する。一部は公園化されているものの、大部分が未整備なので、十分な装備をして登城されたい。

基本的な縄張は、尾根頂部に曲輪を置き、尾根続きを堀切《ほりきり》で遮断するという、一般的な縄張となっている。主郭は城内最高所のA曲輪。ほぼ中央に位置する方形の高まりは、かつて古墳だったと考えられ、古墳をそのまま櫓台《やぐらだい》として使用したのであろう。したがって主郭Aの平坦面は、大規模な改修が施されなかったことを物語る。

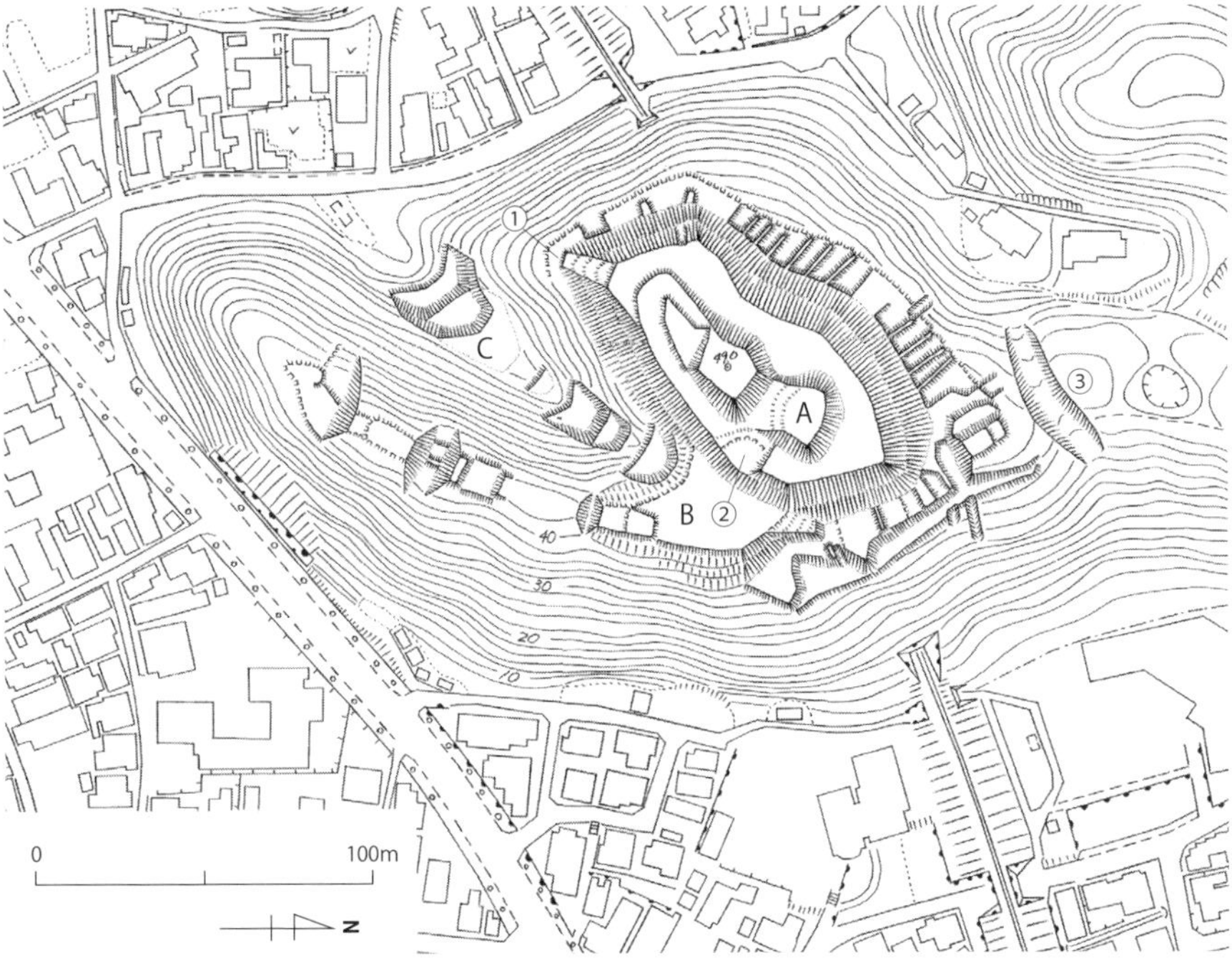

●—飯田城縄張図（作図：佐伯哲也）

主郭の周囲には、高さ四メートルの鋭角の高切岸《きりぎし》が巡らされ、敵軍の攻撃を遮断している。高さ四メートルの切岸を巡らすと、下部には必然的に帯《おび》曲輪が発生する。この帯曲輪は敵軍が自由自在に動き回れるため、デッドゾーンとするために畝状空堀《うねじょうからぼり》群《ぐん》を設けている。この畝状空堀群は、北側の尾根続きから南下してきた敵軍に対応するためのもので、一応堀切③を設けて尾根続きを遮断しているが、それだけでは心配で、畝状空堀群の採用となったのであろう。

この畝状空堀群は上杉氏城郭の特徴で、周辺には黒峰城や萩城にも残る。黒峰城には上杉氏の伝承は残るが、萩城にはない。しかし飯田城と萩城は二・五キロしか離れていないため、萩城は飯田城の支城という考え方も成立しよう。したがって遺構からも飯田城は、上杉氏城郭ということを物語っている。

堀切③を越えて南下した敵軍は、帯曲輪に入ると西・東に分かれて進んだと考えられる。当然城主もそれを想定し、帯曲輪の西・東に畝状空堀群を設けている。主郭Aには城兵が待機しており、敵に対して弓矢を浴びせたと考えられる。敵兵は畝状空堀群に足を取られ、進攻速度が鈍っているため、弓矢の命中率は高まり死傷率も格段に高まったことであろう。敵軍は多大の損害を被って虎口《こぐち》①・②にたどり着き、

●—主郭の周囲に残る畝状空堀群

●—主郭を取り巻く鋭角の切岸

主郭Aに入らなければならないのである。

虎口①は主郭Aと帯曲輪、虎口②は主郭AとB曲輪を繋ぐ虎口である。どちらも基本的には平虎口で、枡形虎口にまで発達していない。これも飯田城の年代を推定するうえで重要な事実となる。

B曲輪から南側に延びる尾根には、堀切を設けて敵軍の攻撃を遮断し、さらに城内側に土塁《どるい》を設けて防御力を増強している。尾根上に設けられた曲輪は、C谷から攻め上ってくる敵軍を監視しており、また、B曲輪はC谷や尾根から進攻する敵軍を食い止め、主郭Aを保護する重要な役割を果たしている。

【城主の推定】　文献史料や畝状空堀群の存在から、天正五年上杉氏奥能登の拠点として飯田長家が在城したと考えて良いであろう。もちろんこのときに畝状空堀群を構築し、虎口が枡形までに発達していないことから、天正八年放棄により廃城になったと推定される。問題は築城時だが、地表面観察ではそこまで読み取ることはできない。今後は発掘調査等考古学的手法により解決していくことが望まれよう。

【参考文献】　佐伯哲也『戦国の北陸動乱と城郭』（戎光祥出版、二〇一七）、佐伯哲也『能登中世城郭図面集』（桂書房、二〇一五）

（佐伯哲也）

●土塁囲みの主郭が残る

黒《くろ》峰《みね》城《じょう》

〔所在地〕珠洲市宝立町春日野
〔比　高〕三六〇メートル
〔分　類〕山城
〔年　代〕一六世紀後半
〔城　主〕阿部義宗・由井浄定飯田長家
〔交通アクセス〕能越自動車道「のと里山空港IC」から車で六〇分、下車徒歩二〇分。

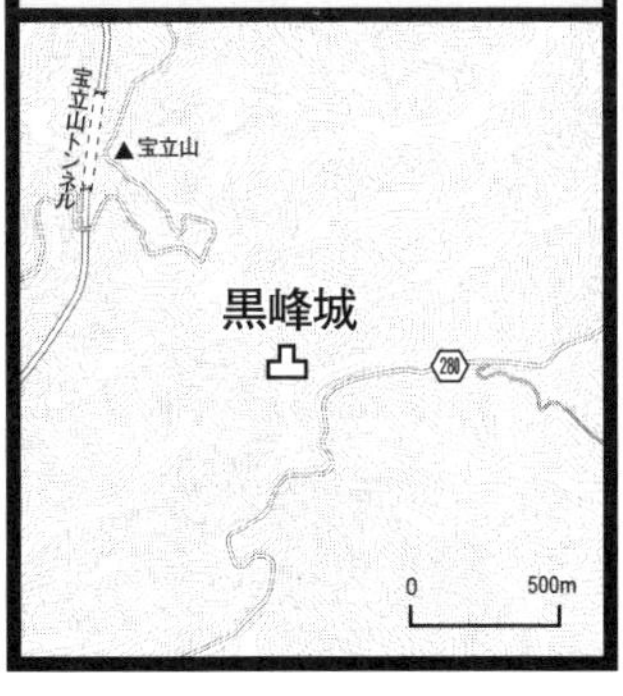

【交通の要衝】　黒峰城は珠洲《すず》・鳳至《ふげし》の郡境に位置しているため、多くの街道が交差する交通の要衝でもあった。まず①道は黒峰往還《くろみねおうかん》、②道が法住寺道・柏原道、③道が黒峰往還・白米坂道・南山道となる。いずれも内浦《うちうら》側と内陸集落を繋ぐ古代からの重要な街道である。また宝嶺大権現の御堂が存在することからもわかるように、登拝道としても使用されていた。宝立山《ほうりゅうざん》が古くから開けた要因の一つであろう。

【黒峰城は山岳修験の山】　黒峰城は珠洲・鳳至郡境に聳《そび》える珠洲市の最高峰宝立山の一角に位置する。宝立山は宝嶺山（嶺御前、標高四七一メートル。以下、標高は各地図により若干異なっているため、国土地理院発行図に拠った）、宝立山（丸山、標高四六八メートル）、黒峰山（標高四三六メートル）の三山から成り立っている。宝嶺山には宝嶺大権現の御堂、宝立山には三角点がそれぞれ建っている。さらに宝立山の山頂には城主と伝える阿部判官墓も存在する。そして黒峰山山頂に位置するのが黒峰城である。

【城主は阿部判官？】　江戸期の地誌類『越登賀三州志《えっとがさんしゅうし》』「故《こ》墟考《きょこう》」によれば、阿部判官義宗が居城していたとしている。阿部判官については他の文献史料にはほとんど現れない謎の人物で、事跡について詳らかにできない。さらに「故墟考」は天正中頃に上杉謙信の部将由井浄定《きよさだ》を置いたが前田利家に攻められて落城したとしている。とすれば阿部判官は、戦国以前の人物か。

【城跡の概要】　城跡への道案内板・説明板は多少設置されて

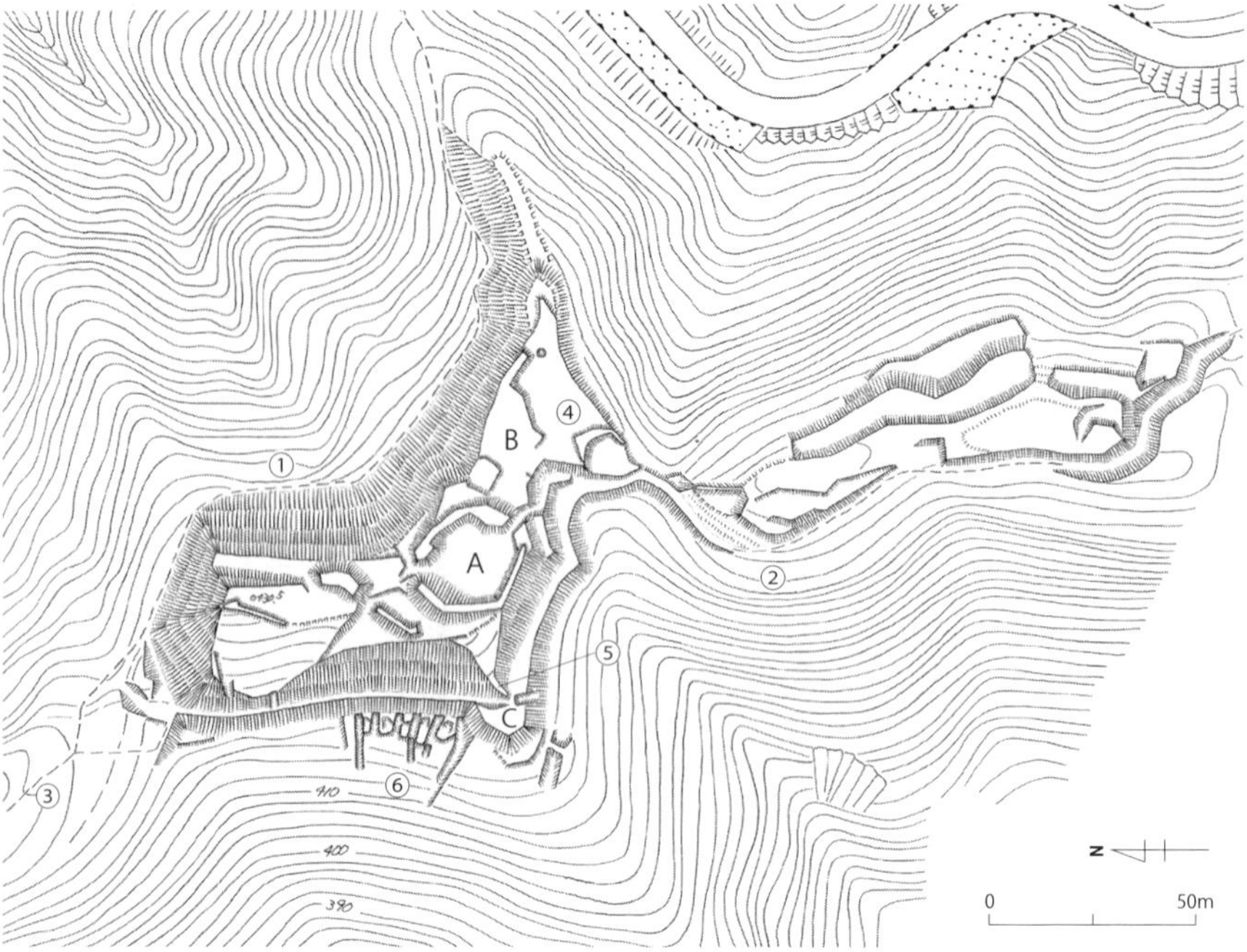

●—黒蜂城縄張図（作図：佐伯哲也）

いるものの、大部分は未整備で、十分な装備をされて訪城されたい。

主郭は城内最高所のA曲輪。ここに立てば①・②・③道すべてを見下ろすことができる。さらに三道すべてが城域に接するように通っている。三道を監視掌握するために黒峰城が築かれたのは明白である。三道のうち、主郭Aと直接出入りできるのは②道だけであり、②道との親密性を指摘することができる。②道＝法住寺道には中世の武装勢力でもあった法住寺があり、さらにその先には黒峰城支城だったと伝える見鳥（緑）城がある。これらとの因果関係を調査するのも重要な課題の一であろう。

主郭Aには塁線土塁《るいせんどるい》が巡っており、南北に各一ヵ所虎口《こぐち》が開口している。櫓台《やぐらだい》が設けられ、防御力を増強しているが、基本的には単純な平虎口でしかない。これは築城年代・築城者を推定する重要な事実となる。

B曲輪は②道から主郭Aに入る敵軍に横矢《よこや》攻撃を加える重要な曲輪。④は形は歪《いびつ》だが櫓台と考えられ、主郭Aに入ろうとする敵軍を防いでいる。しかし、A・B両曲輪を繋ぐ明確な通路が存在しない。技術的な未熟を指摘するとともに、従郭に対する主郭の求心の低さを指摘できよう。

①道と②道の合流点は、黒峰城の弱点ポイントとなってい

る。この弱点を克服するため次の防御施設を設けている。まず城域の北端に二重堀切を設けて敵軍の攻撃を遮断している。南端に堀切《ほりきり》を設けておらず、北側を警戒した縄張となっている。主郭Aの虎口は南側の②道と繋がっているのも、北側を警戒している証拠となる。

次にC曲輪を設けていること。恐らくここに木戸を設けて関所の機能を持たせ、③道を南下する敵軍を食い止めたのであろう。こうして主郭Aの南虎口に侵攻する敵軍の数を、必要最小限に食い止めている。万一の場合、C曲輪の城兵が城内に逃れる避難路として通路⑤が設けられている。

もっとも注目したいのが、C曲輪の北側に七ツ塚と呼ばれる畝状《うねじょう》空堀群《からぼりぐん》⑥である。かつては金品が埋まっている塚と思われ、盗掘の跡が残っている。主郭直下に塚を設けるとは考えにくく、やはり畝状空堀群と考えられる。③道を南下する敵兵が斜面を迂回するのを防ぎ、強制的にC曲輪を通過させようとしたのであ

●—城域北端を遮断する堀切

●—主郭直下を通る法住寺道

●―主郭Aを取り巻く塁線土塁

ろう。畝状空堀群で進攻速度の鈍った敵兵に対して、城内から強力な横矢が効いている。

主郭Aの南北の尾根上に、不自然な土塁や平坦面が残る。これが城郭遺構かどうか判然としない。あるいは阿部判官時代の遺構、山岳宗教の遺構なのかもしれない。

【城主の推定】 主郭A・B・Cと周辺の遺構はうまくまとまっており、同時代・同一人物によって築城（あるいは改修）されたことを物語る。畝状空堀群が残ることから、飯田城と同じく天正五（一五七七）～八年に上杉氏が構築した可能性は高いといえよう。虎口が枡形《ますがた》にまで発達していないことから、前田利家による落城で廃城になったと考えたい。

築城期については詳らかにできないが、阿部判官あるいは吼木山《ほえきさん》法住寺の可能性を指摘することができる。今後は文献史料の再調査、発掘等による絞り込みが重要な課題となろう。

【参考文献】 佐伯哲也『戦国の北陸動乱と城郭』（戎光祥出版、二〇一七）、佐伯哲也『能登中世城郭図面集』（桂書房、二〇一五）

（佐伯哲也）

●戦国を生き抜いた仁岸氏の城

馬《ば》場《ば》城《じょう》

〔輪島市史跡〕

〔所在地〕輪島市門前町馬場
〔比　高〕九〇メートル
〔分　類〕山城
〔年　代〕一六世紀後半
〔城　主〕仁岸（饒石）氏
〔交通アクセス〕のと里山海道「横山IC」から車で四〇分、下車徒歩二〇分。

【在地領主の城として最適】　通称城山《シロヤマ》山頂に位置する。城跡からの眺望は素晴らしく、仁岸《にぎし》川周辺の集落はもちろんのこと日本海まで見渡すことができる。比高が九〇メートルと手頃なことから、仁岸川一帯を支配する領主の城としては最適の選地といえよう。

【戦国を生き抜いた仁岸氏】　江戸期の地誌類『越《えつ》登《と》賀《が》三州《さんしゅう》志《し》』「故墟考《こきょこう》」（以下、故墟考と略す）には饒石《にぎし》石見守の居城と記している。また「仁岸系図」によれば初代仁岸常清《つねきよ》は馬場城の城主で、能登守護畠山義綱《よしつな》に仕えていたと記している。さらに二代常次《つねつぐ》は長連龍《ちょうつらたつ》に仕え、元和七年（一六二一）に死去したと記している。「故墟考」が記す饒石氏と仁岸同一の武将とみてよいであろう。

仁岸氏は能登有数の国人長氏の庶流。仁岸川流域一帯に領有した時期は不明だが、至徳三年（一三八六）総持寺法堂上棟の助成者の一人として「仁岸殿」（『加能史料 南北朝Ⅲ』石川県、一九九七）の名がみえる。これが仁岸氏と考えてよく、この頃仁岸川流域一帯を領有していたことが判明する。在地領主としての存在が一四世紀に遡るのなら、馬場城の築城（あるいは山麓の居館）も一四世紀に遡るのかもしれない。

このように仁岸氏は、長連龍に使えることにより織豊政権下を生き抜いた数少ない在地領主である。ただし能登国主となった前田利家は、天正十七年（一五八九）頃から在地領主を直接家臣団に組み込み、領地の入れ替えといった措置を実行している。このことから仁岸氏の馬場城在住も天正十七年

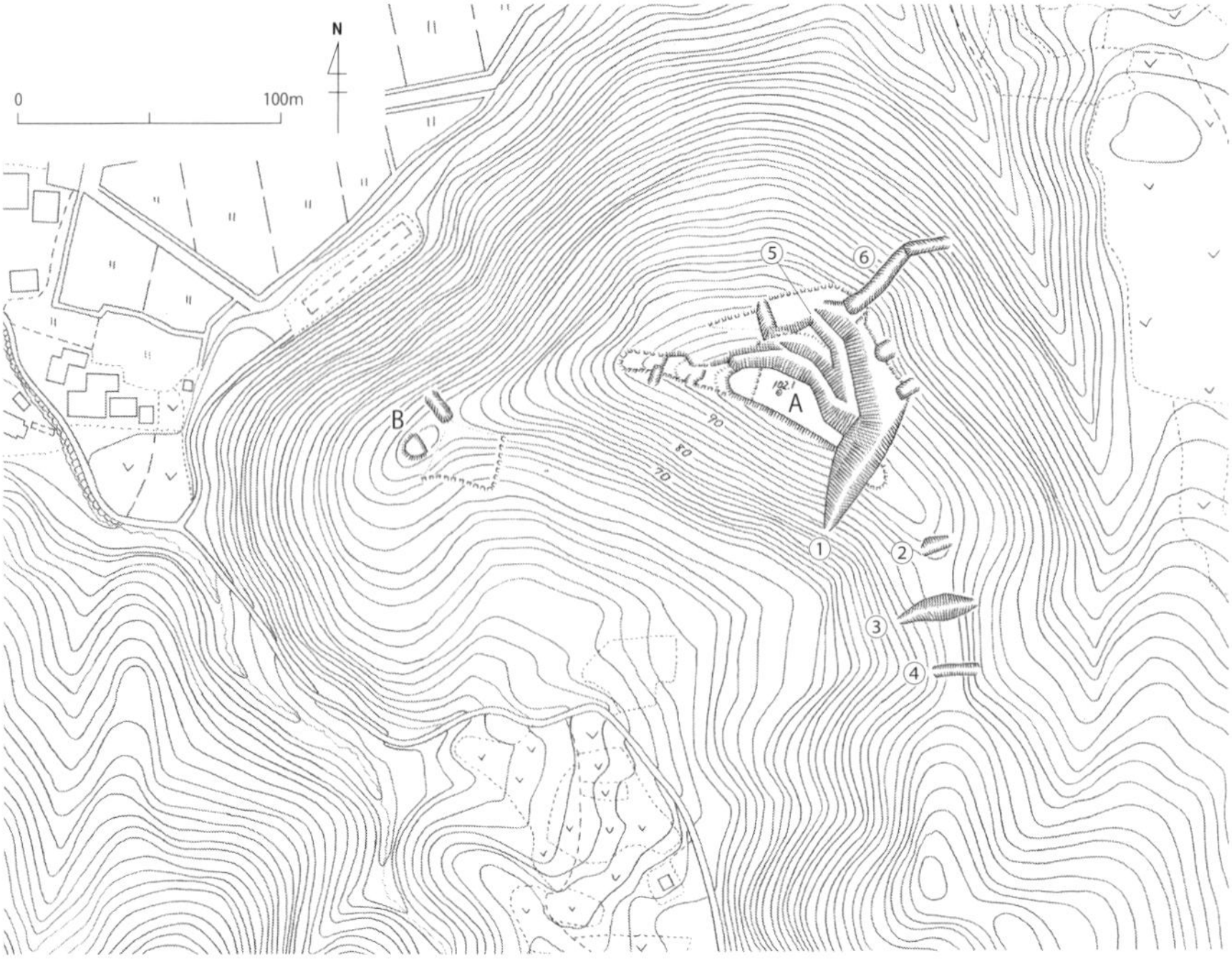

●—馬場城縄張図（作図：佐伯哲也）

頃までで、以降馬場城は廃城になった可能性が高い。

【城跡の概要】　城跡への道案内板・説明板はまったく設置されておらず、未整備状態である。十分な装備をされて訪城されたい。

縄張は高城山との山頂に位置する主郭A付近と、下城山と呼ばれるB曲輪付近から構成されている。城内最高所に位置する主郭Aは、一つの平坦面として使用するには多少不安だったのか、中央や西寄りに小段を設けている。南側の尾根続きは縄張の弱点となっているので、堀切《ほりきり》①・②・③・④と四本の遮断線を設けている。特に主郭背後の堀切①は上幅一七メートルもある遮断性の強い堀切である。

さらに堀切①内側に切岸《きりぎし》を東側に巡らしており、このため堀切①の堀底に降りた敵兵は主郭Aに入れず必然的に腰《こし》曲輪を北上することになる。北上する敵兵に対して上部の曲輪から長時間横矢《よこや》が効いている。横矢を嫌う敵兵が腰曲輪から斜面に逃れ、横移動するのを阻止するために、竪堀《たてぼり》を設けている。

注目したいのは通路⑤で、まず入る時に竪堀⑥の制約を受け、少人数しか入れないようになっている。その後、上部の通路に進んだと考えられ、通路移動中は常に上部曲輪からの横矢が効いている。

このような防御形態、そして計画的な縄張の構築は、一六世紀後半の縄張で、しかも主郭周辺は、同一人物が同一時期に構築したことを強く物語っている。ただし、枡形虎口《ますがたこぐち》は設けられていない。この事実も築城者・築城期を推定する上で重要な事実となる。

B曲輪方面に向けて尾根上に段や竪堀を設けているが、いずれも小規模で遮断性は弱い。西側の舘分集落側をあまり警戒していなかった証拠である。従って、山麓にあったと推定

●—堀切① 城内最大の堀切である

●—主郭A現状

●—馬場城遠望

される居館からは、入りやすい構造になっていると理解できる。

【城主の推定】　主郭周辺の遺構はうまくまとまり、しかも計画的な縄張で新旧時代差は認められない。山麓との親密さから、現存遺構は一六世紀後半に仁岸氏が構築したものと推定される。ただし、明確な虎口は認められず、枡形にまで発達していないことから、天正後半まで下るとは考えられない。天正前半までと考えられよう。

ただし、それは改修年代である。使用はやはり天正後半まで下るのではなかろうか。ぜひ発掘など考古学的調査により、判明されることを願う。

B曲輪は元天神社が祀られていたが、その後館分集落地内に十村役を務めた伊藤家の屋敷神として祀られているという。したがって城郭遺構ではない可能性も含む。

なお故墟考には、仁岸川対岸の黒岩集落に仁岸石見守城跡があり、馬場城の支城だったという。このことを確認するために黒岩集落一帯を広く調査したが、城郭遺構を発見することはできなかった。

【参考文献】　佐伯哲也『戦国の北陸動乱と城郭』（戎光祥出版、二〇一七）、佐伯哲也『能登中世城郭図面集』（桂書房、二〇一五）

（佐伯哲也）

●枯山水庭園を造営した松波氏の居城

松波城《まつなみじょう》

〔能登町史跡〕

〔所在地〕能登町松波
〔比　高〕約二四メートル
〔分　類〕山城
〔年　代〕一五世紀～一六世紀後半
〔城　主〕松波氏（松波畠山氏）
〔交通アクセス〕のと鉄道七尾線「穴水駅」から北鉄奥能登バス「松波城址公園口」下車、徒歩約一〇分。

【松波城と旧松波城庭園】　松波城は、能登町松波市街地の西に位置し、日本海（飯田湾）に注ぐ松波川左岸の標高約三〇メートルの丘陵に築造された城である。現在の松波の市街地は、松波城の城下町に始まると伝えられ、その名残は今も町並みや社寺、地名などに垣間みることができる。丘陵裾を流れる松波川は、約六〇〇メートル下流で日本海に至っており、天然の水濠をなすとともに日本海と城郭をつなぐ運河の要素も兼ね備えていた。

城域は約二〇ヘクタールとされ、その一部が昭和三十年代後半から五十年代にかけて松波城址公園として整備された。昭和五十四（一九七九）～五十六年度と平成二十五（二〇一三）～二十八年度に町教育委員会による発掘調査が実施された。

城の南東に位置する庭園は、昭和三十八年の公園整備中に発見された。昭和五十五年度と平成十八～二十二年度に発掘調査が行われ、室町・戦国期の地域性をもつ庭園で、当地への庭園文化の伝播を表すものとして平成二十四年一月二十四日に「旧松波城庭園」として名勝指定を受けた。平成二十八年～令和三年（二〇二一）度に史跡整備に伴う発掘調査が実施された。

【威勢を奮った城主松波氏】　松波城は、中世能登国最大の荘園であった珠洲《すず》郡若山荘《わかやまのしょう》の有力武士で、能登守護畠山氏の一族でもあった松波氏の居城である。松波氏に関する中世史料には、一族が公家の日野家の被官《ひかん》として在京していたことを記すものや、室町末期に松波氏の菩提寺とされる満福寺《まんぷくじ》

●—松波城遠景（東から）

（現 万福寺）の住職が上洛して京都五山の相国寺《そうこくじ》に赴いていたとするもの、戦国中期に上洛していた「能洲《のうしゅう》松波常陸守《ひたちのかみ》」が近江に赴き、守護の六角定頼《ろっかくさだより》と面会したとする史料（『北野社家引付』）などがある。こうした史料から松波氏が京都と強い結びつきを有しており、京都の庭園文化を受容することができる環境にあったことが理解される。

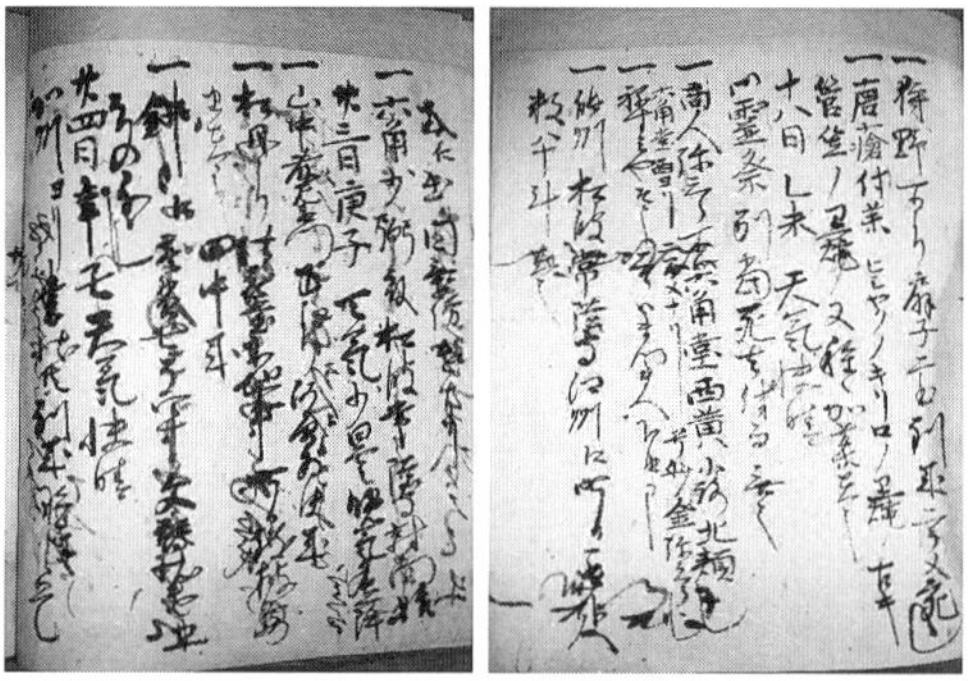

●—『北野社家引付』天文6年(1537)7月18日・22日条（筑波大学附属図書館所蔵）

　一方、天正元年（一五七三）の気多大宮司家《けただいぐうじけ》文書には、七尾城主の戦国大名畠山修理大夫義慶《はたけやましゅりたいふよしのり》の有力家臣として「松波常陸殿」の名前がみえ、戦国後期には松波氏が畠山氏の家臣扱いとなっていたことがわかる。松波氏は戦国中期までは国許と京都を行き交い、日野家被官として畠山氏に対して一定の自立性を維持していたが、戦国後期に至り、畠山氏の家臣団に組み込まれるようになったと推察される。

松波城最後の城主である義親《よしちか》は、畠山義綱《よしつな》の三男とされ、松波常陸家の養子となり、松波氏を相続していたと考えられている。そのため、戦国末期には松波氏は畠山氏の一族に加えられ、その居城であった松波城は、畠山氏の奥能登地域の「支城」として位置づけられた。義親は天正五年（一五七七）九月十五日の七尾城落城後、畠山家臣や松波氏の老臣らとともに松波城に籠城して奥能登に侵攻してきた越後上杉方の武将長沢筑前守光国の攻撃に抗したが、九月二十五日に落城、義親も討死したと伝えられる。

●—紙本畠山義親肖像画　延宝8年（1680）（能登町万福寺所蔵）

【城の構造】 松波城の遺構は、江戸時代からすでに広く知られており、奥能登に遺存する屈指の中世城跡として、古くからその存在は著名であった。寛政十三年（一八〇一）に成立した『越登賀三州志《えつとがさんしゅうし》』「故墟考《こきょこう》」に、「此の村（松波）沙浜《すなはま》往還《おうかん》より西北方の山上に、幅七〇間許《ばかり》、長さ五〇〇間許の所あり。高低・塹《ほり》・土墻《どぞう》の遺状僅かに今存せり。一本三五〇間に幅三〇間と云ふ。又二〇間に幅僅かに可九間と云う。歴年遠近に因りて其の異ある」とみえ、同じく江戸後期の「松波城跡之図」には、三つの曲輪と道が描かれ、松波川沿いに「タチ」の記載もみられる。

●—松波城跡之図（金沢市立玉川図書館近世史料館所蔵）

城は城址公園として整備されたことにより大きく地形の変更があった。現況で曲輪や土塁《どるい》・堀切《ほりきり》などの遺構が遺存するのは、丘陵東側の先端部付近であるが、ここも曲輪4と曲輪5・6の間が旧のと鉄道線路敷により分断されているため、縄張の性格を知ることは困難になっている。全面的に調査した曲輪2は日本海への眺望が開け、物見《ものみ》櫓《やぐら》と思われる掘立柱《ほったてばしら》建物三棟のほか、柱穴や土坑、溝などが検出された。曲輪1では礎石建物や掘立柱建物の存在が明らかとなっており、曲輪2と曲輪3の間には堀切、曲輪4の北東では土塁と横堀が遺存する。

●—松波城縄張図（能登町教育委員会『石川県能登町松波城跡発掘調査報告書』2019より）

●—曲輪2の発掘調査と日本海への眺望（南西から）

【枯山水庭園の造営】 庭園は城の南東付近、標高一五メートルの平坦地（曲輪6）に位置し、北東から南西の三方が標高二四～二六メートルの斜面に囲まれている。敷地造成された約六五〇平方メートルの平坦地に一五世紀頃の園池《えんち》遺構、礎石建物、門跡や塀跡

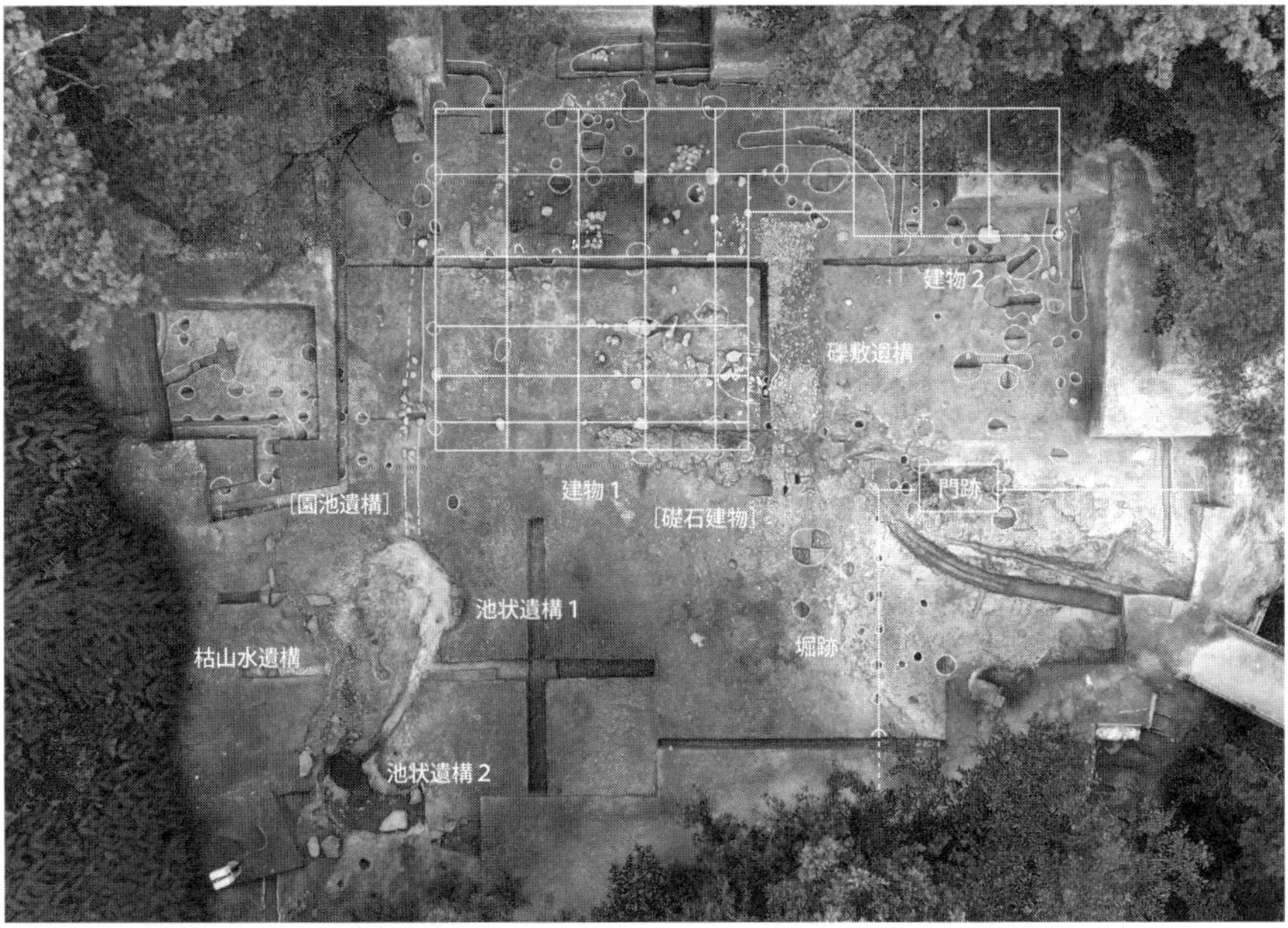

●―庭園（曲輪６）の遺構配置

がみつかっている。

園池遺構は平坦地の南西に位置し、枯山水《かれさんすい》遺構、池状の落ち込み、泥岩《でいがん》貼付遺構で構成される。枯山水の流れは、延長が約八・七メートル、幅が〇・三〜一・三メートルの範囲で残されており、景石《けいせき》と扁平《へんぺい》な円礫からなる。北端をなす流れの起点には、やや小振りの景石を中心として円礫を渦巻状に据え、岩間から湧き出る水の姿を表現している。上流から下流にかけて大小一九の景石を配置し、それらを結んで緩やかに蛇行するかのように円礫を敷き詰め、清流の形姿を表している。円礫は時に縦方向の小端立てに連続させて勢いある流れをかたどり、要所に据えられた景石の周囲や緩やかに湾入・突出する部分には平らに敷き詰めて静隠な水の淀みを表すなど、その変化に富んだ意匠・表現方法には、ほかに類例をみない傑出したものがみられる。

礎石建物は平坦地の北西に位置し、南西に園池遺構を臨み、建物正面は空閑地を挟んで城下をみることができる。正面下には松波氏の居館があったとの伝承もある。礎石建物は東西八・一メートル、南北八・七メートルの建物（建物１）に、東西五・四メートル、南北三・三メートルの付属建物（建物２）が付き、東西三・六メートル、南北二・七メートルの廊下で結ばれている。柱間間隔から母屋と広縁をもち、客人などをもてなす会所的な施設であったと考えられる。

建物1と2の間に位置する礫敷遺構は、礫を帯状に敷き詰めたもので、礎石建物の入口を示し、門から礫敷遺構を通って建物に入る動線が想定される。

●—枯山水遺構（東から）

●—礎石建物と門跡・塀跡（西から）

門跡と塀跡は平坦地南東に位置し、礎石建ちの薬医《やくい》門《もん》となる。塀はL字状に配置され、門と一体的となっている。庭園から出土した遺物は、珠洲焼製品に加え土師皿《かわらけ》が多く、瀬戸焼の水注や皿、信楽《しがらき》焼や丹波焼の壺、中国製天目《てんもく》茶碗などがある。

【参考文献】内浦町教育委員会『松波城跡 昭和54～56年度発掘調査概報』（一九八二）、能登町教育委員会『石川県能登町松波城跡庭園跡 平成18～22年度発掘調査報告書』（二〇一一）、能登町教育委員会『石川県能登町名勝旧松波城庭園 平成25～27年度保存科学調査等報告書』（二〇一六）、能登町教育委員会『石川県能登町松波城跡発掘調査報告書』（二〇一九）

（新出直典）

●奥能登戦国史の激戦地

棚木城《たなぎじょう》

（所在地）能登町宇出津
（比高）約三二メートル
（分類）平山城
（年代）一五世紀〜一六世紀後半
（城主）多奈木（棚木）氏、長氏
（交通アクセス）のと鉄道七尾線「穴水駅」から北鉄奥能登バス「遠島山公園下」停留所下車、徒歩六分。

【城の由来】 棚木城は、標高約三二メートルの通称「遠島山」「城山」の丘陵上に築かれている。三方を崖と日本海に囲まれ、海上と宇出津《うしつ》の港・町並みが一望できる。城は宇出津の天然の良港と、海上交通を意識したものであろう。現在城址は、遠島山公園として整備されている。

城の前史は近世の地誌類によるほかなく、応仁の乱（一四六七〜七七）の頃に、穴水城（穴水町）一四代長光連《ちょうみつつら》の弟多奈木左近《たなきさこん》によって築かれたといわれる（由比勝生筆記）。また、棚木氏は能登守護畠山氏一族とされ、大永年間（一五二一〜二七）に城主左衛門が逆心を企て、一八代長英連《ひでつら》に討たれたという（長家臣山田系譜）。さらに、室町後期頃、実子がなかった一五代長秀連は、棚木左門の嫡男連之《つらゆき》を養子としたが、実子氏連《うじつら》が生まれてしまう。畠山氏の指示により領地を三等分し、二を氏連に、一を連之に与えたが、連之は不服として越後に出奔したという（長家家譜）。天正四年（一五七六）能登に侵攻した越後の上杉謙信は、棚木城に連之の子孫（黒瀧長氏）である長景連《かげつら》を置いたというが、正院川尻城（珠洲《すず》市）との説もあり定かではない。

いっぽう、東四柳史明は、「棚木」の小字名を名字の地とする土豪が存在し、宇出津村の鎮守白山宮の神主職を相伝するもので、宮の裏側に城砦を築き、湊の管理にも関与していたと推測する。

【棚木城合戦】 奥能登の歴史の中で棚木城の名を知らしめたのは、天正十年の長景連の奥能登乱入・棚木城占拠と、二一

●—棚木城遠景（北西から）

代長連龍《つらたつ》との激闘（棚木城合戦）である。関連文書および『長家家譜』によると、五月上旬、越後上杉景勝の家臣長景連らが舟をもって能登奥郡に乱入し、棚木城に立て籠った。当時、能登は織田信長の勢力下に属しており、能登一国の支配権を握っていたのは前田利家であった。越中魚津城で上杉方と在陣中に乱入の知らせが届き、織田諸将と利家は従軍していた長連龍を召して追討に向かわせた。十三日、一〇〇〇余騎の軍勢を率いて出立し、棚木城へ着陣すると和平（降伏）を勧めた。景連は先述したように越後に出奔した連之の子孫であったことから、同族間の交戦を回避しようと試みたものであった。これに対し、景連は自分ひとりの死をもって解決を図ろうとしたが、他の籠城軍は抗戦の意思が固く、全面対決となった。二十二日卯刻（午後六時）、連龍軍は攻城を開始し、籠城軍は一時善戦するものの、連龍軍も大奮戦して籠城諸将を討ち取り、棚木城は落城した。後に連龍は信長より感状を得て、利家には景連の首と刀を届けている。生け捕りにされた捕虜は、越後勢は助命されたようだが、能登の在地の者たちは火あぶり、または釜煎りといった処断が下された。

これ以後、奥能登における大規模な戦闘はみられず、まさに奥能登中世史の終焉を飾る合戦であった。

【城の構造】　伝承では、もっとも大きい平坦面である曲輪8を本丸と伝え、同曲輪内には城兵が馬を洗ったという「馬洗池」、城が包囲された時に水とみせかけて米を流したところ、鳥が飛んで来てついばんだことから敵に見破られ落城したという「米流し坂」の地名が残される。

昭和六十一年（一九八六）の石川考古学研究会、平成元年（一九八九）から三年にかけて棚木城跡発掘調査団（能都町教育委員会）による調査が実施されている。その城域は宇出津から小木へ通じる県道を境として海側の高台であり、一〇ヵ所の曲輪を確認し、腰《こし》曲輪などが重点的に築かれている白山神社周辺を大手、通称「舟隠し」周辺を搦手《からめて》と推測している。曲輪の配置・役割については、平山城・連郭式であり、主戦的役割を1〜5の曲輪が担い、残る6〜10の曲輪はそれに付随する形であると評価する。その中で、曲輪8が本丸と伝承されてきたが、調査ではもっとも標高の高い曲輪3を本丸と推定している。ただし、佐伯哲也は

●—棚木城平面図（能都町教育委員会『棚木城跡　遺跡詳細分布調査報告書』1991より一部加筆）

●—公園整備された棚木城跡（北東から）

●—伝本丸跡（北西から）

曲輪5と曲輪8の間に堀切《ほりきり》が存在したと想定して、そこから西側を城域と想定している。

発掘調査では、試掘溝No.1およびNo.11から堀切が確認され、後者の通称「エビス崎」には隅《すみ》櫓《やぐら》の存在が想定されている。また、曲輪3から伸び出した舌状台地上で一間四方の建物跡が確認されているが、伴出した土師器《はじき》・瓦は江戸時代（一八世紀中頃〜一九世紀初め）に比定されることから、小規模な祠の存在が想定されている。なお、「エビス崎」の堀切についても佐伯は小祠の宗教的空間を区画するものと推定しており、地名からすれば、白山神社の末社恵比寿社の旧地の可能性があろう。

【参考文献】能都町教育委員会『棚木城跡　遺跡詳細分布調査報告書』（一九九一）、石川県教育委員会『石川県中世城館跡調査報告書Ⅱ（能登Ⅰ）』（二〇〇四）、佐伯哲也『能登中世城郭図面集』（桂書房、二〇一五）

（新出直典）

●旧街道沿いの交通の要衝に築造

背《せい》継《つぐ》城《じょう》

〔能登町史跡〕

〔所在地〕能登町行延
〔比　高〕約四〇メートル
〔分　類〕山城
〔年　代〕一六世紀
〔城　主〕末次氏（道金氏）
〔交通アクセス〕のと鉄道七尾線「穴水駅」から北鉄奥能登バス「能登不動寺」停留所下車、徒歩五分。

【城の由来】　背継城は、末次《すえつぐ》城または行延《ゆきのべ》城とも称され、九里川尻川中流右岸の標高約五〇メートルの丘陵先端部に位置する。松波と宇出津《うしつ》を結ぶ木郎越えと称された旧道が近くを通過しており、交通の要衝に築造していることが窺える。

築城時期は、南北朝時代とする説もあるが根拠がなく、城跡碑建立（A曲輪）に際して珠洲《すず》焼鉢片と瀬戸灰釉《かいゆう》平碗片が出土していることから、戦国時代頃には存在していたとみて間違いなかろう。

城主について『珠洲郡誌』は「末次甚右衛門」としており、天正年間（一五七三―九二）の上杉侵攻に際して攻略されたとする。さらに、城の北側山裾に所在する末次家はその末裔であり、城主が勧請したという小舟天神社の祭祀を続けてきたという。

いっぽう、城の北に位置する不動寺の過去帳（新出家所蔵）によれば、弘治二年（一五五六）没の道金《みちかね》なる人物が末次城主としてみえる。本過去帳は、文政十二年（一八二九）に整理されたものとみられ、そのまま信用することはできない。ただし、不動寺所蔵の弘治三年（一五五七）山王宮棟札《むなふだ》に「百文行延道金」、同寺所蔵の天正二年（一五七四）の五部秘経は城主道金氏の末裔である瀧之助幸吉が奉納したものとの記載がみえる。

なお、『珠洲郡誌』によれば、城の南東の谷間に「竜穴」と称する洞窟があり、戦乱の時に末次一族が隠れ潜んだと伝える。これについては、近年の調査で窯跡（用途は不明）であることが確認されている。また、城の南西、柿尾神社の東側を「ジンナミ（ゼンナミ）」といい、上杉軍が陣取った場所であると伝える。

【城の構造】　佐伯哲也および平田天秋の報告によれば、城に

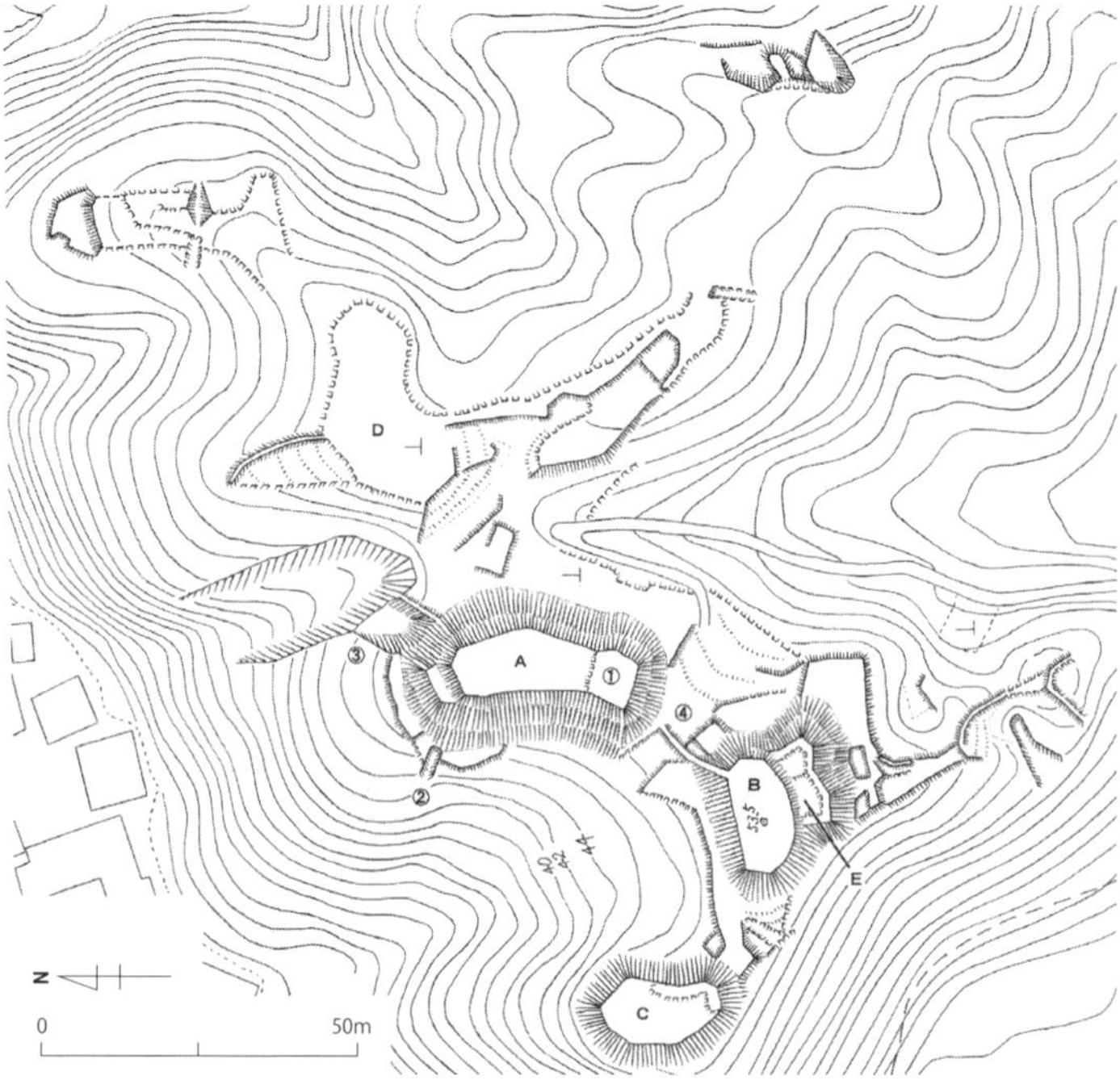

●—背継城縄張図（作図：佐伯哲也）

は独立性の高い曲輪が三ヵ所存在しており、地元でも本丸と称している一番面積の広いA曲輪（約五〇メートル×約一〇メートル）を主郭と推定している。周囲に高さ六メートルの高切岸《きりぎし》を巡らせて周囲から独立させており、B曲輪側の高まり①を櫓台《やぐらだい》（約一〇メートル四方、高さ〇・三メートル）とする。B曲輪および直下の進入経路④を監視する役割を果たし、この点もB曲輪よりもA曲輪が上位であるとする所以である。A曲輪北側には腰曲輪および竪堀《たてぼり》②・③が存在し、東西横方向への移動を阻止しているようである。

通称三ノ丸と称されるB曲輪（約二五メートル×約一〇メートル）は、A曲輪方向から道④が伸びる。同曲輪南側に約一メートル下がってE曲輪が設けられ、土塁《どるい》が巡らされている。さらに直下には空堀《からぼり》を設けており、南東方向が固められている。

C曲輪（約二五メートル×一五メートル）はB曲輪の南西方向に位置し、周囲に高切岸を巡らせ、B曲輪側に土塁、BC間の通路に竪堀を設けて防御を固めている。

D地点は地元で二ノ丸と称され曲輪の可能性もあるが、佐伯は自然地形の平坦面であり、明確な城郭遺構は確認できないとする。D地点から北東方向にも竪堀が設けられている。

城のプランと城主について佐伯は、独立性が高い曲輪が存在する点（従郭に対する主郭からの求心性がほとんど感じられ

ない）などが松波城と共通しており、両城は同勢力の城であるとする。さらに、末次氏は松波城主の松波氏に服属した在地土豪であるとし、末次城は松波城の支城との考えを述べている。また、城は末次氏単独の城というよりは、小土豪連合体（周辺の番頭級名主層などから成長した地域有力者）の城であるとの見解を示している。

●―背継城遠景（北西から）

●―背継城A曲輪（東から）

　最高部に曲輪が並列するプランは松波城以外にも飯田城や小太郎城（珠洲市）でみられ、珠洲郡域における特徴的な築城プランと考えることもできよう。また、末次氏（道金氏）を盟主とした小土豪連合体の城と考えた場合、天文二十四年（一五五五）柿尾宮造立棟札にみえる南殿、山本殿、吉延、弘治三年山王宮棟札の地林殿がその構成員にあたるのだろう。当該地域は木郎結衆と称される真言宗寺院の集中地帯で、両棟札にも複数の寺院名がみえることから、周辺寺院との関係も考慮する必要があろう。

【参考文献】石川県教育委員会『石川県中世城館跡調査報告書Ⅱ（能登Ⅰ）』（二〇〇四）、佐伯哲也『能登中世城郭図面集』（桂書房、二〇一五）、加能史料編纂委員会『加能史料』補遺Ⅱ（二〇一二）

（新出直典）

●奥能登の内陸部に築造された砦

左《さ》近《こん》田《だ》砦《とりで》

〔能登町史跡〕

〔所在地〕能登町当目
〔比　高〕約四〇メートル
〔分　類〕山城
〔年　代〕戦国時代
〔城　主〕不明
〔交通アクセス〕のと鉄道七尾線「穴水駅」から北鉄奥能登バス「桜峠」停留所下車、徒歩四〇分。

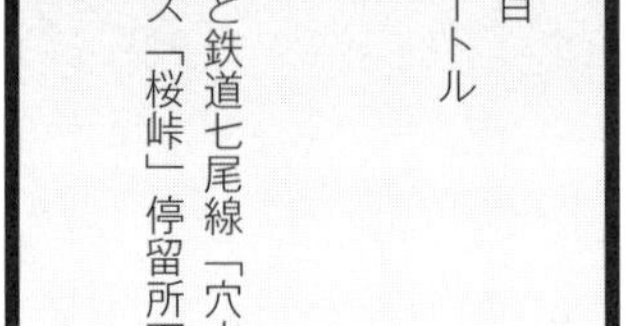

【城の由来】　左近田砦は左近田堡とも称され、町野《まちの》川の上流部、当目《とうめ》の小字中組集落近くにある。旧柳田村立当目小学校の西側背後に位置し、通称「的山」「学校山」と呼ばれている。砦は南側から延びる尾根部先端で、最高部は標高約二〇七《メートル》である。

砦についての伝承や記録はないが、名称は砦跡に近接して住居を構えていた左近田太郎右衛門家に由来するという。左近田家は江戸時代における当目村を代表する有力百姓であり、平家の落人を先祖とする旧家であった。佐伯哲也は、左近田家は当目地域を支配していた中世土豪で、城主であった可能性を述べている。

いっぽう、岡本伊佐夫は、左近田家を中世当目村の惣村《そうそん》を構成する長衆《おとなしゅう》の一人と推測し、砦は村人の自衛や有事の際に避難するために築かれ、惣村により管理された「村城」との見解を示している。「左近田」の名称は住居を近くに構え、地主であったために冠されたものと推測している。

【城の構造】　当目小学校時代から公園として利用されていたため、旧校舎の裏側から城に登る道がある。登り切った最高部には曲輪とみられる平坦面があり、尾根続きを遮断するために堀切《ほりきり》①・②・③が設けられている。堀切①には土橋《どばし》が確認でき、尾根伝いの連絡を意識して設けられたのだろう。岡本は砦の北側から尾根間の谷に沿って砦の東側に至る進入路を想定し、砦東側の水田に城郭施設が存在していた可能性を指摘している。現状は耕地整理のために遺構の確認はできな

●—左近田砦近景（南西から）

いが、多くの村人を収容することを考えれば、それなりの広さを確保した空間であったのかもしれない。

【参考文献】石川県教育委員会『石川県中世城館跡調査報告書Ⅱ（能登Ⅰ）』（二〇〇四）、佐伯哲也『能登中世城郭図面集』桂書房、二〇一五）

（新出直典）

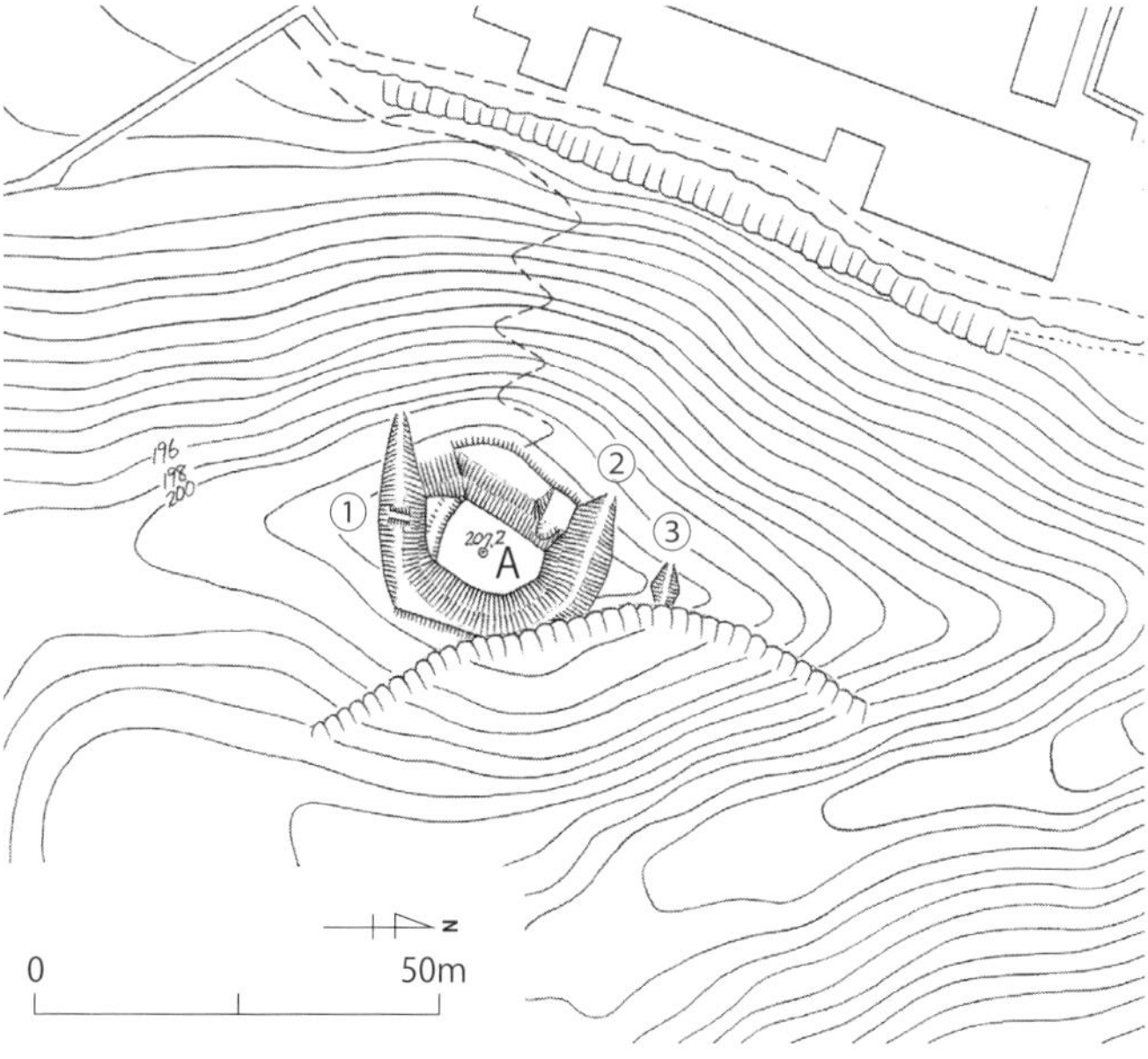

●—左近田砦縄張図（作図：佐伯哲也）

●信仰の山「御前山」に築城

米《よね》山《やま》城《じょう》

〔能登町史跡〕

〔所在地〕能登町笹川
〔比　高〕約一三〇メートル
〔分　類〕山城
〔年　代〕一六世紀後半
〔城　主〕町野氏（牧野氏）
〔交通アクセス〕のと鉄道七尾線「穴水駅」から北鉄奥能登バス「柳田」停留所下車、徒歩一二分。

【城の由来】　米山城は奥能登随一の長流町野《まちの》川右岸山麓に位置し、支流上町川が城の東側で合流するとともに、上町川の支流余ノ井川が山麓南側の谷合を流れている。城は通称「御前山」と称される標高約一七〇㍍の丘陵で、突出した稜線が特徴的な姿をしている。

『能登名跡志』に「米山とて城跡あり、冷水あり、枡形《ますがた》・刀の池抔とてあり」と記され、『鳳至郡誌《ふげしぐんし》』では城主「牧野上総介」は上杉勢が迫ったとき、塹壕《ざんごう》（余ノ井川）に守護仏の薬師像を抱えながら身を投じ、引き揚げられた薬師像は曹洞宗蔵福院《ぞうふくいん》に安置されたと記す。「牧野上総介」については『柳田村の集落誌』は、「町野氏」の誤りではないかとしている。

町野氏は鎌倉幕府問注所《もんちゅうじょ》執事三善氏の子孫であり、室町幕府にも登用され、問注所執事を世襲し、評定衆《ひょうじょうしゅう》にも任ぜられた一族である。町野川上・中流域を荘域とする室町幕府御領所の町野荘地頭職を与えられ、町野氏を名乗ったという説もあるが、名字地は近江国蒲生郡町野との説もあり定かではない。ただし、城の北東、町野川沿いの石井集落北端の通称「タチ」「タチワラ」は町野館跡（石井館跡）とされ、隣接して蔵福院が所在する。周囲は「フケダ」（深田）と称され、低湿地を防御に利用した館だったと思われる。周辺に勢力を有する土豪・在地領主的存在が居住したのであろうが、それが町野氏の一族または由縁の者が土着したのか、または地元生え抜きの者であるのかは史料も乏しく定かではない。

●—米山城遠景（南東から）

しかしながら、館と城の関係は日常空間の館と非常時（戦闘）の詰《つめ》の城という関係性を想定できよう。また、館のさらに北方には国光城があり、町野川下流方面の備えであると考えられる。

なお、石井集落は米山城の城下町との伝承があり、宇出津から曽々木（輪島市）へ抜ける道筋であるとともに、川沿いである点は水陸交通の要衝であり、さらに市姫神社が祀られるなど、中世の川原に開けた市場集落として発達してきたと想定できる。町野館主は市場集落に隣接して館を設けることによって、経済的権益を押さえたのだろう。

【城の構造】 岡本伊佐夫、佐伯哲也の調査によれば、御前山山頂に主郭と想定されるA曲輪があり、その北東にB曲輪がある。A曲輪を中心に北西方向に堀切《ほりきり》①②、南西と北東に堀切③④が設けられている。佐伯はB曲輪から延びる尾根D・Cのうち、堀切を越えずにA曲輪へ至るCが大手筋《おおてすじ》であると推測する。C方向には現在、小学校が建設されているが、ここにも平坦面がいくつかあったという（南龍雄作成図面）。A曲輪の南東方向にも切岸《きりぎし》を設けて加工した通路状の遺構があり、佐伯は形状から一六世紀後半頃の築造と推定している。

なお、城に米山薬師が所在したという伝承や、「法花寺」の所在伝承（『能登名跡志』）、「御前山」という名称そのものが本来信仰の山であったことを連想させる。こうした信仰の山は周囲から眺望しやすく、逆に頂上からの眺望も良い。信仰の山が城郭化されるケース（中能登町石動山など）は多く

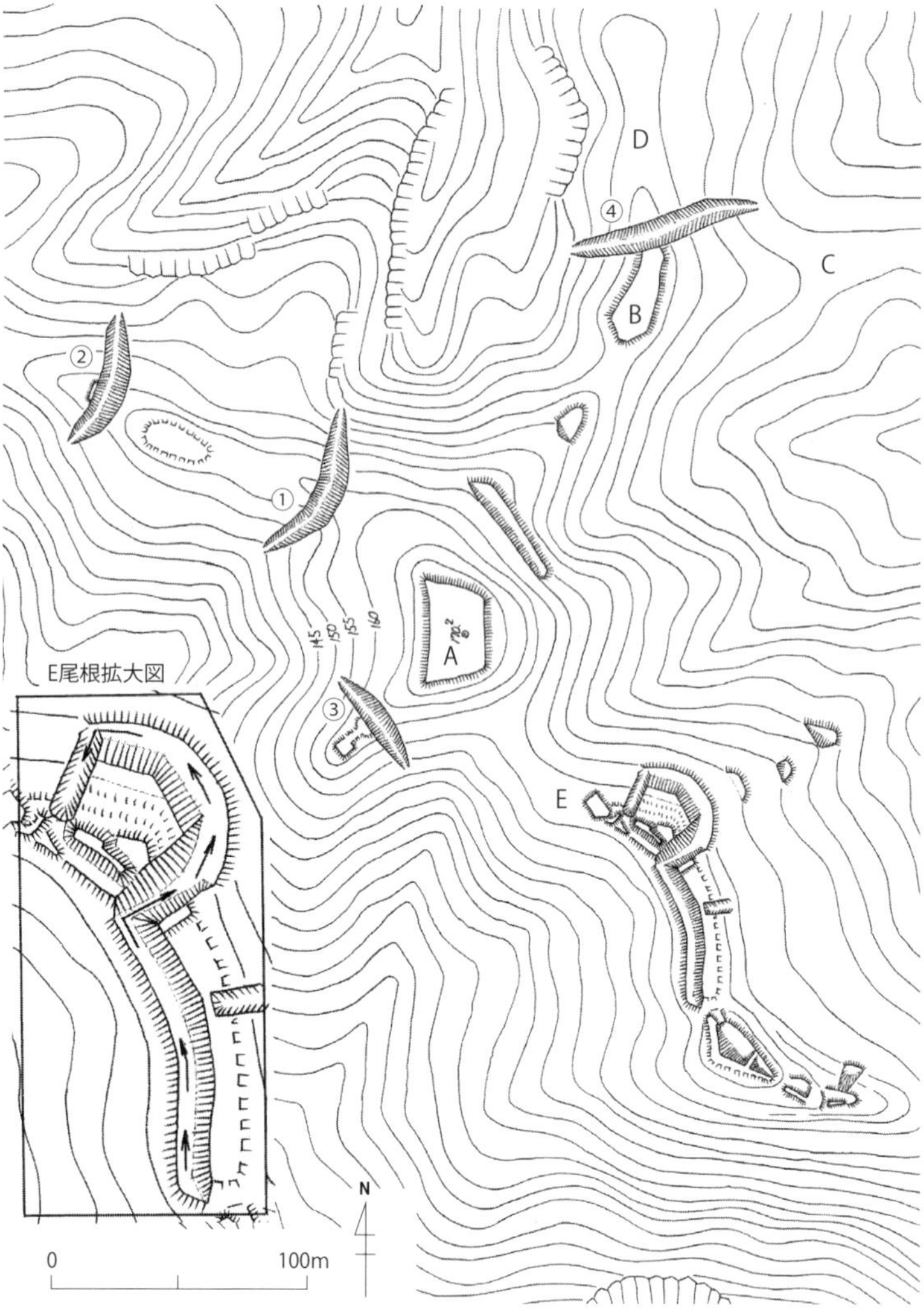

●—米山城縄張図（作図：佐伯哲也）

存在し、山岳修験の霊場を基礎とした城郭である可能性も指摘できよう。

米山城は国民宿舎やなぎだ荘から遊歩道が整備されており、散策の後に日帰り温泉で体を癒すのも一興であろう。

【参考文献】原田正彰『柳田村の集落誌』（一九七七）、石川県教育委員会『石川県中世城館跡調査報告書Ⅱ（能登Ⅰ）』（二〇〇四）、佐伯哲也『能登中世城郭図面集』（桂書房、二〇一五）

（新出真典）

●長家の居城として知られる奥能登の名城

穴《あな》水《みず》城《じょう》

〔穴水町史跡〕

〔所在地〕穴水町川島
〔比　高〕六〇メートル
〔分　類〕山城
〔年　代〕一四〜一六世紀
〔城　主〕長氏、長沢筑前守光国
〔交通アクセス〕のと鉄道「穴水駅」下車、徒歩一五分。

【城の歴史】　穴水城の築城年代は不明。『長家家譜』によれば、南北朝の頃に長家八代正連《まさつら》が荒屋城（現輪島市門前町荒屋）より穴水城に入ったとあり、長家二一代連龍《つらたつ》までの約二〇〇年にわたる長家の拠点として穴水城の所在が窺われる。穴水城は南北朝から戦国時代前半にかけては、戦時における詰《つ》めの城として利用され、平時は平野部の川島にあった館に居住していたものと推測される。

城主である長氏は、室町幕府将軍家の奉公衆として近侍し在京することが多かったが、応仁・文明の乱（一四六七〜一四七七）により京での戦乱が混沌とする中で能登の領地に戻り支配体制の強化を図ったものと推測される。長家一九代続連《つぐつら》の時代には自前の軍事力を背景として能登畠山氏の重臣として加わるようになった。

この頃より能登でも戦乱が日常化するようになり、それにあわせて穴水城も整備拡張されたものと推測され、城内からは、戦国期の女性が紅を塗るときに用いられた土師《はじ》質の小皿や陶片が発見されており、日常的な居住を伴った城として整備拡張されたものと推測される。

天正四年（一五七六）、越後勢の能登侵攻により穴水城は攻略され、守将として越後の上杉家臣長沢筑前・白小田善兵衛がおかれた。その後、穴水城は幾度か攻略奪回が繰り返され、同六年には穴水城主長沢筑前が主力を率いて珠洲《すず》郡正院の一揆鎮圧に出かけた隙を狙い、続連の遺子孝恩寺宗顓《そうせん》（後の長連龍）が攻撃し、穴水城の奪回に成功する。しかし、越

●—穴水城遠景

後勢が大挙して押し寄せるにおよんで城を脱出し、越中の神保氏に寄遇。この間の連龍宛ての柴田勝家書状（「長家文書」）に「穴水城」の名前がみえ、これが確実な文献史料の初見である。同八年、連龍は信長より二宮川以西の鹿島半郡を安堵され、同九年に前田利家が能登に入国し支配権が鹿島半郡を除く能登一円におよぶ中、穴水城は利家の支配下に入った。

●—穴水城 甲郭中の伝本丸付近

それを示すものとして、同十年、利家が「穴水城普請之用」として諸橋六郷百姓中に竹二〇〇本、板六〇枚そして人足の出役を命じており（「前田利家黒印状」諸橋家文書）、この頃まで穴水城の存在が確認できる。

【城の構造】 穴水城跡は、穴水湾を構成する標高約六〇㍍前後の尾根部に築かれており、眼下に穴水湾と穴水町の市街地を望む場所に位置する。

　城の範囲は地元で前城山、後城山と呼ばれる東西約五五〇㍍、南北約四五〇㍍の範囲で主要な郭から順に甲《こう》・乙《おつ》・丙《へい》・丁《てい》・戊《ぼ》の五つの郭に大別できる。城の南西に延びる尾根部の西側は比高約四〇㍍の通称「藤のそば」と呼ばれる急峻な崖で、その頂部に伝本丸・二の丸跡といった通称名が残る削平地が甲郭の範囲に遺存している。このうち甲郭は新小又川河口域と大町・川島の穴水町市街地を見下ろす場所に位置し、西側は新小又川に面する比高約四〇㍍の通称「藤のそば」と呼ばれる崖、北側は比高約二〇㍍から四〇㍍の通称とっきょも谷、東側は甲郭と乙郭を区切る堀切《ほりきり》、南側は比高約四〇㍍の旧城山ポンプ場のあった谷が防御ラインを構成するなどの位置的環境と二つの梯郭式《ていかくしき》を併せ持つ構造から穴水城跡中の最主要郭として位置付けられる。このあたり、戦闘が日常化した戦国後期において整備拡張された可能性もある。乙郭は四方の尾根を堀切で切断した郭で

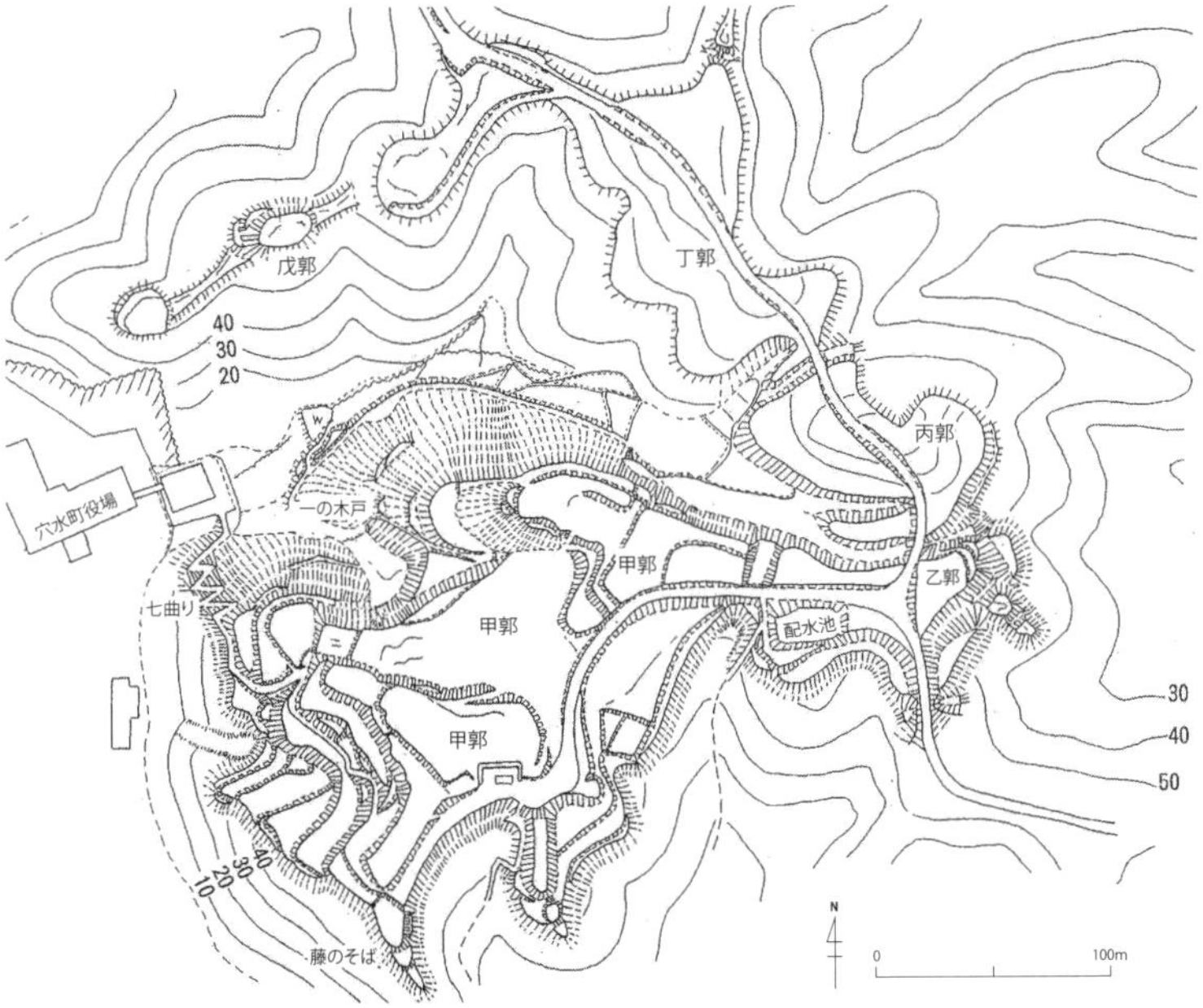

●—穴水城縄張図（作図：岡本伊佐夫）

堀切を挟んで甲郭の東に位置し、北方向には同じく堀切を挟んで丙郭がある。丙郭は北に丁郭と堀切を挟んで接し、丁郭より西に延びる尾根上に通称「一の木戸」の伝承が残る通称とっきょも谷への侵入を防御する目的の砦と推測される戊郭がある。このうち丙郭と丁郭は自然地形であるが尾根部北側からの侵入を防ぐ構造であるとともに北七海側から丁郭に達する城道が尾根道と交錯するなど防衛上の緩衝地帯としての役割を担っていたと推測される。

このように陣地を広くみせるなどのみせかけの遺構を含めた穴水城の縄張の総面積は約二四万七五〇〇平方メートルで戦国時代が終焉を迎えなければさらに整備拡張されたものと推測される。また、城跡の北西に位置する曹洞宗瑞源寺は、長家八代正連が穴水に移り住んだ時に菩提寺として荒屋より移設建立したもので、その位置と環境から、戦時下において軍事施設として使われた可能性が高い。

（岡本伊佐夫）

【参考文献】

石川県教育委員会『石川県中世城館調査報告書Ⅱ（能登Ⅰ）』（二〇〇四）、『図説　穴水町の歴史』（図説穴水町の歴史編纂委員会、二〇〇四）、穴水町教育委員会『穴水城跡調査概要報告書』（一九九〇）、『越登賀三州志』（石川県図書館協会、一九三三）、『石川県鳳至郡誌』（鳳至郡役所、一九二三）

●上杉水軍の基地

甲《かぶと》山《やま》城《じょう》

〔所在地〕穴水町甲
〔比　高〕二〇メートル
〔分　類〕平山城
〔年　代〕一六世紀
〔城　主〕平子和泉（平子若狭守房長）
〔交通アクセス〕〇〇線「〇〇駅」から北鉄奥能登バス「農協甲支店前」停留所下車、徒歩一分。

【城の歴史】　甲山城の築城年代は不明であるが、城の遺構より、戦国後期の城と推測され、天正年間（一五七三―九二）に甲山城主として名がみられる平楽右衛門尉は越後の平子《たいらく》氏の誤伝と推測される。『長家家譜』によれば、天正四年（一五七六）、越後の上杉謙信が能登攻略のさい落城し、以後、越後の将で平子和泉（『上杉家家中名字尽』によれば平子若狭守とある）、唐人式部《かろうどしきぶ》、轡田肥後《くつわだひご》が甲山城に置かれたとある。同六年穴水城主長沢筑前より中居村弁慶宛ての書状の中に「船手之者共之働ニ候　是ハ甲之人数候」とあり、また、同五年の乙ケ崎合戦の際、甲山城の轡田肥後・唐人式部、板倉傳右衛門が穴水城救援のため、船に乗って押し寄せたと記載される。このことより、甲山城の越後勢が組織された「船手之者共」を持っていたことが指摘され、甲山城が越後勢の水軍基地としての役割を担っていたことが推測される。なお、甲山城の地理的環境をみれば、甲山城の北側に接する入海の岸辺は「阿曽良泊」と呼ばれた良港で船溜に適していた。

　天正六年三月に上杉謙信が春日山城で没したことにより、越後勢の能登支配に動揺と混乱が生じ、その間隙をつくようにして、翌天正七年、元畠山家臣で、当時、上杉家中であった温井景隆《ぬくいかげたか》、三宅長盛《ながもり》兄弟は能登国を手中に収めんとして七尾城の鰺坂長実《あじさかながざね》と結んで甲山城の轡田肥後を和睦と偽り七尾の松百《まつど》に呼び寄せ、手薄となった甲山城を急襲して城は陥落、城主の平子和泉は城外に逃れたが農民の手にかかり討死したとの伝承が残る。また、松百にいた轡田肥後も同地で戦

●—甲山城遠景

死し、この戦いが甲山城を巡る最後の戦いとなった。

そのほか、甲山城の守将の一人唐人式部（加老戸《かろうど》親広《ちかひろ》）は鉄砲の名手であったといわれ、甲山城を去った後、越中に赴き、一時は織田方に属していたが、天正十年二月にはふたたび上杉方に属し、最後は米沢藩の岸和田流の砲術指南役として仕えた。同じく甲山城の守将の一人板倉傳右衛門は、その後、長家に仕え、慶長元年（一五九六）の大聖寺城攻めにおいて討死している。また、五十里城（現能登町）主であったともいわれる上杉家家臣島倉泰明は、甲山城代としてもその名が見受けられ、同七年に温井・三宅勢に攻められ越中に逃げたことに同じ上杉家家臣より非難を浴びて憤慨し自害したとある（「上杉家記」）。

【城の構造】 甲山城は甲の小字小甲に位置し、西から東に向かって延びる出崎で比高約二〇㍍前後の丘陵地を利用して築かれた平山城で、現在、主要地方道能都・穴水線が甲山城跡のある出崎丘陵地の西側を除く三方を囲むようにして通る。

城の範囲は東西約五〇〇㍍、南北約二五〇㍍で、遺構は東側の山林および畑地に集中し、五面の曲輪と空堀《からぼり》、土塁《どるい》、虎《こ》口《ぐち》、腰《こし》曲輪、帯《おび》曲輪、城跡入口と推測される場所二ヵ所に、横矢《よこや》を効かせるための隅櫓《すみやぐら》が構築されており、戦国後期の城と推測される。

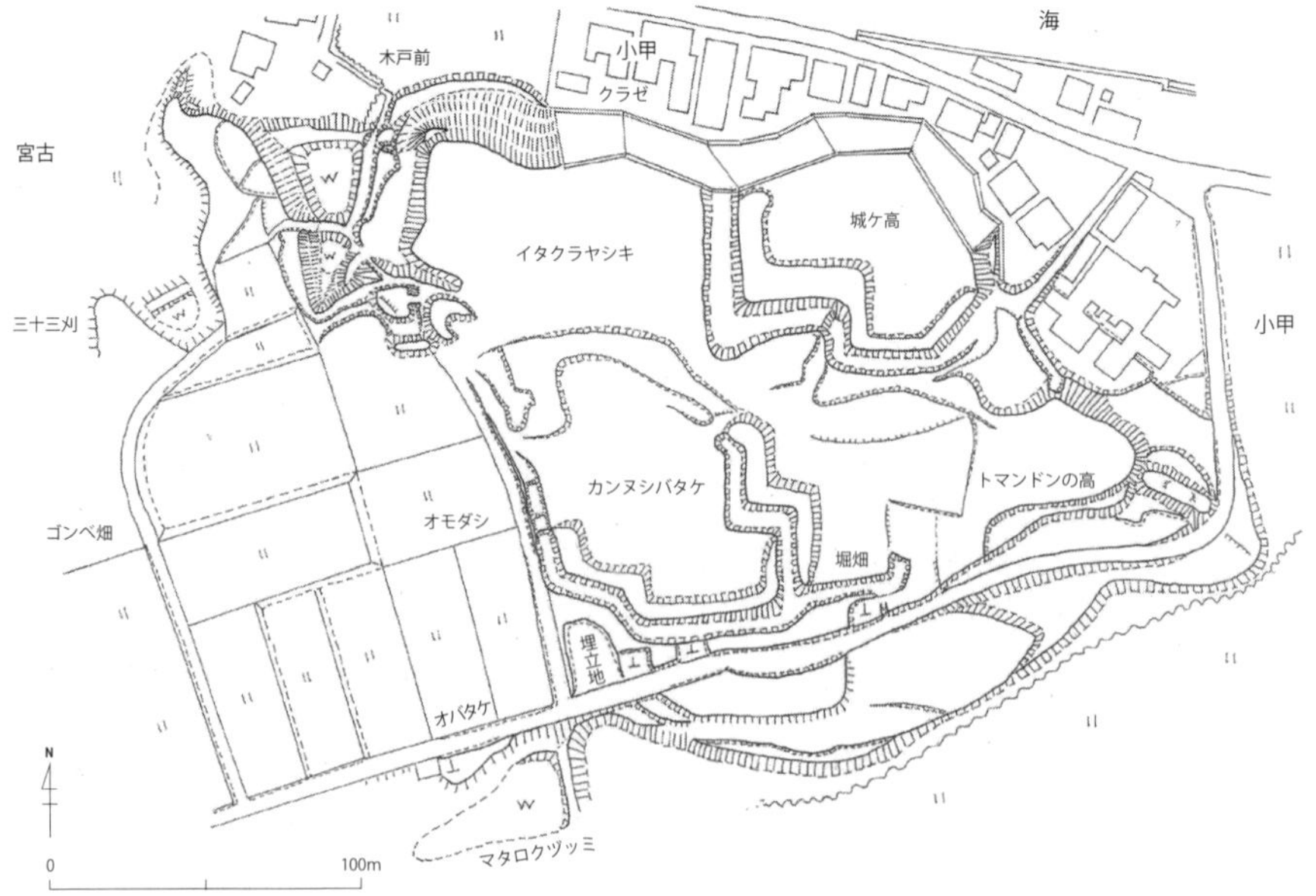

●—甲山城縄張図（作図：岡本伊佐夫）

城の北側は急峻な崖で、通称「阿曽良《あそら》の入江」と呼ばれる甲の北港を望むが、その頂部には主要郭と推測される通称「城ケ高」や「イタクラヤシキ」と呼ばれる削平地があり、特に、「城ケ高」は北は急峻な崖、西と南は幅七～八《メートル》の空堀で囲み、東は比高差のある切岸で防御する最重要郭である。また、「イタクラヤシキ」は通称名から、守将の一人、板倉傳右衛門が城内に居住した可能性が窺えるが、城主である平子和泉や他の有力な守将の居住跡については不明である。

平成四年（一九九二）に、主要郭北側の法面の急傾斜工事が施工され、先に記述した主要郭が旧法面の頂点から奥行き約一八《メートル》にわたって削られ、その際、土塁や空堀の一部や法面の中腹にあった帯曲輪が西側の一部を残し削られてしまっている。

城の西側は水田が広がり、甲山城の空堀跡と伝承が残る現町道宮古線が南北に通って丘陵を堀切《ほりきり》で遮断した形状となっており、町道と県道が三叉路《さんさろ》をなす地点より、城の南側を谷あいが自然地形の堀切となって東に下っている。また、城跡を示す地名として、先の通称「城ケ高」や「イタクラヤシキ」の他に、「堀畑（ホリバタケ）」や「オモダシ（馬出し）」の通称名、『御見立控《おみたてひかえ》』（佐藤家文書）には「木戸前三十石」

とあり、城の北西に甲山城の木戸があったことが知られる。また、昭和四十七年（一九七二）の土地改良事業により壊された小郭「オモダシ（馬出し）」の西側は北と南がやや急な斜面となる畝状《うねじょう》の地形の尾根道で、明治の地籍図によれば西側の丘陵地と繋がっていた。尾根道の北側には窪地があり、雨が降ると南と西の二方から水が流れ込み、北側の通称「木戸前」の堤のほかオモダシの南側を通る溝を通じて通称「カンヌシバタケ（神主畑）」と呼ばれる曲輪の三方を囲む堀に流れ込む構造となっていたと伝え、大雨のときなどは土塁が一部積まれていない通称「ホリバタケ」の南側から溢れた水が現通路の溝を通って流れ落ちたと伝えている。

●―甲山城空堀跡

　このことは通称「カンヌシバタケ」の三方を囲む堀が水堀を意識して造られた可能性が指摘される。なお、城の北東には天正年中に城中に水を引き込むために造られたと伝承される隧道および水路が残るが城跡との比高差を考えると城内への引水はサイフォンの原理を取り入れたものでない限りは難しいと考えられる。いずれにしても、甲山城は、山城の多い能登においては珍しい平山城で、折れを伴う空堀跡は近隣では類例をみない構造の縄張である。

　また、甲山城は謙信が富山湾や七尾湾の制海権を意識して配置された海城の一つで、甲山城の出城または砦跡と推測される丸山城とともに、通称「大口の瀬戸」と呼ばれる海路の要衝を押さえる場所に位置し、小城ながらも能登における軍略上の拠点の一つであった。

【参考文献】石川県教育委員会『石川県中世城館調査報告書Ⅱ（能登Ⅰ）』（二〇〇四）、『図説「穴水町の歴史」』（図説穴水町の歴史編纂委員会、二〇〇四）、『越登賀三州志』（石川県図書館協会、一九三三）、『石川県鳳至郡誌』（鳳至郡役所、一九二三）

（岡本伊佐夫）

●北陸屈指の戦国時代の拠点城郭

七《なな》尾《お》城《じょう》

〔国史跡〕

〔所在地〕七尾市古府町、竹町、古屋敷町、入会地大塚他
〔比　高〕約二五〇メートル
〔分　類〕山城
〔年　代〕一六世紀
〔城　主〕能登畠山氏・上杉氏・前田氏
〔交通アクセス〕JR七尾線「七尾駅」から市内巡回バスまりん号（七尾城ルート）「七尾城史資料館前」停留所下車、徒歩約五〇分。

【城の由来】　七尾城は能登半島の七尾南湾に面する七尾市街地から南東に約五キロの石動山系の標高三〇〇メートルの尾根上に、能登守護畠山氏の居城として築かれた山城で、山麓には堀と切岸《きりぎし》による壮大な惣構えを伴う城下が連動して形成されている。七尾城の名称は、本丸を主軸として北側に派生する七つの尾根筋に曲輪群が築かれていることに由来する。

七尾城を築いた能登畠山氏は、初代満慶《みつのり》が応永十五年（一四〇八）に管領畠山氏が領していた四分国の一つであった能登国の守護職に補任《ぶにん》されたことにより創立する。能登畠山氏が在国して守護支配を開始するのは文明十年（一四七八）に下向した第三代義統《よしむね》からである。義統は、南北朝期以来の能登の政治拠点であった湊（現市街地）付近の府中に守護所を構え、能登畠山氏の領国経営の基盤を固める。

能登畠山氏が府中の守護所から七尾城に移り、七尾城が新たな政治拠点として本格的に機能するのは、第七代義総《よしふさ》の治世下である大永五年（一五二五）頃からの史料に顕著に見られる。この頃には、城内に庭園を備えた城主館が所在していることが確認できる。ただし、永正十一年（一五一四）に「七尾」の地名が確認されることから、永正末年頃までには、築城されている可能性が高い。その後、歴代城主が拡張を重ね、第九代義綱《よしつな》の治世下の弘治三年（一五五七）頃には難攻不落を誇る北陸屈指の城郭に整備されていたことが、弘治三年二月に畠山悳祐《とくゆう》（第八代義続《よしつぐ》）・義綱（第九代）が長尾弾正（景虎）に宛てた書状から窺われる。このように、城郭の

増強が図られる一方で、能登畠山氏の大名権力は失墜していく。天文十四年（一五四五）に安定した領国支配を展開した第七代義総が没したことにより、家内（一族）や家臣による主導権を巡る内乱が頻発する。こうした状勢下で義綱がいったん政権を立て直して実権の確立を目指すが、家臣の反発により失脚し、遊佐《ゆさ》氏や温井《ぬくい》氏などの重臣七名からなる「畠山七人衆」に政権を握られる。天正二年（一五七四）には、第一〇代義慶《よしのり》が毒殺され、義慶の跡を継いだ弟の第一一代義隆《よしたか》も同四年に病死したことにより、体制はいっそう混迷化し、滅亡への道を歩む。

●—七尾城跡遺構平面図

　天正四年十一月、上杉謙信は人質としていた義綱の弟上条政繁《まさしげ》（義春）を七尾に送り届け、能登畠山家を再興させることを名目に能登侵攻をはかる。謙信は破竹の勢いで、七尾城まで進軍するが、要害に築かれた難攻不落の七尾城は容易に落城しなかったため、謙信はいったん越後に帰還する。翌天正五年、謙信は再び七尾城を囲むが、能登畠山家臣の遊佐氏や温井氏への降伏、内応の画策が成功したことにより、七尾城を手中に収める。このことにより、能登畠山氏による約一七〇年間の能登支配は幕を閉じ、七尾城は上杉氏の能登支配の拠点となる。

●—七尾城本丸

　上杉氏は、天正五年十月に「一三ヵ条の制令」を出して能登統治を開始するが、翌天正六年に謙信は急死する。同年、謙信の後継を争う「御館《おたて》の乱」が越後で起きたことによ

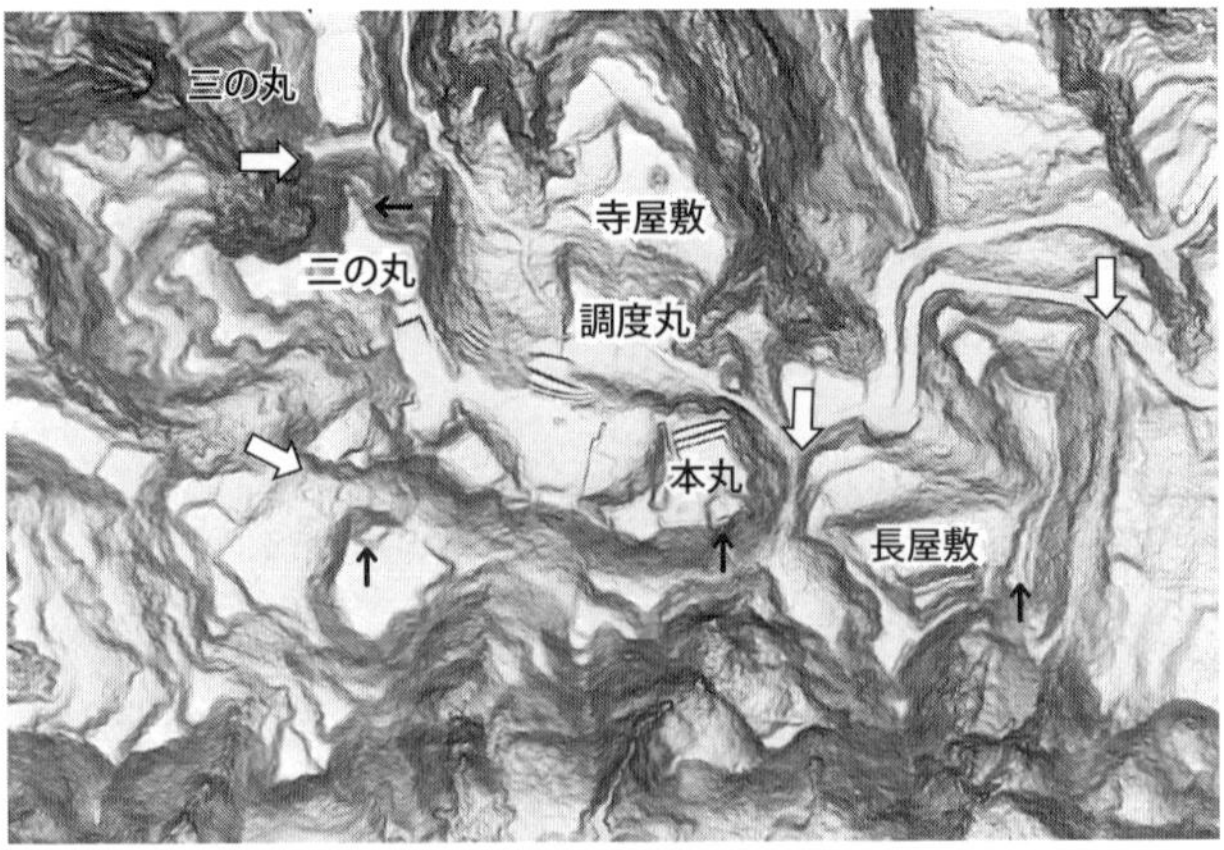

●—中心部起伏図（⇨大堀切、→櫓台）

り、上杉氏の能登での統制力は低下する。天正七年八月には、上杉方の七尾城将をつとめた鯵坂長実《あじさかながざね》が、旧能登畠山氏家臣によって追放されたことにより、上杉氏の能登支配は終焉する。

天正九年七月、前田利家は織田信長から織田領となっていた能登一国を与えられ、七尾城に入城する。利家は、入城後、間もなくのうちに湊付近の小丸山に新城を建設して、拠点を移したとみられている。移転（廃城）の時期については、現段階では天正十年と天正十七年の二説が想定されている。

【城の構造】 城郭は、堀切《ほりきり》や切岸、谷の自然地形によって独自に守りを固め、それぞれが半ば独立（分立）する曲輪群の集合体である。曲輪群は、立地環境からおおよそ山頂の曲輪群、山腹の曲輪群、山麓の曲輪群に分類できる。

各曲輪群の遺構の特徴は、平成二十九年（二〇一七）度に七尾市が作成した航空レーザー測量図から読み取ることができた。中心部の本丸周辺の主郭群と主郭群を取り囲む曲輪群は、大型の曲輪を中心とする集合体で、それぞれ大規模な堀切（大堀切）や切岸によって分断、独立する分立的城郭構造の屋敷群である状況が判明した。各曲輪群を分断する大堀切については、防御に加え、堀底道の機能も果たしていた。この堀底道を眼下に置く本丸をはじめとした主郭とみなされる大型曲輪には、櫓台《やぐらだい》状の遺構の所在が確認できる。

石垣は、本丸から二の丸までの主郭群では、斜面一帯を覆いつくすように大規模に積まれているが、この他の曲輪群では出入り口などの一部分だけに積まれている。構造についても、石材の大小の違いや隅角部における重積みと算木積《さんぎづみ》（様）といった石積技法の違いもみられる。

石垣以外の遺構については、主郭群東側の城域東端部に所在する物見台の主郭斜面には、畝状空堀群《うねじょうからぼりぐん》が良好に遺存するなど、遺構の多様性が確認されている。

こうした遺構の多様性については、前述のとおり、能登畠山氏・上杉氏・前田氏に移る城主の変遷を反映している可能性も考えられる。

七尾城は、大永五年までには、城内に城主の館を具える拠点城郭として整備され、城内では都の文化人を交えた歌会などの文芸活動（大永五年七月二十八日「賦何船連歌」）や、当主と家臣の武家儀礼に則った対面・献儀・能の鑑賞（永禄四年〈一五六一〉正月「畠山義綱長続連御亭御成記」）などが行われている。七尾城中心部の広大な平坦面を擁する曲輪は、こうした文芸や武家儀礼が行われた屋敷地で、能登畠山氏段階で基本プランが完成していたと考えられる。

中心部に残る、来訪者を圧倒する石垣群（総石垣）については、曲輪群の並列的な構造に対して、本丸を中心とした曲輪群の顕在化を強く意図した所作と推察される。土造りから石造りに改修することにより、顕在化を図ったものと考えられ、改修時期については、今のところ畠山氏後半（弘治年間頃）から前田氏（天正九年〜同十七年頃）の頃に幅を持って想定している。なお、石垣隅角部の石積みについては、重積みと算木積（様）では、石材の角部が前者は未加工で、後者が瘤取り加工していることや築石や間詰石の石材の状況に違いが読み取られる。

●—石垣隅部１・重積

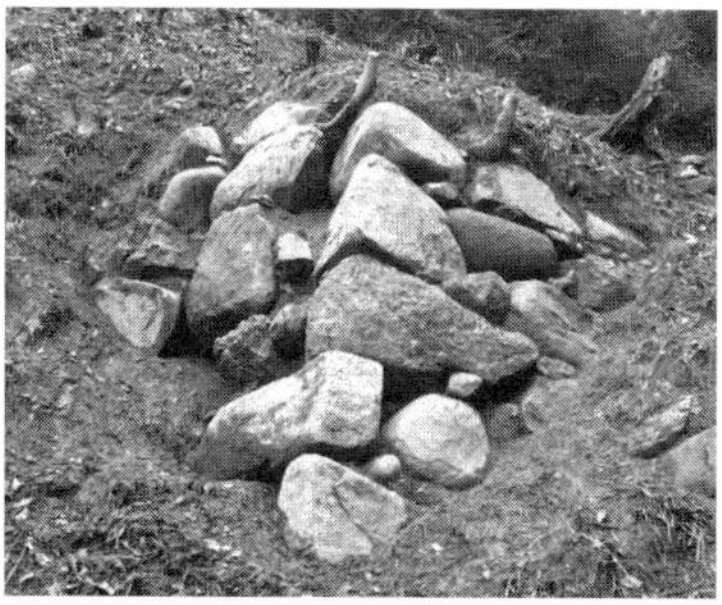
●—石垣隅部２・算木積（様）

物見台の畝状空堀群については、現況から改修によるもので、七尾城の曲輪には稀有な遺構であることから、畠山氏以後の改修と考えられる。現段階では、上杉氏による改修の可能性を想定している。

七尾城の構造については、実態解明を目指す発掘調査が令和二年（二〇二〇）度から七尾市が開始している。初年度は、本丸北西部に隣接する調度丸で実施し、戦国期の建物礎石と土塀の基礎となる石塁の遺構を確認している。いよいよ、文献史料から垣間見られる七尾城の実態解明の扉が開かれた。

【参考文献】東四柳史明「能登畠山氏の光芒と落日」『図説石川県の歴史』（一九八八）、千田嘉博「七尾城から金沢城へ」『能登七尾城 加賀金沢城』（二〇〇六）

（善端　直）

●交通の要衝に位置する口能登の要

幾《き》保《ほ》比《い》城《じょう》

〔所在地〕七尾市吉田町
〔比　高〕約一三〇メートル
〔分　類〕山城
〔年　代〕南北朝期、一六世紀第４四半期
〔城　主〕不明
〔交通アクセス〕赤蔵山憩いの森・御手洗池横の林道を志賀町方面へ、途中林道を南へ曲がり、徒歩約五分で城跡。最寄り駅はのと鉄道「田鶴浜駅」。能越自動車道高田ＩＣから車で五分。

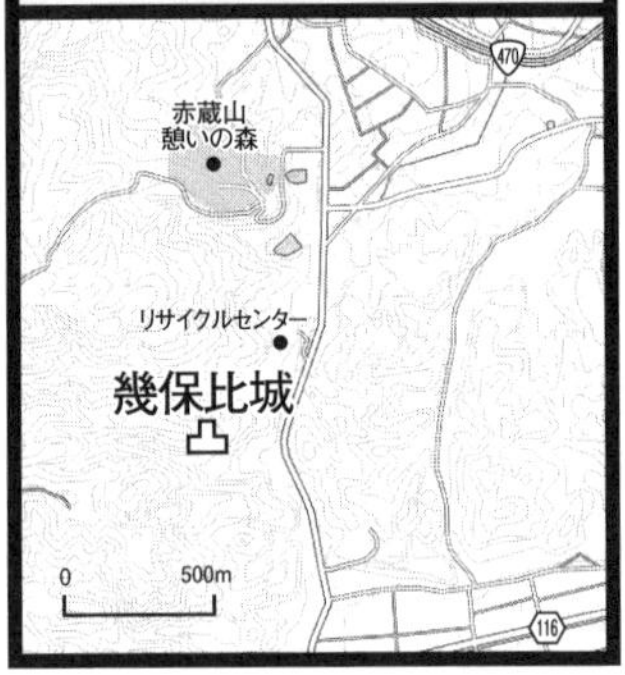

【位置と環境】　七尾西湾から南に入った霊場として名高い「赤蔵山」の南方約八〇〇メートルに位置する、通称〝城山〟と呼ばれる標高一五二メートルの山頂部にある。別名：競城。角鹿山砦址。南を流れる吉田川沿いに集落が所在する。羽咋《はくい》市から七尾南湾に続く邑知《おうち》地溝帯から分岐し、七尾西湾に抜けるルートの途上でもあり、また西の奥山峠を越えれば、志賀町安津見から外浦に抜ける交通の要衝地である。『鹿島郡誌』（昭和三年〈一九二八〉発行）には、地元三室家の古記録に「仲哀天皇の頃、外船が能登の港に度々入港したため、三室孝原に堡砦を築かせて警戒させた」と伝えるが真偽は定かではない。

　現地には、土塁《どるい》・堀切《ほりきり》・竪堀《たてぼり》・虎口《こぐち》などが良好に残っている。『郡誌』には眺望甚だ良しとあるが、今は樹木が茂り、眺望は良くない。

【歴　史】　南北朝期、足利尊氏と弟直義の争いが能登に波及し、代理戦争の様相を呈していた（観応の擾乱）。観応二年（一三五一）八月、能登守護で北朝方の吉見《よしみ》三河守氏頼《うじより》が陣を張る三引保《みびきのほ》の赤蔵寺《あかくらじ》に、桃井直信《もものいなおのぶ》（越中守護南朝方）が攻め込んできて苦戦していた。九月十六日、救援のため長《ちょう》秀信《ひでのぶ》が大津より打ち出て、吉見の武将である長野家光《いえみつ》らとともに曲松要害に陣取って戦った。十九日、三引南山において、翌二十日には、三引山において戦となったが、二十一日には桃井軍を能登から撃退している。

　曲松要害（城）、赤蔵寺（山）、三引南山（幾保比城カ）、三

引山の地名・館砦名が残る。赤蔵寺は鎌倉時代に国衙領であった三引保赤蔵山中の真言系の山岳寺院で、近世初期には長氏の再興により、赤蔵山一本宮寺として発展した霊場である。

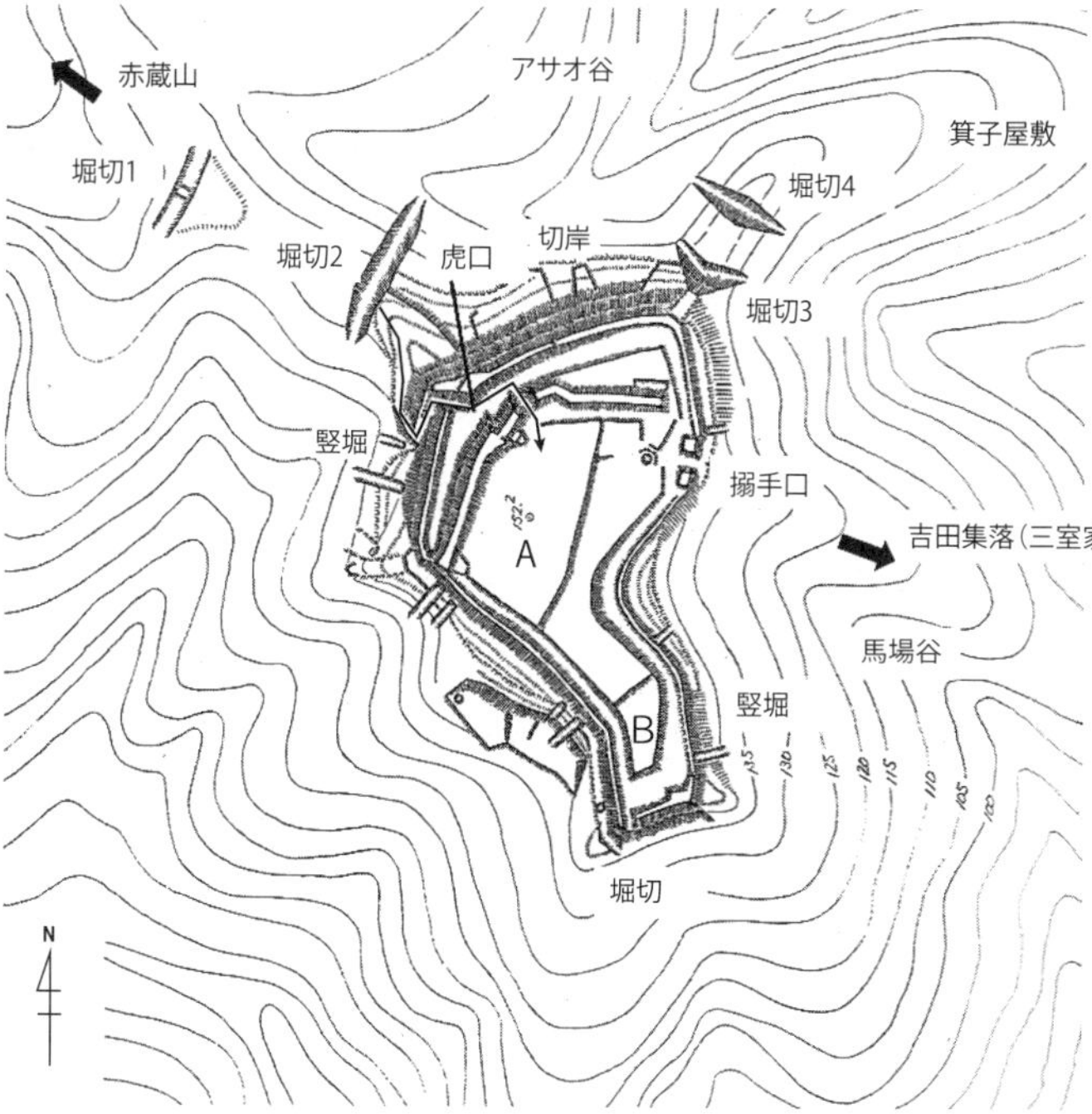

●—幾保比城縄張図（作図：佐伯哲也）

【城の構造】　幾保比城は、丘陵の頂部を利用し、東西七〇メートル、南北二六〇メートルの縄張を持つ。北西には赤蔵山から派生する尾根があり、手前の堀切1と城の直前に比高差三メートルを越える堀切2が尾根を遮断する。左手は見上げると五メートルの切岸《きりぎし》が行く手を阻む。通路を登り、鋭角に左に折れ、さらに直進することになるが、正面にある周囲より高い約三メートルの櫓《やぐら》状の土塁に阻まれる。左に曲がるとようやく主郭部に至る虎口にたどり着く、複雑で屈強な二重虎口《こぐち》となる。ここまで辿り着く間に左右正面からの横矢《よこや》が掛かる鉄壁の守りである。

曲輪内部は虎口側に幅三〇メートルの広い空間（A）があり、奥の南側の高い位置に狭小であるが、主郭と思われる曲輪（B）が存在する。曲輪の外周をほぼ全周する塁線土塁が存在しており、高さは、一メートルから二メートルを越える場所もある。全周するように内堀（通路カ）も存在する。

北側土塁の東端、南側土塁の東端、西側土塁の南端と北端の虎口部分が周囲より幾分か高い櫓状になっているのが特徴である。北東尾根を遮断する堀切4は最大幅六メートル、深さ二メートルを測る。さらに一〇メートル南西には堀切3が存在し、通路状の斜面はあるが、急傾斜のため、やすやすとは進入できない構造である。東側には搦手《からめて》と思われる櫓台状の平虎口がある。眼前の急な尾根を降りると吉田集落の三室家（前述）につな

●—虎口（南西から）

がっている。東側には馬場谷と呼ばれる地形が行く手を阻む。南側は東西に小さく尾根が分かれ、南東隅は竪掘で横への動きを鈍らせ、南西隅は堀切と堅固な土塁で防御する。ここから眼下に吉田集落が見える。南西部には谷からの侵入を防ぐかのように腰《こし》曲輪が付属する。西側にはなだらかな尾根が続き、城郭に向かってひと一人が通れる幅の通路がある。通路北側には近接する竪堀が、南側には急傾斜の地形を二条の竪堀で防御を固めている。登り切っても高い土塁が聳え立つ。幾保比城の特徴は曲輪を巡る塁線土塁、そして二重虎口である。尾根を遮断する堀切の位置から赤蔵山方面からの敵を想定し、築城している。

南北朝期の城郭の状況は不明ではあるが、全体的に土塁、曲輪、堀切、虎口などが統一されていること、および在地では虎口や塁線土塁の構造は一六世紀後半以降であり、さらに在地領主や上杉の段階ではなく、天正九年（一五八一）三月に織田方の菅屋長頼が来尾してからの織豊期の山城と佐伯（二〇一五）は想定している。同年九月に前田利家が能登の七尾城に入ったが、二宮川から西側の鹿島半郡は、天正八年に長連龍《つらたつ》が領有していた。長連龍は、七尾湾に近い田鶴浜に居館を構えたが、最終的には詰城《つめじろ》として築城（改修）したものであろうか。

【参考文献】『石川県鹿島郡誌』（鹿島郡自治会、一九二八）、『田鶴浜町史』（田鶴浜町、一九七四）、石川県教育委員会『石川県中世城館跡調査報告書Ⅱ（能登Ⅰ）』（二〇〇四）、『七尾市史一四 通史編Ⅰ 原始・古代・中世』（七尾市役所、二〇一一）、佐伯哲也「幾保比城跡」（『能登中世城郭図面集』桂書房二〇一五）

（北林雅康）

●佐々成政の能越国境城郭

勝《かつ》山《やま》城《じょう》

〔中能登町史跡〕

〔所在地〕中能登町芹川
〔比　高〕一五〇メートル
〔分　類〕山城
〔年　代〕一六世紀後半
〔城　主〕畠山氏・佐々氏
〔交通アクセス〕能越自動車道「灘浦ＩＣ」から車で三〇分、下車徒歩三〇分。

【佐々成政の戦略】　勝山城は佐々成政《さっさなりまさ》が使用したことを一次史料で証明できる能越国境城郭である。しかし、それは使用するのみに留まっている。これに対して加越国境城郭は、見事なまでの縄張に大改修している。この城郭構造の違いが成政の対前田戦略の実態であり、成政の戦略を実感できる城郭といえよう。

【能登畠山氏が築城】　勝山城が築城されたのは、弘治元年（一五五五）に勃発した、いわゆる「弘治の乱」のときである。同年九月頃、温井《ぬくい》・三宅反乱軍は畠山一族の畠山四郎晴《はる》俊《とし》を擁立して能登に進攻、守護畠山義綱《よしつな》方を七尾城に追い込んだ。このとき反乱軍が拠点として勝山城を築いたとされている（『図説押水のあゆみ』押水町、二〇〇一）。

永禄元年（一五五八）反乱軍は義綱軍によって鎮圧され、三月頃勝山城は落城している（『新修七尾市史7　七尾城編』七尾市、二〇〇六）。畠山晴俊・温井続宗《つぐむね》など反乱軍の首謀者は戦死したと考えられる。

【佐々成政が使用】　勝山城はしばらくの空白期間を経て、能越国境の要衝として越中を制圧した佐々成政方の城として使用される。成政の重臣・神保氏張《うじはる》は勝山城に部将の袋井隼人を置き、隣国の前田利家に備えた（『石川県城館分布調査報告』石川考古学研究会、一九八八）。

天正十二年（一五八四）九月前田利家は末森城に来攻した佐々成政軍を撃退し、さらに佐々方の荒山・勝山城も攻略したと羽柴秀吉に報告している（『新修七尾市史3　武士編』七尾

●—勝山城縄張（作図：佐伯哲也）

市、二〇〇一　以降、七尾市史武士編と略す）。しかし同年十月の書状（七尾市史　武士編）で利家は、荒山城の佐々軍が今夜あたり撤退するらしいと述べ、さらに勝山城の山麓にも軍隊を置いて監視するように指示している。つまりこの時点荒山・勝山城はまだ佐々方であり、荒山・勝山城の九月落城は利家の誤認だったのである。

ここで重要なのは、勝山城は荒山城とのセットで史料に登場するということである。荒山城は能越国境の城であり、勝山城は能登に一歩踏み込んだ利家領内に存在する城郭である。勝山城のみでは敵地（利家領）に孤立してしまうので、後方の荒山城と連携して能越国境を固めていたのである。ちなみに利家は合図として火を焚くように命じており、連絡手段として篝火《かがりび》が使用されたことが判明して面白い。

いずれにせよこれ以降勝山城は史上に登場しない。佐々軍撤退後前田氏が使用し、天正十三年成政降伏により能越国境の軍事的緊張が解消され、荒山・勝山城も廃城になったのであろう。

【能越国境の要衝】　能登を代表する大城郭の一つである。城跡直下には、能登と越中を繋ぐ主要街道だった荒山越え（荒山峠）が通る。さらに城跡からは能登の穀倉地帯である邑知《おおち》平野を一望することができ、能越国境の要衝といえる。このような好条件が選地を決定する要因となったのであろう。

【城跡の概要】　城跡への道案内板・説明板は全く設置されていない。また、城跡も全く整備されていないため、十分な装備をして訪城されたい。

主郭は城内最大規模のA曲輪。南側にコの字形の土塁《どるい》を設け、南側からの攻撃に備える。尾根続きからの攻撃を断するために、土塁を伴った堀切《ほりきり》①を設け、さらにその南側に土塁囲みのB曲輪を設けている。

●—主郭A現状

注目したいのは山頂から山麓まで掘り込んだ長大な竪堀《たてぼり》②で、長さは一二〇《メートル》にも達し、さらに北側（主郭側）に土塁を設けて防御力を増強している。土塁とセットになった竪堀を設けることにより、尾根続きを完全に遮断している。しかし竪堀②を越えた南側には、大小さまざまな平坦面を設けたC地区が存在し、城域は続いている。C地区の大小さまざまな平坦面は城兵達の駐屯地と推されるが、C地区とB曲輪以北は、完全に分離してしまっているのである。言い換えれば、C地区に対する主郭Aからの求心力は著しく低下してしまい、反対にC地区の独立性が強くなったといえる。

大手《おおて》は、山麓まで延びるD尾根と考えられる。隙間なく、びっしりと構築された曲輪の連続は圧巻である。大手という連絡性を確保するため、大規模な遮断施設（堀切など）は設けていない。

大規模な堀切や竪堀・土塁はみられるものの、明確な虎《こ》口《ぐち》、とくに枡形《ますがた》虎口や馬出《うまだし》虎口などはまったくみられない。同じく成政が使用した荒山城と同じである。これは同時期に佐々成政が大改修した加越国境城郭群と大きな相違点である。

【城主の推定】　このような縄張は、脆弱な城主の権力構造を具現化したものともいえる。つまり曲輪主にする城主の支配力が弱いため、従郭に対する主郭からの求心力も弱体化した

●—城域を二分する竪堀②

●—B曲輪を取り巻く土塁

縄張となってしまうのである。曲輪主の権力は城主に匹敵するほど強い権力を持っていたといえよう。城主だった畠山晴俊の権力が、極めて脆弱だったのではなかろうか。

　しかし、このように各曲輪が独立し主郭の求心力が弱い城郭は、七尾城や増山城（富山県）のように、守護・守護代の拠点城郭に共通してみられる縄張である。守護・守護代は有

力家臣の盟主的存在であり、それが城郭の縄張に色濃く表れているのであろう。

　前述のように成政は、畠山晴俊時代の縄張をそのまま使用しており、加越国境城郭と大きな相違点となっている。成政の対利家戦略は、利家の居城加賀金沢城から出撃する本隊を、越中国内に進攻させないという戦略だったと推定できる。敵の本隊を押さえれば、他は必要最小限の防御で良い、という極めて有効かつ現実的な戦略だったのである。

　成政の奮闘もむなしく、天正十三年豊臣秀吉の佐々征伐により、成政は降伏する。能越国境の緊張も解消された結果、勝山城も廃城になったのであろう。

【参考文献】佐伯哲也『戦国の北陸動乱と城郭』（戎光祥出版、二〇一七）、佐伯哲也『能登中世城郭図面集』（桂書房、二〇一五）

（佐伯哲也）

●能登最大の武装宗教勢力

石《せき》動《どう》山《さん》城《じょう》

〔国史跡〕

〔所在地〕中能登町石動山
〔比　高〕七〇メートル
〔分　類〕山城
〔年　代〕一六世紀後半
〔城　主〕天平寺・上杉氏・前田氏
〔交通アクセス〕能越自動車道「灘浦IC」から車で三〇分、下車徒歩一〇分。

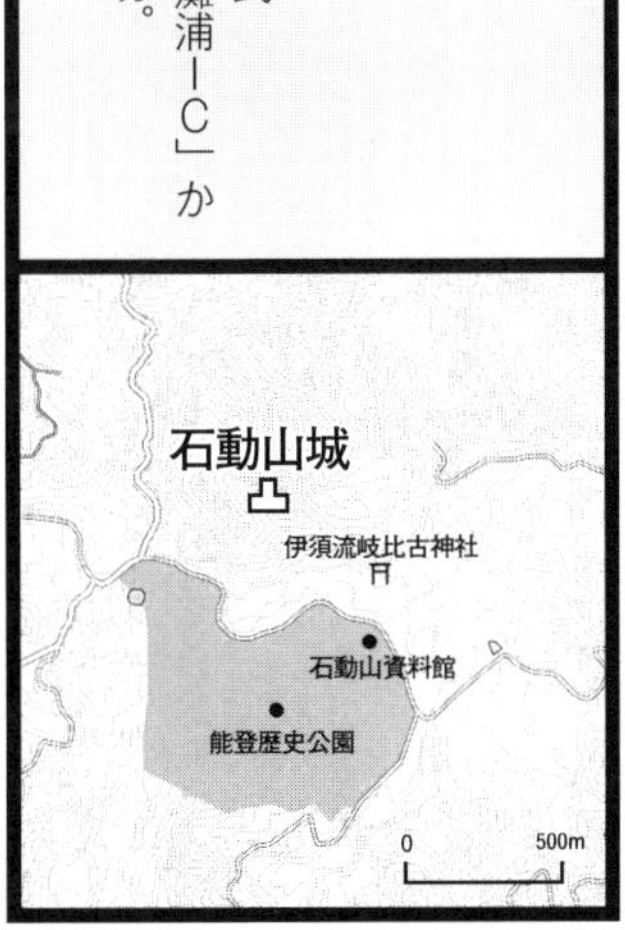

【山岳宗教遺構と重複】　石動山天平寺は、能登最大の武装宗教勢力であるとともに、山岳宗教寺院でもあった。したがって城郭遺構のみ抽出し、縄張を研究していくことが求められる。

【上杉謙信が築城か】　『鹿島町史石動山資料編』（鹿島町役場、一九八六　以降、鹿島町史と略す）によれば、天正四年（一五七六）七尾城攻略を目指した上杉謙信が、七尾城の後方を押さえるために石動山城を築き、部将の直江《なおえ》大和守を置いたとしている。越後は古くから天平寺の知識米《ちしきまい》を寄進する地域だったことから、天平寺は永禄十二年（一五六九）謙信の武運長久を祈願している（鹿島町史）。さらに石動山と七尾城は多根《たね》道を通して繋がっており、七尾城を後方から攻めるのに絶好の位置にあったことも、本陣を置いた理由の一つであろう。ただし石動山城そのものは、それ以前から存在していたと推定される。

七尾攻城中、いったん帰陣する謙信は天平寺大宮坊・火宮坊などを陣中（恐らく石動山城）に召し寄せ、普請などに対する指示を出している（鹿島町史）。

七尾城攻めにおける謙信の石動山城在城は、天正四年十二月から翌天正五年三月にまでおよび、豪雪の中、越冬したことになる。普通ならば凍死・餓死するところだが、隣接して天平寺があったため、越冬が可能になったのであろう。

天正十年四月、上杉景勝《かげかつ》は窮地に追い込まれた越中魚津城を救うために、「石動山城等の能登勢を救援に向わせる」と

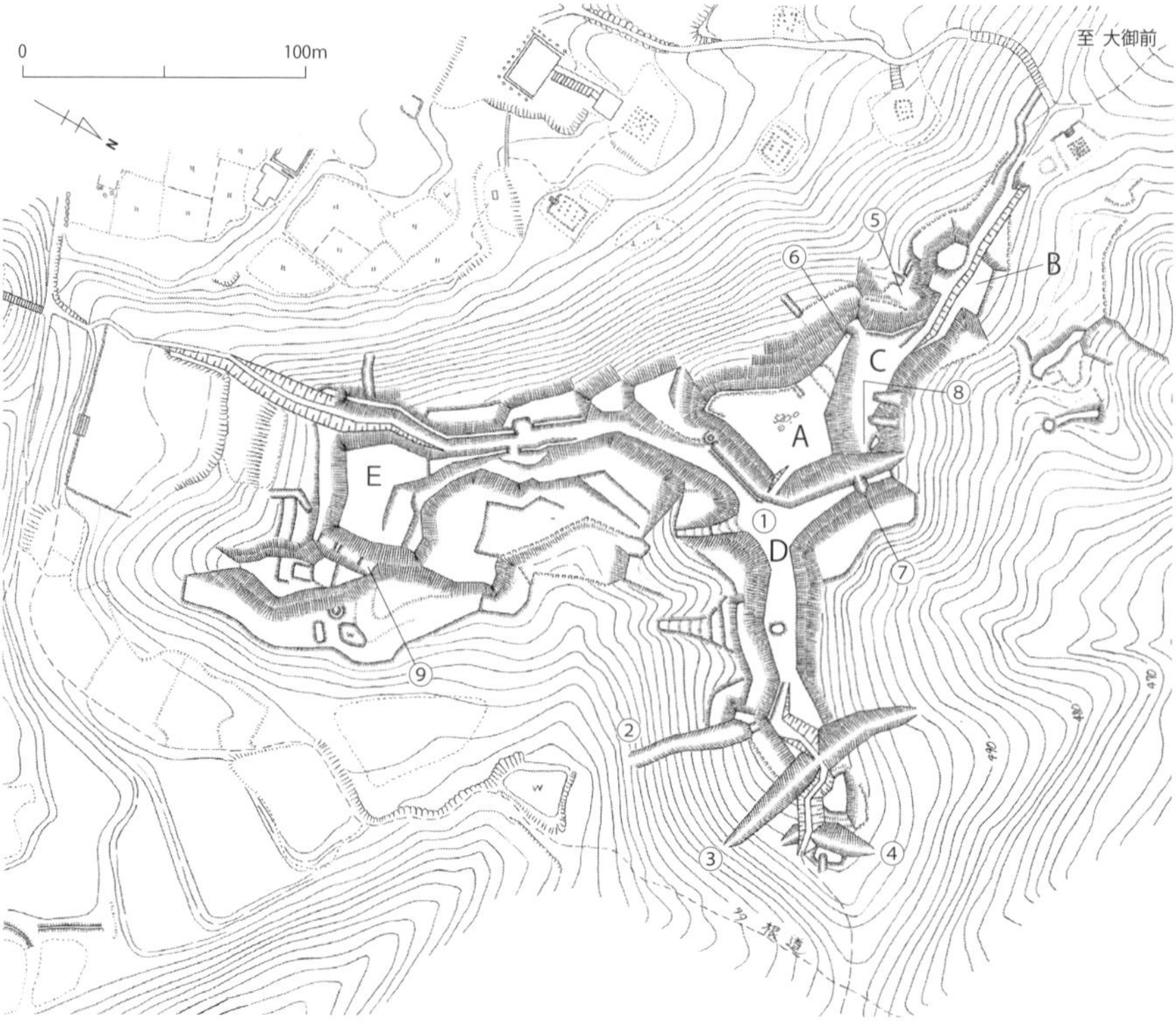

●―石動山城縄張図（作図：佐伯哲也）

述べている（鹿島町史）。しかし、能登勢そのものが織田軍からの攻撃のため窮地に追い込まれているため、もちろん実現しない。

【前田氏が在城】　天正十年六月、佐久間・前田連合軍に敗れた天平寺は前田利家の支配下に入り、石動山城に利家の家臣青木信照《のぶてる》・大屋勝重《かつしげ》が在城（『新修七尾市史3　武士編』七尾市、二〇〇一　以降七尾市史武士編と略す）する。信照などの在城は、天正十三年八月佐々成政降伏まで続くので、石動山は七尾城の背後を守り、能越国境の要衝として存続したのであろう。天正十二年十一月「石動山番手之次第」（七尾市史　武士編）で利家は城将の一人に、鉄砲二挺を用意し、一〇日間在城するよう命じている。在城衆の具体的な内容とともに、在番制になっていたことが判明し、興味深い。

天正十三年八月佐々成政降伏以降、石動山城は史料上に登場しない。能越国境の軍事的緊張が解消されたことにより、石動山城も廃城になったのであろう。

【城跡の概要】　城跡への道案内板・説明板は多数設置され、初心者でも迷うことはない。さらに遊歩道も整備され、観察しやすい環境となっている。

石動山の最高峰大御前（五六四メートル）から東側に下る

尾根上に築城されており、石動山七口（石動山に登拝する七本の登拝道）の一多根道を直下に見下ろす山上に位置する。多根道を挟んだ対岸に多根道砦があり、多根道を強く識した選地と言えよう。多根道は『独楽亭記』によって七尾城と繋がっていたことが判明している。前述のように謙信が本陣を置いた要因の一つといえよう。

【石動山七口城郭群の特徴と一致】　城内最高所のA曲輪が主郭（前頁、石動山城縄張図）。広く、削平は完璧で、長期間使用されたことを推定させる。現在主郭Aに上がる道はヒュッテが置かれていたときの破壊道で、当時は⑥地点から入ったのであろう。山内方向に虎口《こぐち》を設けていることに着目したい。

　多根道（七尾城方向・山外）方向に延びる尾根続きには、横堀《よこぼり》①・竪堀《たてぼり》②・堀切《ほりきり》③④を設けて異常に警戒している。これに対して大御前（天平寺方向・山内）方向の⑤には現在破壊されてしまったが、堀切⑤（幅一二メートル、深さ五メートル、鹿島町史を参照）を設けているのみである。後述するが、石動山七口に設けられた城郭群は、山外方向に対して防御施設を多数設け、山内方向に対してはほとんど設けてないという傾向を持ち、同じ傾向を石動山城も持っていることが判明する。石動山城が天平寺防御の城郭として、天平寺衆徒によって築城されたとする筆者の論拠はここにある。謙信が在城したのは積雪期であり、このような大

●—主郭Aを取り巻く横堀①

●—横堀①に掛かる木橋

●—E曲輪を防御する堀切⑨

規模な普請はできなかったはずである。

【東林院墓地も城域】　C曲輪とD曲輪の連絡は、いったん⑦地点から横堀①に下りて、土塁《どるい》に挟まれた虎口⑧に上がってD曲輪内に入ったと考えられる。城域東端のE曲輪は現在東林院墓地として使用されているがその先端に堀切⑨を設け、やはり多根道を警戒する縄張となっている。

【城主の推定】　以上述べたように、石動山城の縄張は石動山七口の城郭群の縄張と基本的に同じである。また曲輪数も多く、きれいに削平されていることから長期間使用されたことを物語る。このことから天正四年上杉謙信が一時的に在城したにせよ、基本的には天平寺衆徒が天平寺を守るために築城したと考えられる。天正十年以降は前田氏が使用しているが、虎口は枡形化しておらず、横堀も上手く使い切っておらず、改修の痕跡が認められない。前田氏も使用するのみにとどまったと考えられよう。

【周辺に残る城郭遺構】　石動山城周辺には多数の城郭（候補）遺構が残っており、ぜひ訪れてほしい。その中で特筆すべきは、大御前《おおごぜん》遺構・長坂道砦・大窪道砦である。

　大御前遺構は石動山の最高峰大御前の背後に位置する堀切群で、特に堀切①は幅二〇メートル、深さ一四メートルもあり、能登最大級の堀切である。結界の可能性も否定できないが、能登最大級の堀切をぜひ実見してほしい。

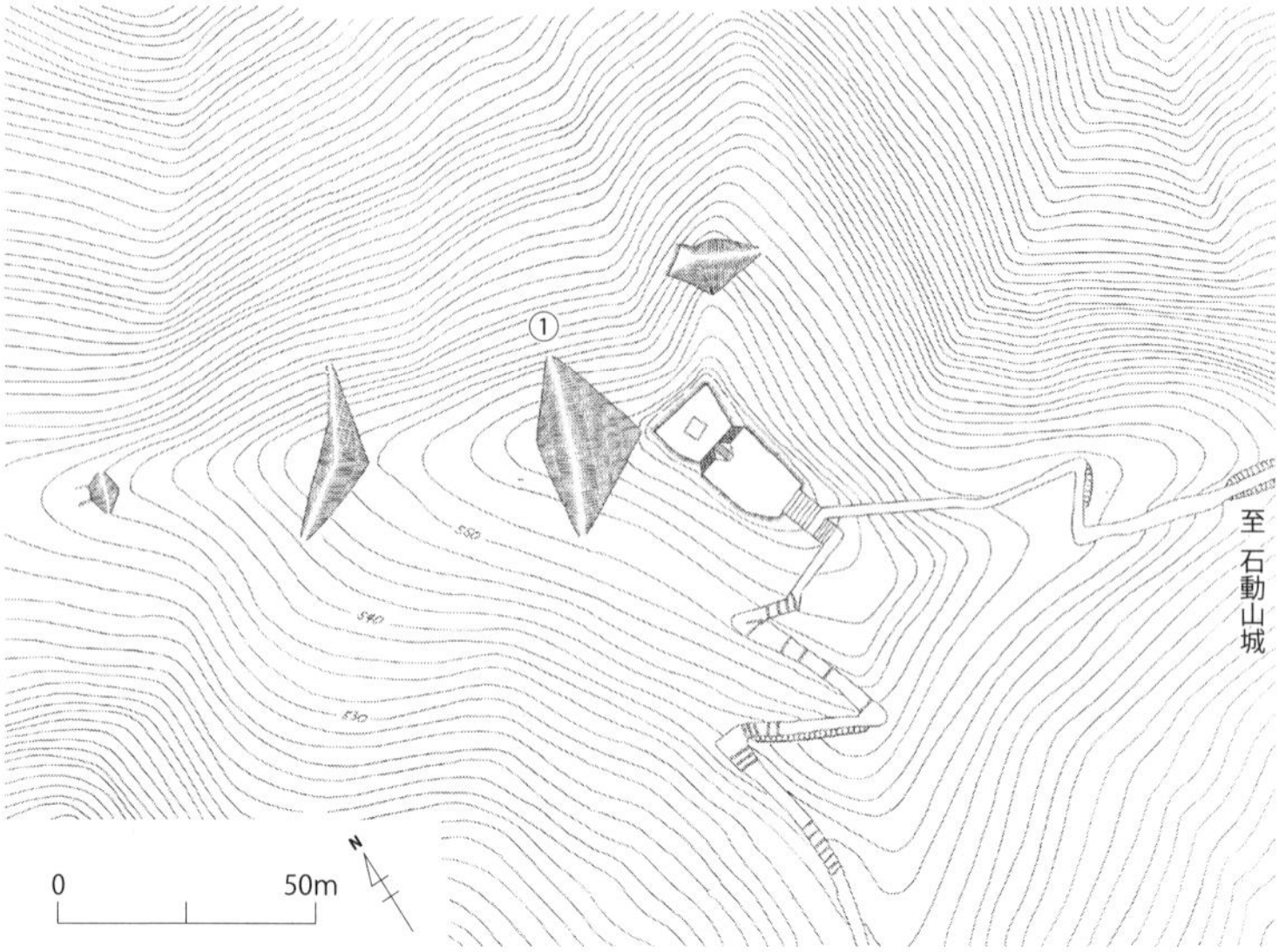

●—石動山大御前遺構（作図：佐伯哲也）

　石動山には七口といわれる登拝道が七本存在し、登拝道を防御する城郭も多数存在する。その中でもっとも大規模で優れているのが長坂道砦・大窪道砦である。宗教勢力（天平寺）が築城した城郭として貴重であり、天平寺の縄張技術の高さを物語る遺構である。ぜひ訪れてほしい。

【参考文献】佐伯哲也『戦国の北陸動乱と城郭』（戎光祥出版、二〇一七）、佐伯哲也『能登中世城郭図面集』（桂書房、二〇一五）

（佐伯哲也）

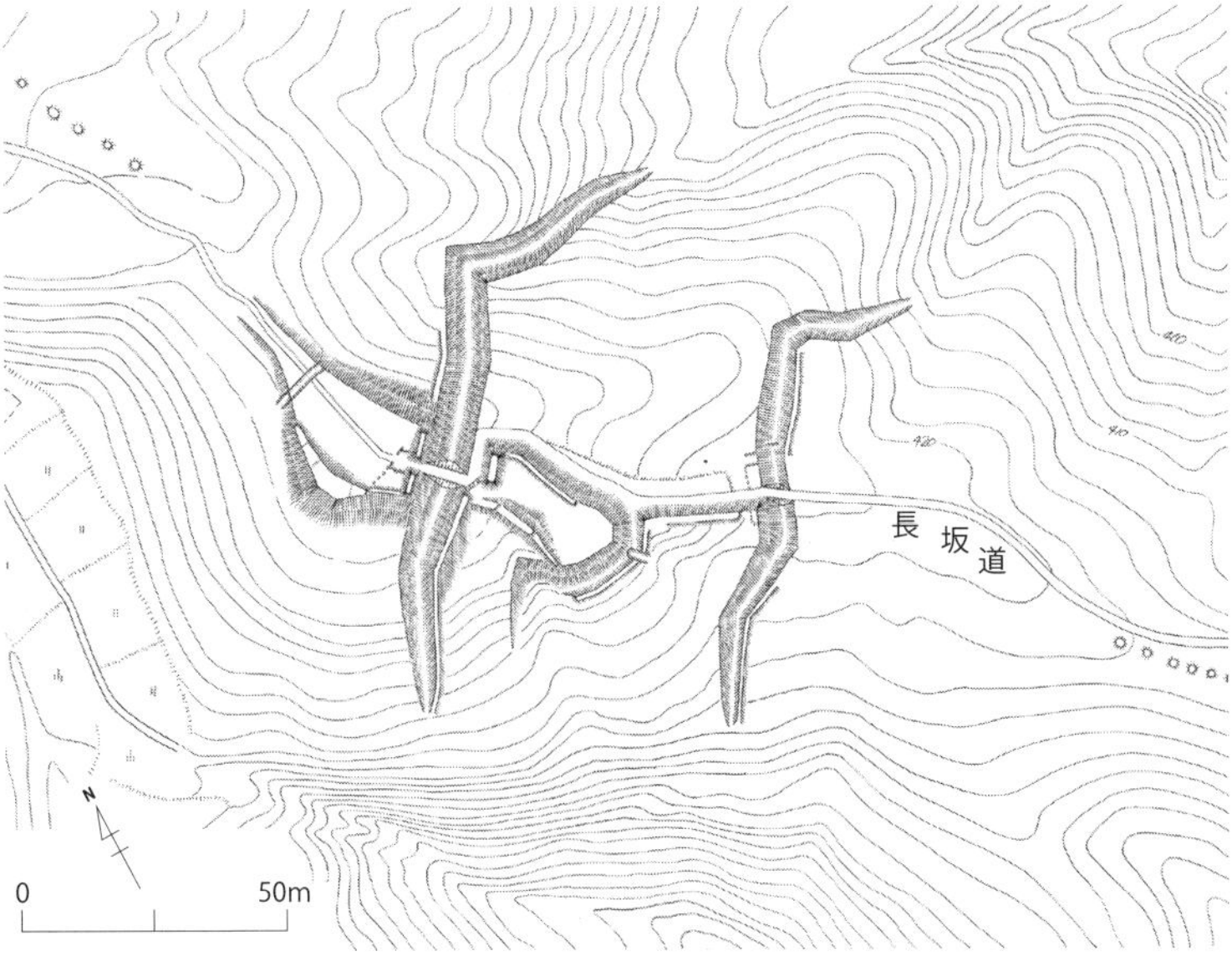

●—長坂道砦縄張図（作図：佐伯哲也）

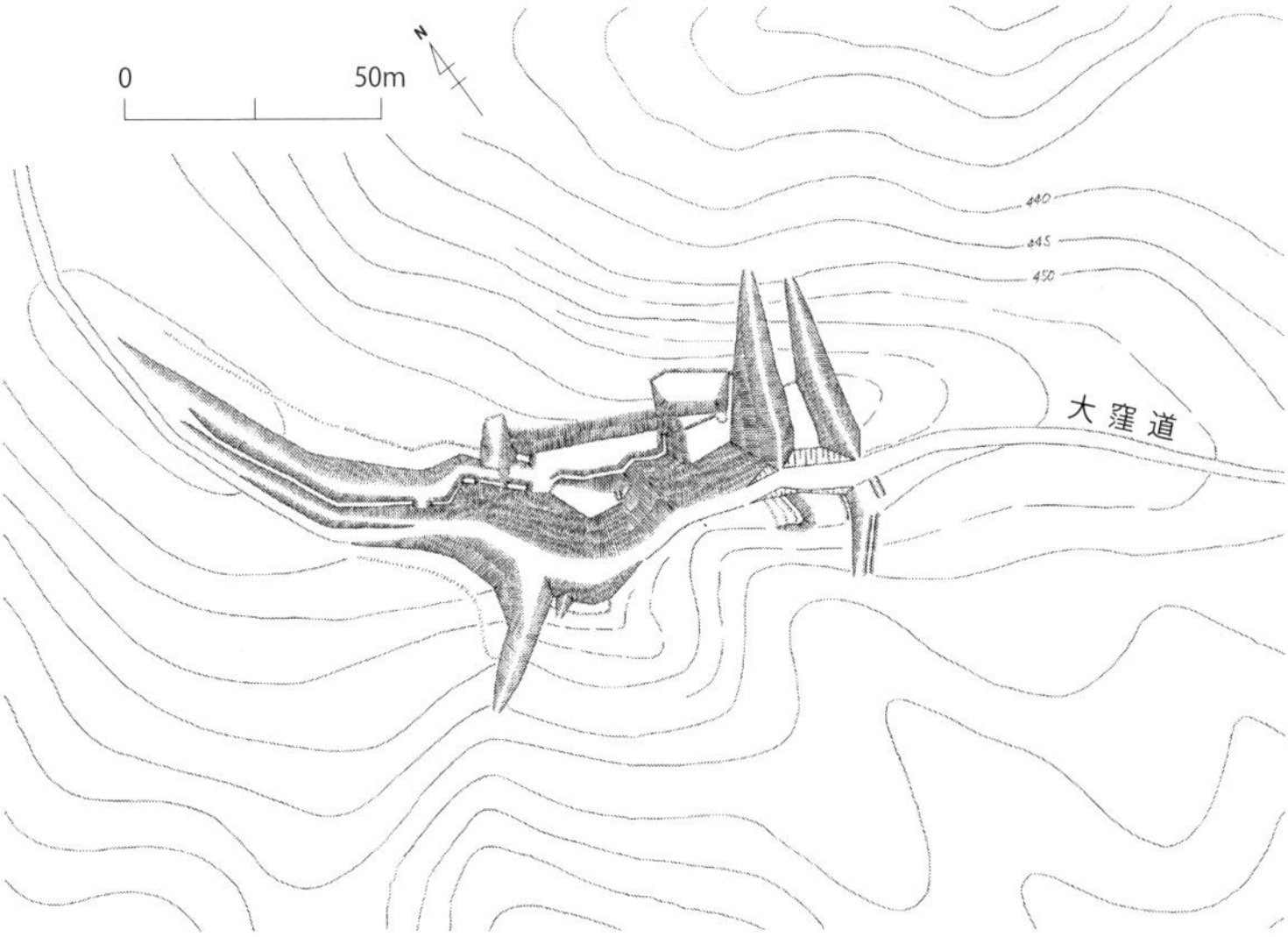

●—大窪道砦縄張図（作図：佐伯哲也）

●変則的な畝状空堀群を持つ城

館《たち》開《びらき》城《じょう》

〔所在地〕志賀町舘開
〔比　高〕二〇メートル
〔分　類〕山城
〔年　代〕一六世紀後半
〔城　主〕得田氏
〔交通アクセス〕のと里山海道「徳田大津ＩＣ」から車で一五分。下車五分。

【居館と詰城の両方が残る】 館開城は鎌倉時代から戦国時代にかけて得田保を支配してきた得田《とくだ》（徳田）氏代々の居城である（『志賀町史第五巻沿革編』志賀町、一九八〇）。居館の得田氏館は館開城から七五〇メートル離れた徳田集落の中にあり、残存状況は悪いものの、土塁《どるい》の一部が残っている。居館・山城がセットで残る中世城郭として貴重といえよう。

【鎌倉時代の地頭として存在】 『羽咋郡誌《はくいぐんし》』によれば、文治年中（一一八五～八九）得田章通《あきみち》が得田保の地頭職に補され、以後一七代秀章《ひであき》まで得田氏館に居住したという。秀章は天正七年（一五七九）鹿島郡龍門寺に「徳田のうちせとのまあな田」の土地の内百苅を寄進しており（『新修七尾市史7七尾城編』七尾市、二〇〇六）、徳田の在地領主とし存在していることが確認できる。

【前田氏の家臣となる】 しかし天正九年以降得田氏は徳田の地を離れたらしく、天正十七年利家は「徳田庄内　乙開・仏木村」を千秋範昌《のりまさ》に与えている（『新修七尾市史3　武士編』七尾市、二〇〇一）。範昌は末森城（宝達志水町）将の一人。得田氏がどこへ移転させられたのか不明。利家は在地領主の在地を許さず、直接家臣団に組み入れたのである。得田氏は前田氏に従ったことで戦国期を乗り切り、近世加賀藩の年寄長氏の家臣として明治維新に至っている。

【城跡の概要】 城跡への道案内板・説明板は全く設置されていない。また、城跡も全く整備されていないため、十分な装備をして訪城されたい。

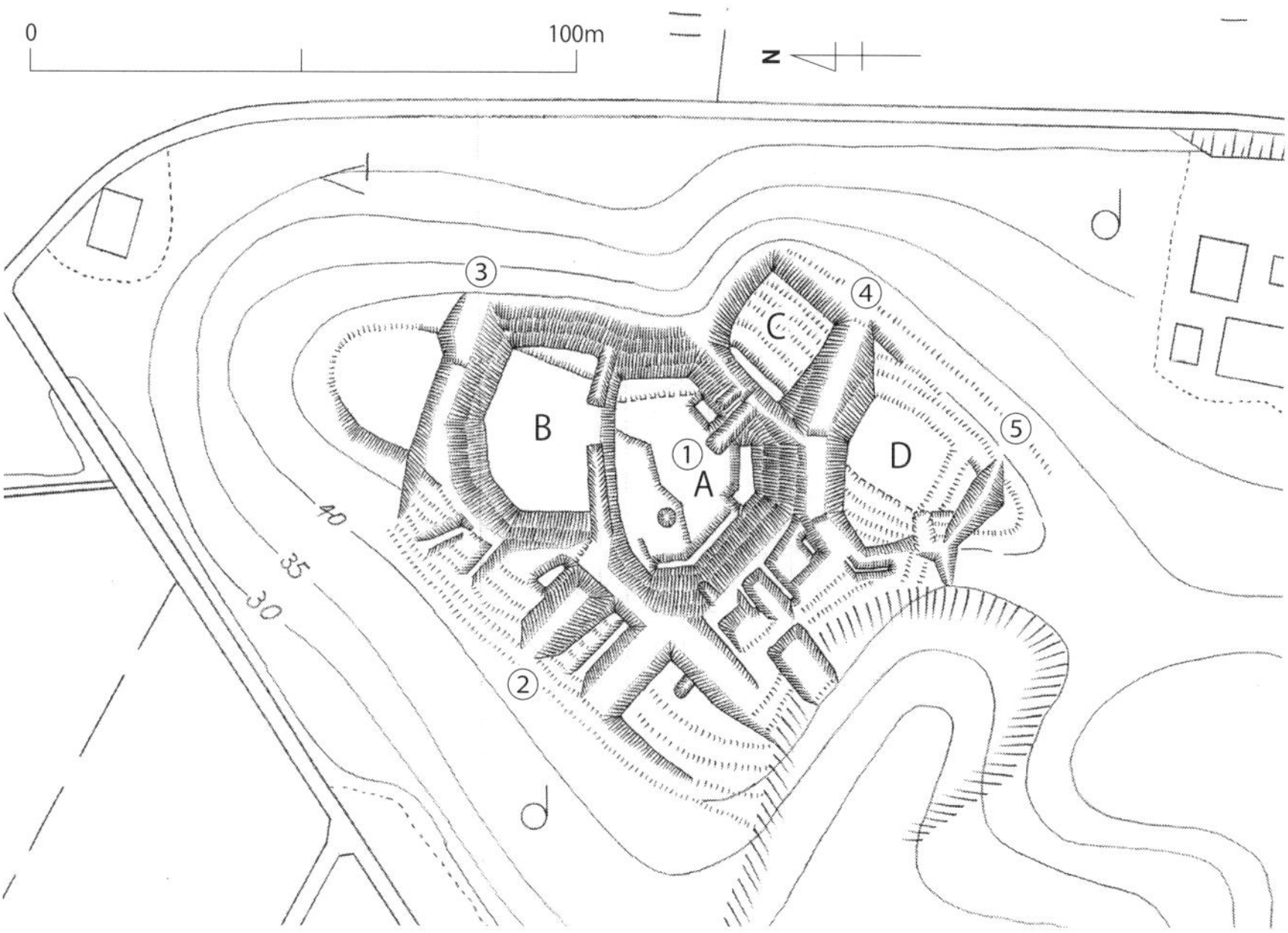

●―館開城縄張図（作図：佐伯哲也）

城内最高所に主郭Aを置く。中央やや西側に窪地があり、井戸跡と推定される。主郭Aの南には明確な曲輪がなく、敵軍に直撃される恐れがある。このため主郭Aの南側のみに土《ど》塁《るい》や櫓《やぐら》を設けて防御力を増強している。北側はB曲輪が主郭Aを防御してくれるため、土塁は設けていない。B曲輪の北側に堀切③を設けて尾根続きを遮断している。

櫓台と櫓台とに挟まれた①地点に竪堀《たてぼり》を落とし、これが主郭Aに入る虎口《こぐち》と推定される。さらにC曲輪は単純ながらも、虎口①の対岸に位置する馬出《うまだし》曲輪である。

このように虎口①そのものは単純な平虎口だが、両サイドに櫓台を設け、通路設定を行っている。敵軍の直撃を防ぐ防御システムを構築しているのであり、平虎口から進歩した虎口と評価できる。それは織豊系城郭の虎口とは違った虎口であり、在地土豪が独自に発達させてきた虎口技術として、重要な遺構といえよう。

南側の尾根続きから進攻してきた敵軍は、堀切《ほりきり》④・⑤を越えてくるも、主郭Aを巡る高さ一〇《メートル》の高切岸《きりぎし》のため、直接主郭Aには入れない。主郭Aに到達するには、切岸が一番低くなったC曲輪から入らざるをえなかった。つまりC曲輪は単純ながらも馬出曲輪の機能を備えているのであり、この点からもハイレベルの縄張と評価できよう。

【変則的な畝状空堀群】　注目すべきは南側から西側にかけて設けられた畝状空堀群《うねじょうからぼりぐん》②である。この畝状空堀群は、上杉氏が構築した飯田城や萩城（いずれも珠洲《すず》市）のように規則正しく並んだ櫛の歯状畝状空堀群と違い、大小雑多な竪堀や土塁を不規則に並べている。とにかく平坦面を凹凸に加工し、敵兵の動を鈍らせたい、という目的のみで構築したのであろう。上杉氏とは違う構築者が推定され、在地勢力（得田氏）の構築が推定される。

堀切④の堀底に下りた敵兵は、主郭Ａの切岸により直進できず、Ｃ曲輪に進むか、主郭Ａ西下に進むか、二者択一を迫られる。西進した敵兵は竪堀等による凹凸のため進攻速度は鈍り、鈍った敵兵に対して、主郭Ａから弓矢が放たれる。敵兵は動きが鈍っているため、城兵は照を合わせやすくなり、これにより敵兵の死傷率は格段に高くなり、敵軍は大損害を

●—B曲輪を取り巻く切岸

●—主郭西直下の畝状空堀群

●—主郭A現状

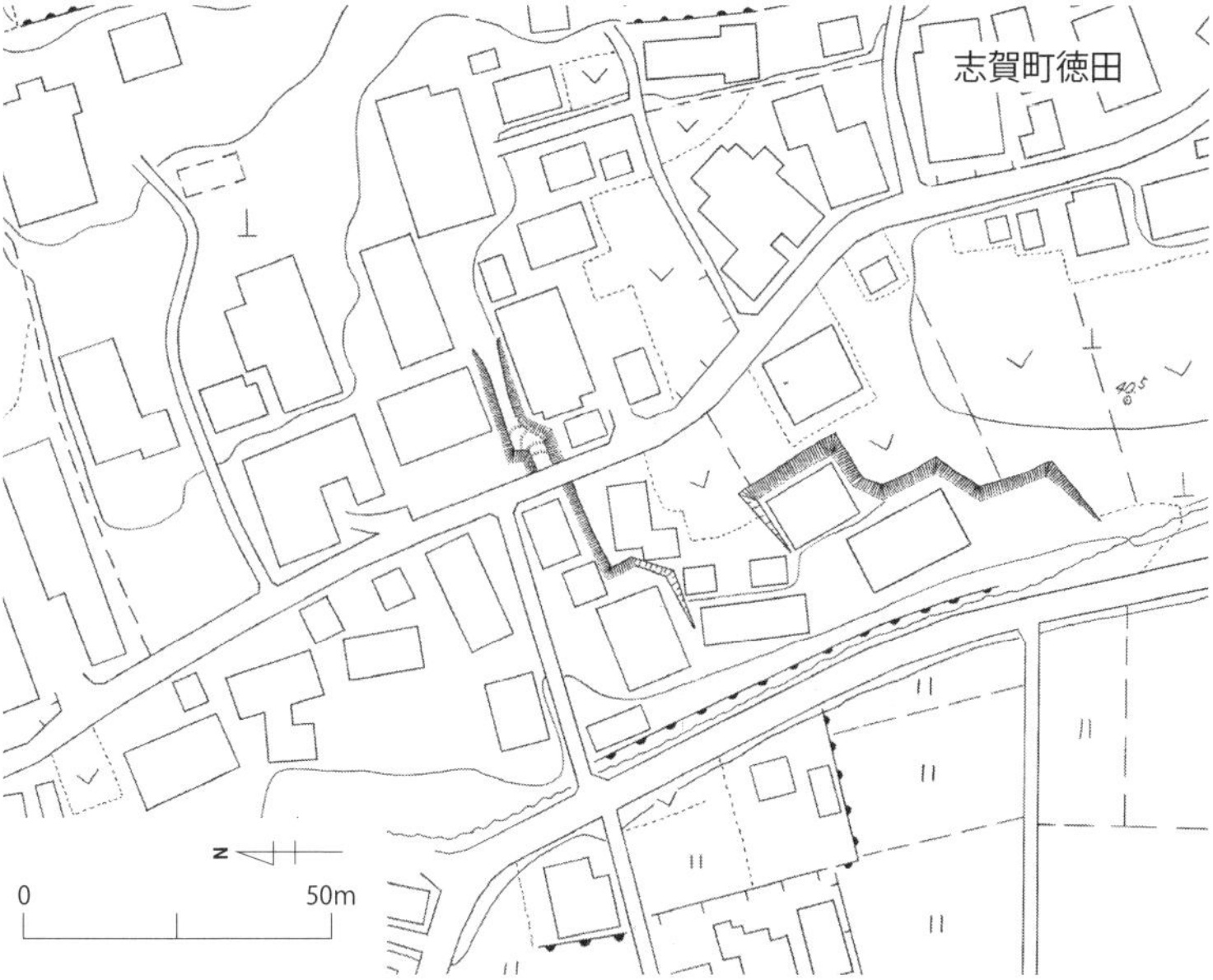

●—得田氏館（作図：佐伯哲也）

被ったことであろう。畝状空堀群の設置目的を如実に物語ってくれる縄張と評価することができる。

D地点も曲輪の痕跡が残っている。しかし自然地形が多く残っており、曲輪と断定できない。しかしC曲輪にも自然地形が多く残っていることを考えれば、非常時に構築された急製造の曲輪だったことを物語っているのかもしれない。

【城主の推定】 以上述べたように、館開城は高い技術力で縄張が構築されている。畝状空堀群は一六世紀後半に多用される防御施設であり、櫓台を用いた明確な虎口も同年代に設定される。しかし虎口は枡形虎口までに発達していない。したがって織豊政権の関与は認められない。このような考え方から現存の遺構は、得田氏が前田氏の家臣団に組み込まれる以前の一六世紀後半に構築したと推定されよう。

【得田氏館】 得田氏の居館得田氏館は、徳田集落のほぼ中心部に位置し、通称「館《たち》」と呼ばれている。土塁の一部が残存しているにすぎないが、人工的に屈曲させていることが確認でき、城郭遺構であることが判明する。土塁に宝篋印塔の一部が残っている。前述の羽咋郡誌によれば、一五〇《メートル》×一三〇《メートル》のほぼ正方形の館だったと考えられる。山城・居館の両方がセットで残る貴重な遺構であり、ぜひこちらも訪れてほしい。

【参考文献】 佐伯哲也『戦国の北陸動乱と城郭』（戎光祥出版、二〇一七）、佐伯哲也『能登中世城郭図面集』（桂書房、二〇一五）

（佐伯哲也）

●現存遺構は戦国期の南北朝城郭

木《き》尾《お》嶽《だけ》城《じょう》

〔志賀町史跡〕

〔所在地〕志賀町東小室
〔比　高〕一三〇メートル
〔分　類〕山城
〔年　代〕南北朝期、および一六世紀後半
〔城　主〕富来俊行・藍浦長門
〔交通アクセス〕のと里山海道「横山ＩＣ」から車で二〇分、下車徒歩二〇分。

【南北朝期の軍忠状に登場】　木尾嶽城は南北朝期南朝方の城として登場する。すなわち「得江頼員《とくえよりかず》軍忠状」（『加能史料　南北朝Ⅰ』石川県、一九九三）によれば、南朝方の富来俊行《とぎとしゆき》が貞和二年（一三四六）三月六日木尾嶽城に籠城したところ、北朝方の吉見氏頼が同月十六日より攻撃を開始している。一時は籠城軍が「彼城（木尾嶽城）大手」より攻め寄せ、北朝方が苦戦に陥ることもあったが、五月四日木尾嶽城は落城する。

【上杉謙信が再使用】　木尾嶽城は貞和二年（一三四六）の落城をもっていったん廃城になったのであろう。この後、約二〇〇年後の戦国時代に再び使用される。能登制圧を目指す上杉謙信は、七尾城を孤立化するために、周辺の城郭を攻め落とし、あるいは家臣を入城させ七尾城に重圧を加えている。『富来町史通史編』（富来町、一九七七　以下、富来町史と略す）によれば、天正四年（一五七六）上杉謙信が家臣の藍浦長門《あいうらながと》を置いた（富来町史）としているが、これも七尾城孤立化政策の一環として実施されたのであろう。現存遺構はこのときに改修された可能性が高いといえよう。

【城跡の概要】　城跡への道案内板・説明板は各所に設置され迷うことはない。さらに遊歩道も整備されているため、観察しやすい状況になっている。

山麓のB方向から進攻してきた敵軍が主郭Aに到達するには、まず①地点に入らなければならない。両側を廻り込もうとする敵兵に対して、竪堀《たてぼり》②・③を設けて阻止している。①

地点を右側に屈曲して腰《こし》曲輪を直進し、突き当たりから小曲輪④に移り、そして主郭Aに入ったと考えられる。帯《おび》曲輪を進行中、長時間主郭Aからの横矢《よこや》に晒されることになる。

一方、尾根続きのD尾根から進攻してきた敵兵は、四本の堀切《ほりきり》を越えて、主郭A直下の切岸《きりぎし》にたどり着く。切岸を乗り越えられない敵兵は、帯曲輪Cを北上することになるが、竪堀③のためそれ以上進攻できず、帯曲輪Cを右往左往することになる。立ち往生する敵兵に対して、主郭AやE曲輪から弓矢が放たれ、敵軍は大損害を被ったことであろう。

【城主の推定】　このようにB・Dどちらの尾根から進攻してきた敵兵に対しても、計画的な通路を設けて対応ができており、ハイレベルの縄張と評価できる。ただし、虎口《こぐち》は枡形《ますがた》にまで発達していない。築城は南北朝期かもしれないが、現存する縄張は一六世紀後半上杉謙信によって構築されたと判断されよう。

【参考文献】　佐伯哲也『戦国の北陸動乱と城郭』(戎光祥出版、二〇一七)、佐伯哲也『能登中世城郭図面集』(桂書房、二〇一五)

(佐伯哲也)

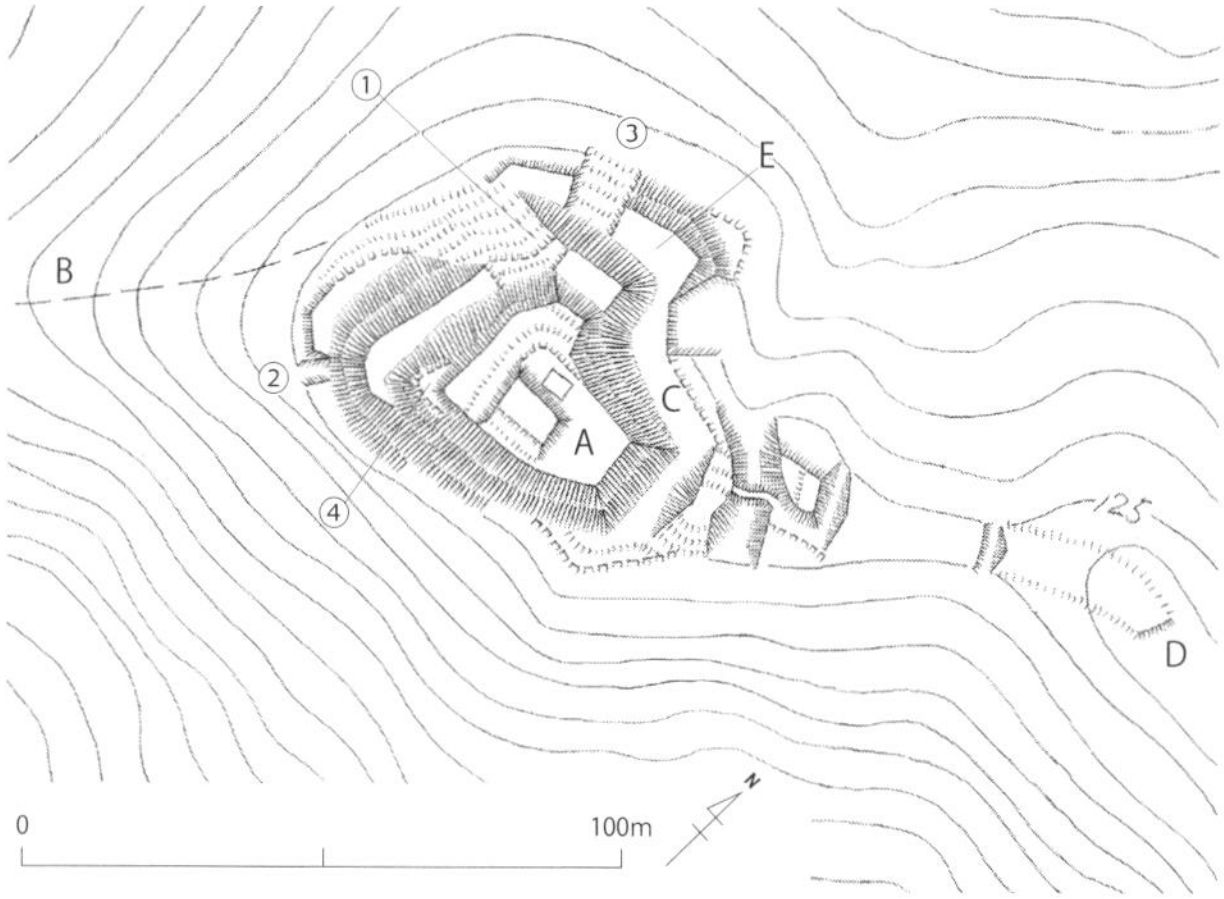

●—木尾嶽城縄張(作図：佐伯哲也)

●—主郭を取り巻く切岸

●—主郭A現状

●末森合戦の舞台となった山城

末《すえ》森《もり》城《じょう》

〔石川県史跡〕

〔所在地〕宝達志水町宿・竹生野・南吉田
〔比　高〕約一三八・八メートル
〔分　類〕山城
〔年　代〕一五世紀～一六世紀
〔城　主〕土肥親真・奥村家福（永福）
〔交通アクセス〕ＪＲ七尾線「敷浪駅」下車、徒歩約三〇分。または、のと里山海道「今浜ＩＣ」から車で約一〇分。駐車場有。

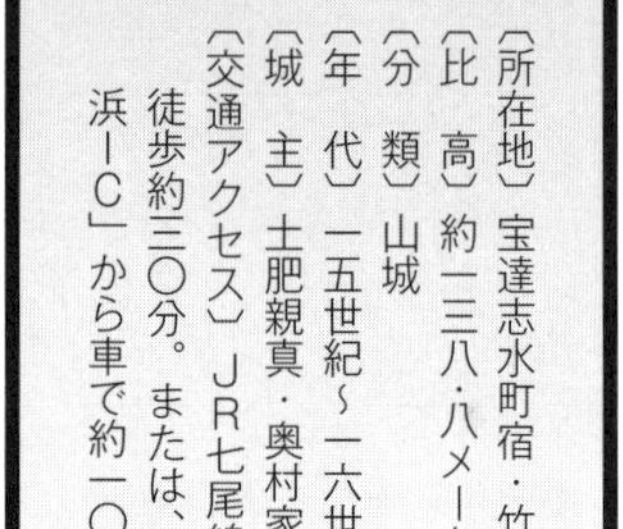

【地理的環境】　末森城は、宝達志水《ほうだつしみず》町のほぼ中央にあたる標高一三八・六メートルの末森山に所在する。末森山は、町の東方に展開する宝達山系より派生する丘陵の西端部に位置し、山頂部から尾根が四方八方に延びていく形状をしている。本山は宝達山系から延びる丘陵の中で海岸線からもっとも近いところにあり、その地形のあり方から、古来より加賀・能登・越中を結ぶ海路と陸路の要衝地点となっていた。

【城の歴史】　末守（末森）の地が初めて文献に登場するのは、天正五年（一五七七）で、八月の上杉謙信書状（水野生円氏所蔵文書）に「末守お可打上候」とあるのが初見である。関東管領上杉謙信は、能登に侵入し末守（末森）に陣を張った。その後、畠山氏の家臣遊佐《ゆさ》続光《つぐみつ》の内通により七尾城を落とした謙信は、末守の地を手に入れ、家臣の村上国清・斎藤朝信を配置している。しかし、両氏はすぐに配属替えで信濃や越後に帰り、替わって天正七年に土肥但馬守親真《ちかざね》が末森城主となる。翌八年、能登侵攻を窺っていた柴田勝家《かついえ》が押水《おしみず》に侵攻してくると、親真は城を明け渡して織田信長の配下となる。天正九年には前田利家に能登一国が与えられ、土肥《どい》親真《ちかざね》は利家配下となり気多《けた》神社を含む羽咋《はくい》半郡を治めた。しかし、天正十一年賤ケ岳《しずがたけ》の合戦で柴田勝家方として参陣した前田利家の軍に従い、近江柳ヶ瀬の陣において討死する。

替わって末森城主に就いたのが、前田利家によって派遣された奥村家福《いえとみ》（のちの永福《ながとみ》）である。末森城を後世に有名にしたのは、天正十二年九月、佐々成政が前田利家の領地であ

●—末森城全景（南西方向より）

る北加賀・能登国を支配下に治めようと末森城を攻めた「末森合戦」である。成政は、越中から宝達山系を越えて末森城に程近い坪山砦に本陣を張って攻撃したが、奥村家福の徹底抗戦と金沢城にいた利家の救援により佐々軍は撤退した。この合戦の発端となったのは、天正十二年四月の小牧・長久手の戦いで、佐々成政は徳川家康方に前田利家は羽柴秀吉方についで戦い、北陸でも両氏によるいくつかの局地戦が行われるようになる。末森合戦もその一つとして定義されている。末森城は、天正十四年七月、前田利家が「末守町」を敷浪に移転したことで（千秋家文書）、廃城になったと考えられている。

【発掘調査の成果】　末森城は、昭和六十（一九八五）～六十三年度にかけて、現況地形の測量調査および一部の発掘調査を実施している。ピンポールなどを使用して本丸中の礎石の使用を調査した結果、本丸の正門と推定される地点から一八〇センチ（一間）間隔で礎石と推定される石材が確認されている。大手側から主要曲輪へ入る虎口《こぐち》では、城道を屈曲させ横掛けの形態をとることが確認された。若宮丸調査区では、トレンチ調査および面的な調査を実施し、掘立柱《ほったてばしら》建物二棟、溝、土坑などが検出されている。掘立柱建物の内一棟は、柱間四・五メートル～六メートルを図る大型のものである。また建物の建て替えなどによる遺構の錯綜は凄まじく、最低でも五期程度の変遷があると考えられている。遺物は、一五世紀～一六世紀中頃の土師器皿、瀬戸焼天目《てんもく》茶碗・灰釉《かいゆう》皿・瓶子、珠洲《すず》焼壺、越前焼すり鉢、中国製青磁・白磁・染付、ベトナム産白磁、

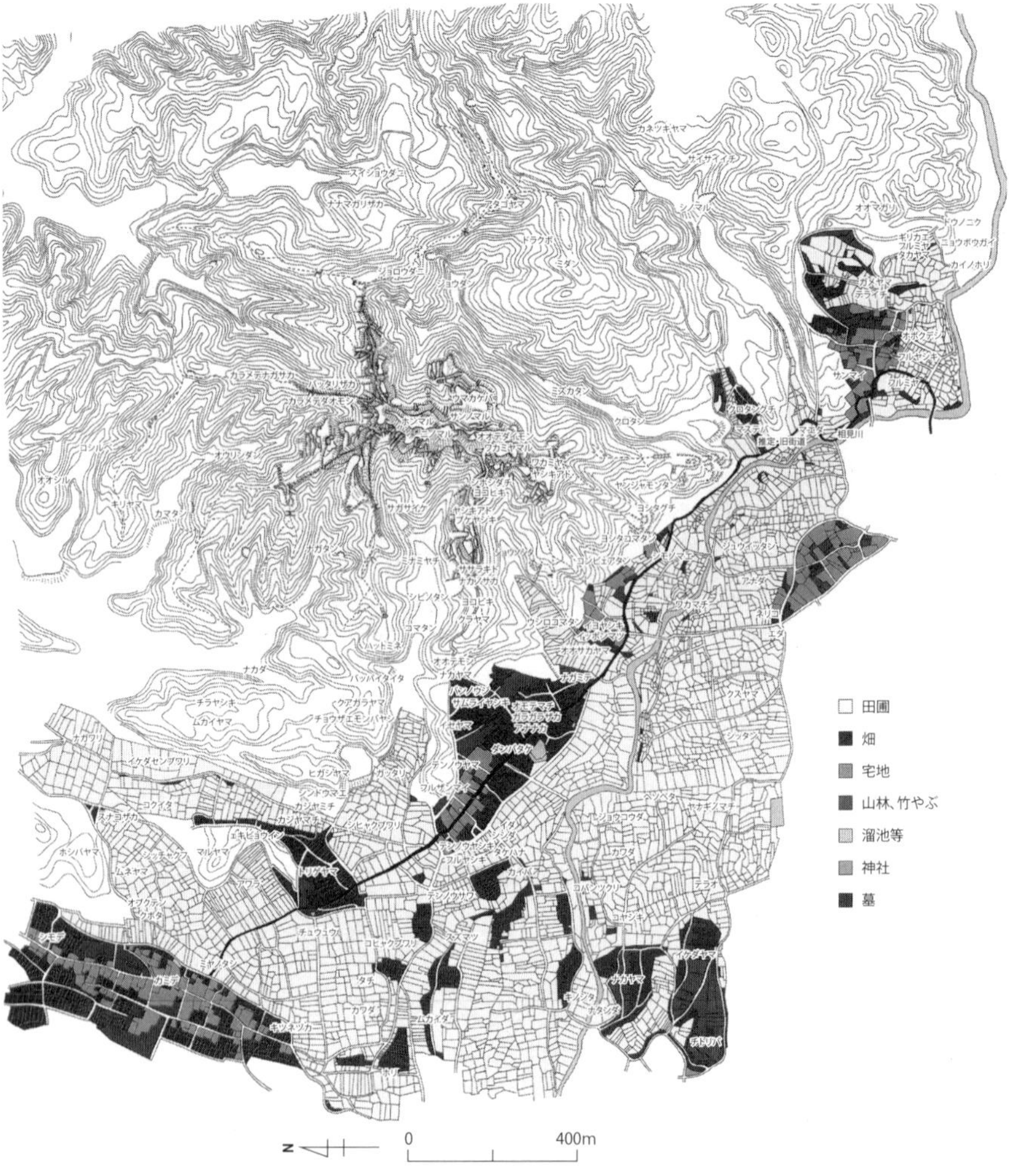

●—末森城縄張図と城下の明治19年地籍図（「末森城等城館跡群発掘調査報告書」より転載）

砥石、碁石、鉄砲玉、鉄釘、銅銭などが出土した。

【城の構造】　末森山は、昭和四十〜五十年代にかけて三度にわたる林道工事が行われ、竹生野の集落から通称「ササラキド」「ヨコビキ」を経て、通称「サンノマル」までの間が幅四メートルにわたって削平を受けてしまい、城郭遺構の一部が破壊されてしまっている。現在はこの林道を使って山頂まで簡単に登ることができる。一部は破壊されてしまっているが、それ以外については大きな改変の痕跡はみられず、城郭遺構は顕著に残っている。

　末森城は、前述のとおり標高一三八・八メートルの末森山を中心に、四方八方に派生する尾

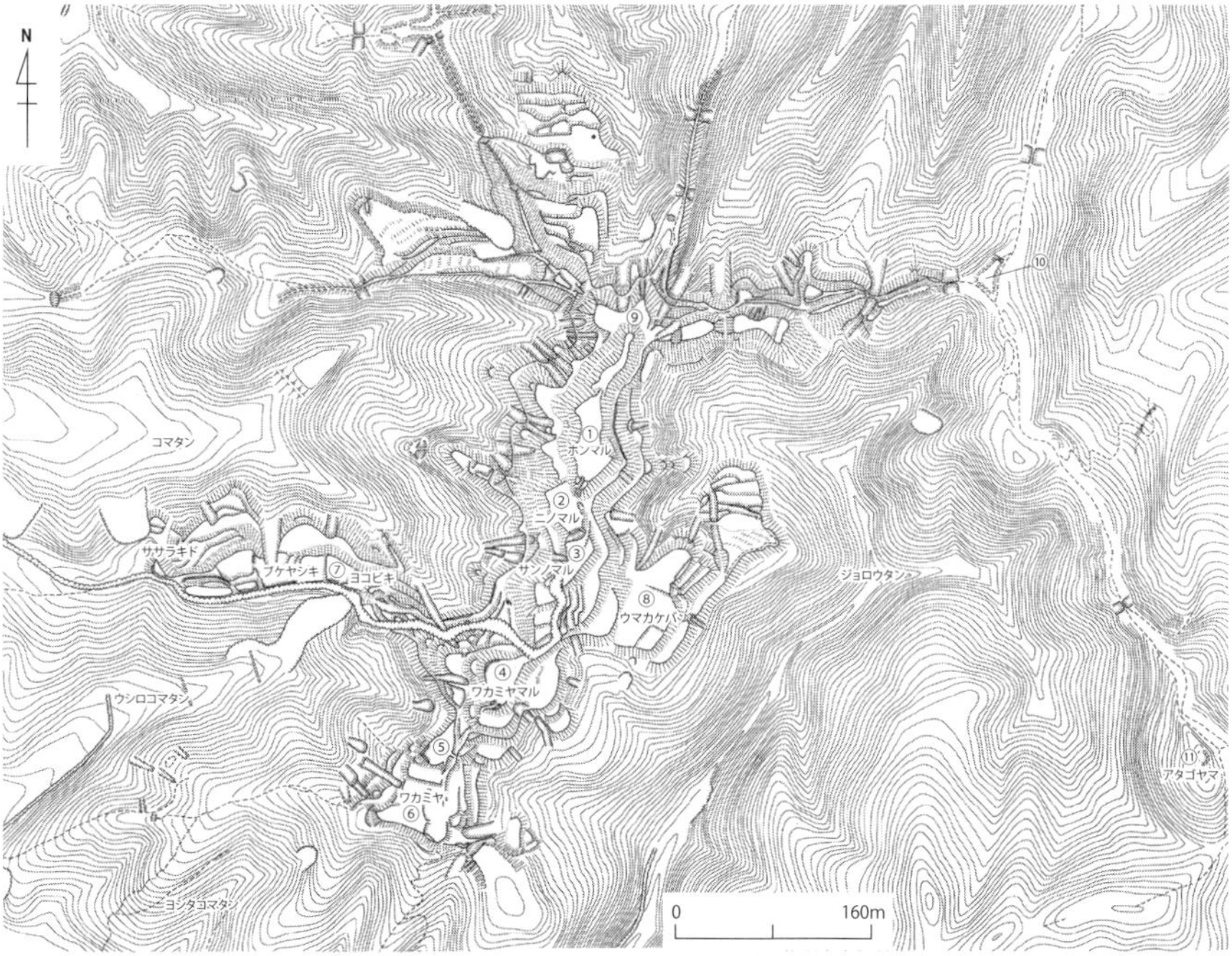

●—末森城縄張図（「末森城等城館跡群発掘調査報告書」より転載）

根部を中心に城郭遺構が展開されている。末森山頂は通称「ホンマル」と呼ばれ主郭に相当する。曲輪は南北に細長い形状をしており、北と西斜面には竪堀《たてぼり》が複数存在し、本城において防御意識の高い箇所となる。

「ホンマル」の南方にある一段低い曲輪は通称「ニノマル」である。「ニノマル」の北方の一段低くなったところは「ホンマル」を囲むように帯《おび》曲輪が展開する。南方には低い土塁《どるい》が築かれ、その先にある通称「サンノマル」との間に堀が掘られている。「サンノマル」のさらに南側は三段の曲輪とその東側にはクランクする堀を確認することができる。これらの曲輪の南西方向に通称「ワカミヤマル」がある。「ワカミヤマル」の南方にはL字型の土塁が南西端にある曲輪や通称「ワカミヤ」がある。「ワカミヤ」から南西・南東方に延びる尾根には大きな堀切《ほりきり》が掘られている。また、西側の「ウシロコマタン」と呼ばれる谷方向には三本の竪堀が掘られている。

「ワカミヤマル」から西へ延びる「ササラキド」「ヨコビキ」と呼んでいる尾根が大手道と推定されている。その先には通称「ブケヤシキ」と呼ばれる広大な面積を有した曲輪が複数箇所段状になって広がっている。この大きな曲輪より北側は数段の帯曲輪が形成されている。「サンノマル」から東

●—末森城本丸（南方向より）

方には本城で最も広大な面積を有した通称「ウマカケバ」がある。この曲輪より北側の斜面にはいくつかの竪堀や堀切がみられ、その先には腰《こし》曲輪が形成されている。

「ホンマル」から北方の一段下にある曲輪は扇状の形状をしており、尾根部が各方向へ広がる付け根に位置することから防御状重要な場所にあたる。この曲輪の北と西斜面には竪堀群が構築され、尾根状には堀切で遮断している。また、背後の「ホンマル」の切岸《きりぎし》は数メートルの高さがあり、簡単に登れないだけでなく多方から眺望できるような構造をしている。この曲輪から東方にはさらに尾根が続き、土《ど》橋《ばし》が設けられた四ヵ所の堀切がある。尾根はさらに南北二股に分かれている。南北とも堀切が各一ヵ所存在するだけで他に顕著な城郭普請はみられない。また、「ホンマル」から北側や西側に延びる尾根にも連郭《れんかく》式の曲輪や堀切を確認することができる。

末森城は「ワカミヤマル」の発掘成果から一五世紀には機能していたようであるが、「ホンマル」から「ワカミヤマル」までの求心的な構造や大手道《おおてみち》から各曲輪および尾根への複雑な道路網の整備、斜面に展開する竪堀群の築造、また戦闘時においては、「ホンマル」から「ワカミヤ」を中心に山の防衛機能が一体化する普請などから、この築造技術は戦国期以降によるものと推定され、天正十二年の前田氏と佐々氏との間で争われた末森合戦前後に築造し直したと考えられている。

【参考文献】『末森城跡　測量・発掘調査報告書』（末森城跡調査団・押水町教育委員会、一九八九）、宝達志水町教育委員会『末森城等城館跡群発掘調査報告書』（二〇〇七）

（竹森杏奈）

●大規模な堀や土塁が残る館跡

御舘館《おたちやかた》

〔石川県史跡〕

〔所在地〕宝達志水町御舘
〔比　高〕約一三メートル
〔分　類〕館
〔年　代〕一四世紀後半～一六世紀
〔城　主〕不明
〔交通アクセス〕ＪＲ七尾線「免田駅」下車、徒歩約四〇分。または、のと里山海道「米出ＩＣ」から車で約一〇分。

【館の構造】　羽咋《はくい》郡宝達志水《ほうだつしみず》町御舘に所在する御舘館は、宝達山から派生した標高約三六メートルの舌状台地上に立地する。舌状台地の北側を大坪川、南側を杓田《しゃくでん》川による浸食で崖による自然要害が形成されている。東側には旧街道が通り、この方向からの防御をもっとも意識して築造されたと考えられる。

御舘館は、一辺約八〇メートル四方の主郭を中心に、北側副郭、東側副郭の三つの郭で構成されており、それぞれの郭が堀と土塁《どるい》によって区画されている。その範囲は、東西約三〇〇メートル、南北約二〇〇メートルと広大で、主郭は「お偉いお方が住んでおられた」という伝承から、地域の人々によって守られたため、堀や土塁が極めて良好な状態で残されている。主郭には、上幅約六・五～一二メートル、下幅約二・七～五・五メートル、深さ約三～五・五メートルの大規模な二重の堀が巡り、堀の間には幅約八・五メートル、高さ約二・五メートルの土塁が遺存し、堅固な構えがうかがえる。北側と東側の副郭は、主郭の堀や土塁にみられる大規模な拡張に伴う防御機能強化の際に付け加えられた可能性が指摘されている。

【発掘調査の成果】　御舘館は、平成七（一九九五）～十三年度、十六年度に発掘調査および現地踏査が行われている。調査は、主郭内部と堀、土塁を中心に実施され、掘立柱《ほったてばしら》建物、柵列、井戸、焼土坑などが確認されている。出土遺物は、土師器《はじき》皿が全体の九割以上と圧倒的に多く、その他に瓦質土器、珠洲《すず》焼、越前焼、瀬戸・美濃焼、信楽《しがらき》焼、備前焼な

●―上空から見た御舘館と集落（東方向より） 全景（宝達志水町教育委員会提供）

●―主郭を巡る外堀（南方向より）

●—御舘館主郭堀（宝達志水町教育委員会提供）

どの国産陶器、青磁、白磁、青白磁、染付など舶来陶磁器がある。

　御舘館は、出土遺物の検討から、一四世紀後半〜一五世紀前半と一六世紀第３四半期の二つの時期にピークがある。発掘調査の成果から、一六世紀第３四半期に堀や土塁の大規模な改修があったことが明らかとなっている。その時期は、御舘館から北へ約三キロ離れた末森城と南西約一キロの坪山砦で前田利家軍と佐々成政《さっさなりまさ》軍と攻防戦が繰り広げられた「末森合戦」が行われた時期である。この戦いをはじめとする加越能国境の戦いに勝利をおさめた前田氏は加賀・能登・越中の三国を手中に治めている。合戦前後の城主は明確ではないが、前田・佐々間の合戦後、前田方の武将が加賀・能登の国境となる重要なこの地を監視する目的も含めて城館の大改修を行った可能性が指摘されている。

【御舘館の館主】　これだけの規模を有する館にも関わらず、館主については、伝承を含め多くの説があるが、館主を特定できる文献史料が現在までのところほとんどない、謎に包まれた館である。延享四年（一七四七）の「御郡御奉行所江差出末森御舘紺屋町城跡館跡絵図」（十村岡部家文書）には、「城主申し伝え御座無く候」とされており、江戸時代中頃にはすでに館主はわからなくなっていた。伝承としては、岡部

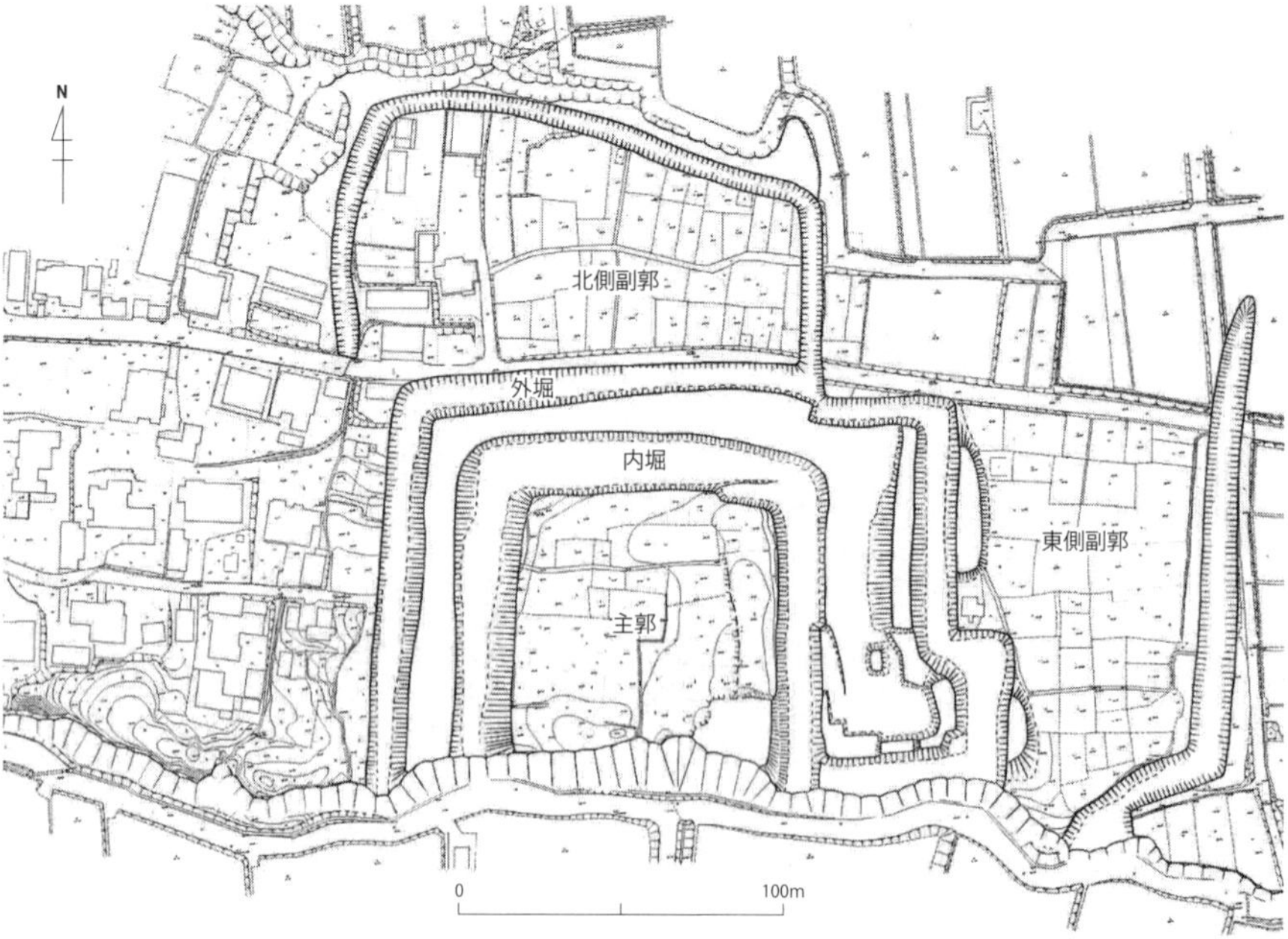

●―御舘館縄張図（「末森城等城館跡群発掘調査報告書」より転載）

六弥太《ろくやた》の屋敷跡（森田柿園『能登史徴』）、佐渡へ配流される順徳上皇を安置した御館跡（『御館神社御由緒』明治四十年〈一九〇七〉）、真舘太郎左衛門の舘村城（『鹿島郡誌』昭和三年〈一九二八〉）などがあるが、いづれも岡部家文書の記事を遡るものではない。文献では館主を特定できる史料は確認されていないが、御舘館の館主であった可能性のある人物として、一四世紀前半では、中院家領大泉庄の預所と関係した大海一族。一四世紀中頃〜一五世紀初めでは、能登国守護の吉見氏。一六世紀中頃〜後半にかけては反七尾方の畠山氏、「免田村」を領した三宅氏、「押水三个」の村人の城、羽咋郡領主土肥氏。一六世紀末頃では、前田利家に押水内一万一〇〇〇俵で召抱えられた不破源六広綱がいる。

【参考文献】『御舘館跡』（御舘館跡調査団、押水町教育委員会、二〇〇二）、『末森城等城館跡群発掘調査報告書』（宝達志水町教育委員会、二〇〇七）

（竹森杏奈）

●佐々成政が本陣とした砦

坪《つぼ》山《やま》砦《とりで》

〔所在地〕宝達志水町坪山
〔比　高〕約五四メートル
〔分　類〕砦
〔年　代〕永禄十年（一五六七）
〔城　主〕佐々成政
〔交通アクセス〕JR七尾線「免田駅」下車、徒歩約三〇分。または、のと里山海道「県立看護大IC」から車で約一〇分。駐車場なし。

【砦の歴史】　坪山砦は、宝達志水《ほうだつしみず》町の南端、宝達山麓から西方に延びる丘陵上に位置する。平坦化された頂上部は東西約二二〇メートル、南北約五〇メートル、標高約五四メートルを測る。この丘陵は北方の前田川、南方の大海川に挟まれており、丘陵先端部には冬野、本砦の東崖下には坪山の集落が所在する。本砦の南側の谷には、東西方向に中世頃の街道が通っていたとされ、街道に接した構造となっている。末森城は北方五キロ、御館館は北方一キロ離れたところにある。

　永禄十年（一五六七）に守護畠山義綱《よしつな》を七尾城から追放した家臣の温井《ぬくい》・三宅氏が築いたとされ、その翌年に勢力を盛り返した義綱によって奪い取られたとされている。天正十二年（一五八四）に佐々成政《さっさなりまさ》が前田氏領内の能登・加賀国に侵入し、前田氏方の奥村氏が居城する末森城を攻略する目的として坪山に陣を張ったといわれている。

【砦の構造】　通称「ツボイヤマ」「エンヤマ」と呼ばれる平坦化された頂上部の西側が主郭で、東西約八〇メートル、南北約五〇メートルの平坦面外郭に横堀・腰《こし》曲輪・切岸《きりぎし》を巡らし、内部に曲輪を形成している。曲輪の西側と東側には、堀切《ほりきり》を一部残し、土橋《どばし》状の虎口《こぐち》が形成されている。加賀から能登へ向かう街道を意識して、西側の虎口が大手にあたると推定されている。平成十六年（二〇〇四）度の発掘調査で、西側の平坦面に、幅約三・五メートル、深さ約一メートルの堀と土塁《どるい》の痕跡を確認しており、当時は明瞭な堀で構築した防御施設であったことが認められた。東側の虎口は東側に広がる平坦面に連結する。東側平坦面の構造は、東西約一四〇メートル、南北約四〇メートルを測り、平坦面外郭に切岸状の急峻面が巡る以外は、防御構造は認められない。

坪山砦の特徴は、横堀や堀切・土塁・曲輪などをもつ主郭以外は、ほとんど目立った縄張り普請が認められないことである。このような普請のあり方は、緊張関係の高い合戦時に一時的に築造する陣城に多く見られる様相を示していることから、現在残る縄張は佐々軍が構築したものと考えられている。

●—坪山砦縄張図（「末森城等城館跡群発掘調査報告書」より転載）

【参考文献】『末森城等城館跡群発掘調査報告書』（宝達志水町教育委員会、二〇〇七）（竹森杏奈）

お城アラカルト

能登の政治・文化の中心地 七尾城

川名 俊

現在では難攻不落の城として知られる七尾城だが、戦国期には戦乱時に籠城するだけではなく、政治・文化面においても重要な役割を果たしていた。

能登畠山氏が一六世紀初頭に七尾城に本拠を移すと、城下町が整備され、多くの家臣たちもそこに居住した。最盛期を築いた七代当主の畠山義総《よしふさ》の時代（一五一五～四五）には京都から多くの文化人が七尾を訪れ、その交流の中で「畠山文化」が花開いた。当時の繁栄の姿は次のように記されている。

天文十三年（一五四四）、七尾城を訪れていた禅僧の彭叔《ほうしゅく》守仙《すせん》は、詩文「独楽亭記《どくらくていき》」の中で、畠山氏の壮麗な御殿が山頂にそびえる様子や、麓の城下町で行商が盛んに行われている様子を詠んでいる。城下の発掘調査でも、盛大な饗宴が催された様子や、金の生産・加工が行われていたことが明らかになっており、七尾城が畠山氏の統治下で大いに繁栄していたことがうかがえる。これは安土桃山時代を代表する画家の一人である長谷川等伯《とうはく》を生み出す土壌ともなった。

また七尾城は畠山氏当主やその家臣の居住空間としてだけでなく、能登一国の政治を執り行う公的な場でもあった。永禄三年（一五六〇）に奥能登の鉄川寺《てっせんじ》の僧侶たちが、訴訟のために七尾城に登城している。能登国内の浄土真宗で派閥争いがあった時も、裁判は城内で開かれた。裁判を担当した「奉行人」と呼ばれる官僚たちは、畠山氏当主の意思を受けて税を課したり、法を制定したりする役割も担っていた。

このように七尾城は能登の政治・文化の中心として発展してきたが、それは同時に能登の支配をめぐる権力抗争の場となることも意味した。義総の死後、「畠山七人衆」と呼ばれる有力家臣が台頭し、権力の座をめぐり抗争を繰り広げた。そのため、七尾城はたびたび戦乱に見舞われ、その中で防御面を中心として大きく改修された。こうして七尾城は「難攻不落の城」となり、現代に残る巨大城郭としての性格を強めていくのである。

加賀

朝日山城出土の石臼（金沢市埋蔵文化財センター提供）

加賀一向一揆勢と上杉謙信，前田利家と佐々成政の抗争を示す城郭．発掘調査で主郭周辺から大量の石臼が出土した．多くが粉《こ》挽《び》き臼だが，茶葉を挽く茶臼《ちゃうす》も数点含む．火薬製造に関するとの指摘も．

●河北潟北東の地元有力者の山城

多《た》田《だ》城《じょう》

〈所在地〉かほく市多田
〈比　高〉六四メートル
〈分　類〉山城
〈年　代〉不明
〈城　主〉不明
〈交通アクセス〉ＪＲ七尾線「宇野気駅」下車、車で約一五分。

【城の由来】　多田城は、河北潟に向かって西に流れる能瀬《のせ》川の右岸、標高七三㍍《メートル》前後の丘陵に位置する。丘陵の西は狭い沖積地で水田が広がり、さらに西に多田地区の集落がある。

資料をみると、『越登賀《えつとが》三州《さんしゅう》誌《し》』「故墟考《こきょこう》　巻之四」には、「……多田村領にも堡跡あり堡主無傳。」の記述があり、『石川県河北郡誌』「宇ノ気村城山」には、「土俗この地を多田というに附会して、多田満仲《みつなか》一時此所に假《け》住せりと傳う」として伝承を記している。そのため、築城時期は不明であり、築城者は在地の有力者であった可能性が高い。

また、多田城の周辺をみていくと、多田城の南西には能瀬川流域で一向一揆《いっこういっき》の中心的な役割を果たしていたといわれる「英田廣済寺《あがたこうさいじ》」に該当するのではないかといわれる「英田広済寺跡《こうさいじあと》」や、多田城の北西には一六世紀後半に築城されたといわれる「上山田城」がある。そして、多田城よりやや離れた南には津幡《つばた》町加茂《かも》遺跡があり、その調査成果から、古代の加賀と能登をつなぐ水陸の交通の要衝であったといわれている。多田城跡の位置づけは、一向一揆との関連や当時の交通情勢を踏まえた視点からの検討が今後も必要といえる。

【城の構造】　平成十四年（二〇〇二）に刊行された『石川県中世城館跡調査報告書Ⅰ（加賀Ⅰ・能登Ⅱ）』にて宮本哲郎により縄張図が作成され、かほく市教育委員会の折戸靖幸によって多田城跡の報告が行われている。これをもとに、令和二年（二〇二〇）三月に改めて踏査を行い、多田城の構造や現況を確認した。

丘陵頂部の平坦面I・Jを主郭とし、A・B・E・Gの平坦面（帯《おび》曲輪）と切岸《きりぎし》地形が確認でき、平坦面C・Dは平坦面としてある程度残存しているものの、低木などが伸び明瞭に確認ができなかった。また、主郭を構成する平坦面K・L・Mは低木が激しく伸び、確認ができなかった。また、土《ど》塁《るい》Ⓐ～Ⓘについて、現地では、土塁Ⓑと主郭の入り口（平虎《ひらこ》口《ぐち》）を構成する土塁Ⓗ・Ⓘが確認できたものの、その他の土塁については、落葉により埋没し確認ができなかった。堀①

●—多田城縄張図（石川県中世城館跡調査報告書Ⅰより抜粋 作成：宮本哲郎）

●—写真1　主郭の入り口（南東から）

●—写真2　尾根を切った様子（西から）

●—写真3　平坦面と土塁（南東から）

●—写真4　堀（北西から）

〜⑦について、多田城内で比較的大型の堀①（堀切《ほりきり》）が確認できるものの、その他の堀については、落葉により埋没し確認ができなかった。

よって、多田城は、平成十四年に報告された段階よりも明瞭に確認できない箇所もみられるが、現在でも、主郭とその周囲に帯曲輪が巡る様子や、山の斜面や尾根を切ることで帯曲輪を造った様子を伺える山城といえる。

【参考文献】石川県教育委員会『石川県中世城館跡調査報告書Ⅰ（加賀Ⅰ・能登Ⅱ）』（二〇〇二）

（増永佑介）

●前田・佐々、攻防最前線！

笠《かさ》野《の》鳥《とり》越《ごえ》城《じょう》

〔津幡町史跡〕

〔所在地〕津幡町七黒ほか
〔比　高〕約六〇メートル
〔分　類〕山城
〔年　代〕一六世紀後半
〔城　主〕目賀田又右衛門・丹羽源十郎（前田方）、久世但馬（佐々方）
〔交通アクセス〕ＪＲ七尾線「津幡駅」から町営バスで「七黒」停留所下車、徒歩五分。

【位置と環境】　笠野盆地の西側を画する標高一〇四メートルの丘陵上に位置する。足下に県道二一八号線の笠野トンネルが通っているが、開通以前はこの尾根を乗り越えて笠野盆地に至るルートが南側に存在しており、そのルートを押さえる要衝といえる（現在この尾根を通る道はない）。そのため、笠野盆地に鳥越弘願寺《ぐがんじ》を持つ一向一揆《いっこういっき》衆や越中に拠点を持つ佐々成政《さっさなりまさ》にとって、地理的重要性が高いといえる。実際、前田・佐々間で何度も戦場となっており、交通網を直接抑えるという面でいえば、加越国境城跡群と類似した性格と捉えられる。

【歴　史】　当初、北東約七〇〇メートルに位置する北加賀一向一揆の拠点でもある鳥越弘願寺の防御施設の一つとして築かれたと考えられる。『越登賀三州志《えっとがさんしゅうし》』「故墟考《こきょこう》」によると、天正八年（一五八〇）に、「又今年勝家陥る諸城の中に鳥越あり」と記されており、同年佐久間盛政《もりまさ》によって落ちた鳥越弘願寺と同時期に落城していることがうかがえる。天正十一年に前田利家が整備し、目賀田又右衛門、丹羽源十郎に守備させていたことが、「故墟考」に記されている。『越登賀三州志』によると、天正十二年九月の末森合戦の際、退却した佐々成政は吉倉に陣を敷き、笠野鳥越城に使いをたてたが城は空だったという。目賀田、丹羽は「末森城陥ち公の後援不利也との風聞に驚き、その日の正午に城を棄て退く」とあり、前田軍敗北の誤報により退却したとされている。成政はここに久世但馬を置き、自身は倶利伽羅《くりから》へ移った。利家は同十月に鳥越城を攻めたが、久世但馬は城から出ず籠城を貫いたため、大

●―笠野鳥越城遠景

きな戦果は得られなかったという。翌年四月には、弟秀継とともに再度出陣した。佐々勢は井波《いなみ》・城端《じょうはな》・木舟《きぶね》・松根《まつね》の各城から援軍を送り、激しい戦いとなった。この戦いで前田軍は数多くの将を討ったが、佐々勢が城にこもったため深追いせず引き上げている。五月前田軍は越中に侵攻し小矢部《おやべ》川を渡って攻め込んだが、その際佐々は、鳥越・倶利伽羅より兵を引き上げた。このような一連の攻防は『越登賀三州志』に記されている。巨視的な視点でいえば、笠野鳥越城は加越を区切る丘陵帯の入り口であり、関門的な役割がうかがえる。その後、同年八月越中で佐々成政が降伏したため鳥越城は役目を終え、廃城となった。

【城の構造】 城郭範囲は東西約二〇〇《メートル》・南北約三五〇《メートル》、細い尾根の稜線上に展開する。丘陵頂上までの道は現在ついておらず、城までは急峻な斜面を登る必要がある。中央の最高地に一辺三〇《メートル》ほどの略三角形の主郭Aがあり周囲を切岸《きりぎし》で際立たせている。そこから南北に延びる稜線の要所に堀切《ほりきり》を設け遮断している。南部分と北部分にも曲輪があるが、規模は小さく付随する防御施設も見当たらない。北側尾根をたどっていくと七黒イケンシリ砦に通じるように、尾根を通路として、周辺の高地と連動して守備にあたっていたと考えられる。周辺の高地を含めた地形は、加賀方面から笠野盆地へ

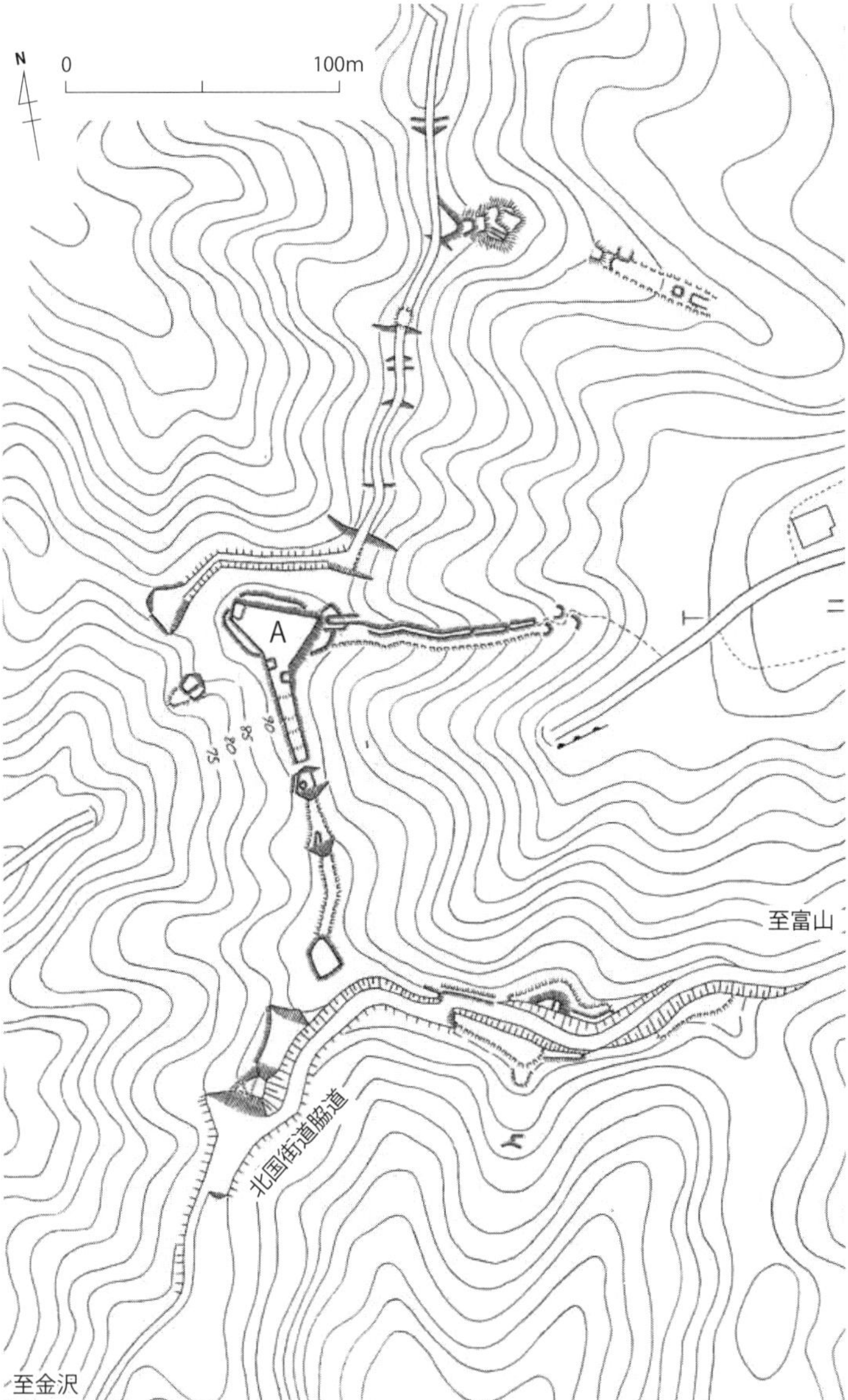

●—笠野鳥越城縄張図（作図：佐伯哲也）

の道を囲むように展開しており、前田側としては攻めにくい格好となっている。しかしながら、縄張という点からみれば、細尾根という地形上の制約もあったであろうが手薄い印象を受ける。笠野鳥越城が「城」として機能していた点は、こうした周辺をふくめた地形によるところが大きいと思われる。

【参考文献】佐伯哲也「笠野鳥越城」『加賀中世城郭図面集』（二〇一七）

（戸谷邦隆）

●要地を見下す一向宗の出城

富田和田山城《とみたわだやまじょう》

〔所在地〕津幡町富田ほか
〔比　高〕約七〇メートル
〔分　類〕山城
〔年　代〕一六世紀後半
〔城　主〕富田左(右)近
〔交通アクセス〕IRいしかわ・あいの風とやま鉄道「倶利伽羅駅」下車、徒歩一五分。

【在地土豪の砦】 越中と加賀の国境にある天田《あまだ》峠から、金沢平野へ展開する谷状地形を見下ろす山上に位置する。この谷には、近世北国街道や現在のIRいしかわ鉄道・あいの風とやま鉄道が走り、加賀と越中を結ぶ交通の動脈ともいえる要地である。和田山の標高は約八〇メートル、比高差は約六〇メートルをはかる。「故墟考《こきょこう》」には、「賊将富田左近居たり。無伝」と記述されている。また、『三州紀聞』には、「富田村領内之内、岩崎と串所に城跡有之候。富田右近と云者居由申傳候。」と記されている。和田山城の麓は、「富田」という集落であり、富田左(右)近はその氏名から在地の豪族と推察される。さらに「賊将」という呼称から、加賀一向一揆《いっこういっき》に関係する人物の可能性が高い。

和田山城の北約二キロには、北加賀の一向一揆の拠点であった鳥越弘願寺《ぐがんじ》が、また東約九〇〇メートルには鳥越弘願寺の子が寺主であった寺尾光現寺《こうげんじ》があり、それらと連携をもった城砦であることが考えられる。さらには地元には「佐々成政《さっさなりまさ》が在城した」との言い伝えが残っていたという。谷を隔てた向かい側には竹橋城が存在し、両城で谷筋を押さえる立地条件にある。鳥越弘願寺などがある笠野盆地の出口にも位置する交通上の要衝であり、最高地点から南北にのびる尾根上に防御施設が展開している。笠野から竹橋への道は、寿永二年（一一八三）の倶利伽羅《くりから》峠の戦いの際に木曽義仲軍が平家軍に奇襲をかけたとされるルートであり、戦略上押さえておくべき地として認識されていた可能性が高い。本城は国道八号建設に伴い、石川県教育委員会が発掘調査を行っている。

【城の構造】 城郭は、最高地点にあたる主郭（C）に平坦部と堀切《ほりきり》が認められる。また、主郭北端には、大きな凹みがみられるが性格は不明である。主郭から前述の交通路がひかえる南側に対しては、より多くの防御的な注意が払われている。北側に比べ南側尾根は細尾根ではあるが比較的緩斜面であり、その主郭南側には竪堀《たてぼり》（③）と突出した曲輪（E）を設け備えている。さらにその前方には、大きく尾根を遮断するように堀切が設けられている（⑦）。また、その尾根への侵入ルートを塞ぐように堀切と竪堀を備えている（G）。主郭の北側に目を移すと、尾根上に曲輪が位置する（F）。この曲輪には平面台形状の掘立柱建物が確認されているが、城郭遺構かどうかの判別は難しい。主郭の切岸《きりぎし》も含め、笠野鳥越城方面からの侵攻も想定していると思われる。主郭の東側にも細尾根がのびており、発掘調査の結果土坑《どこう》が確認された。杭列の可能性があるという。また調査では、八世紀から九世紀代の遺物が出土しており、山地での宗教施設など、従来から人が立ち入る場所として認識されていた可能性が考えられる。佐伯哲也に

●—主郭部分

●—主郭南側の堀切

よれば、こうした古い遺物が城郭遺跡から出土するケースがあるという。従来から認知していた場所として、城郭を設ける際の占地認識に影響している可能性がある。

交通の要衝を押さえる城郭として、加賀一向一揆や前田・佐々の戦いなどで使用されたと考えられる。

【参考文献】佐伯哲也「莇谷城」『加賀中世城郭図面集』（二〇一七）、石川県教育委員会『津幡町　和田山堡跡』（二〇〇八）

（戸谷邦隆）

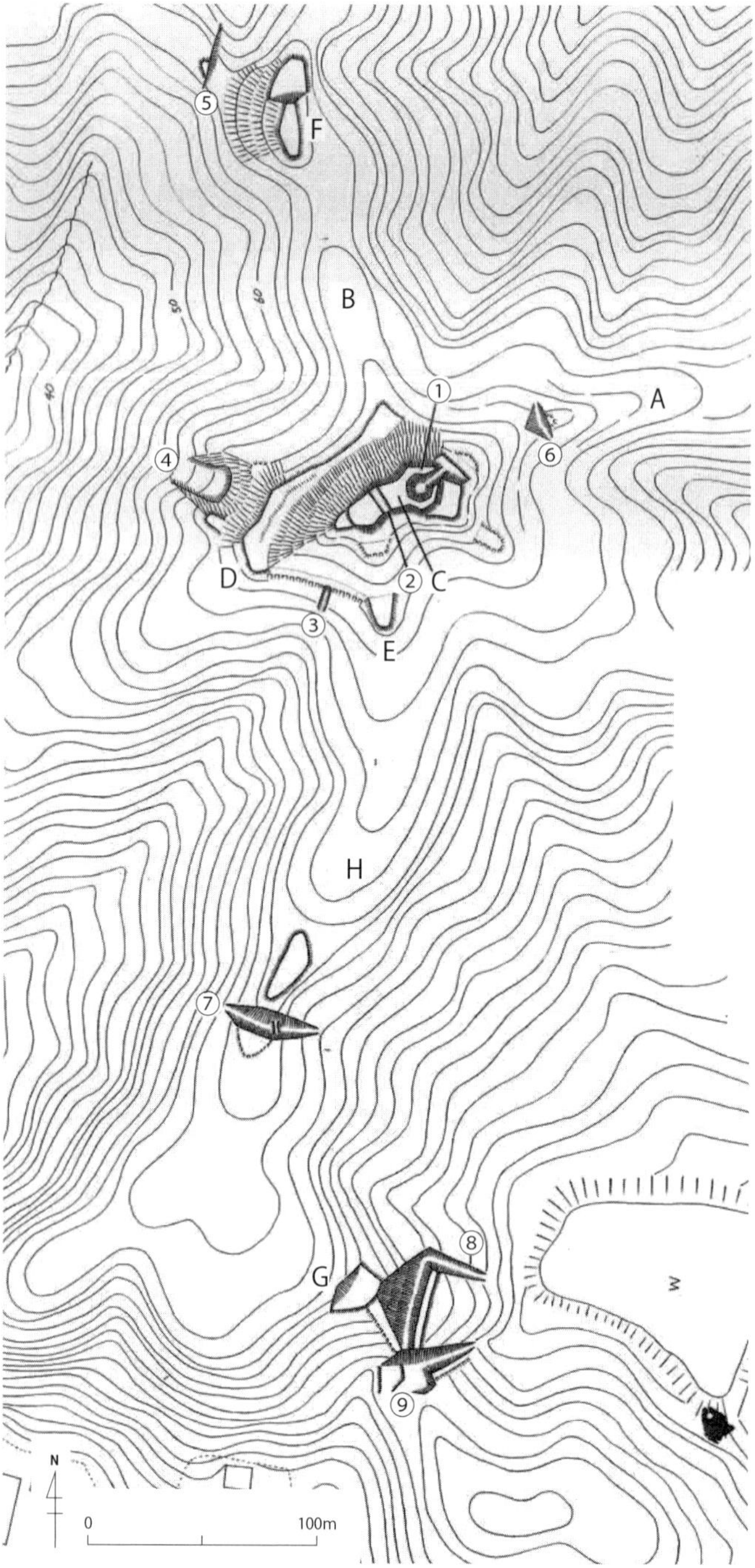

●―富田和田山城縄張図（作図：佐伯哲也）

●一向宗の内部対立？

莇《あざみ》谷《だに》城《じょう》

〔所在地〕津幡町莇谷
〔比　高〕約四〇メートル
〔分　類〕山城
〔年　代〕一六世紀
〔城　主〕佐々木四郎カ　莇谷衆カ
〔交通アクセス〕JR七尾線「津幡駅」から町営バスで「鳥屋尾」停留所下車、徒歩二五分。

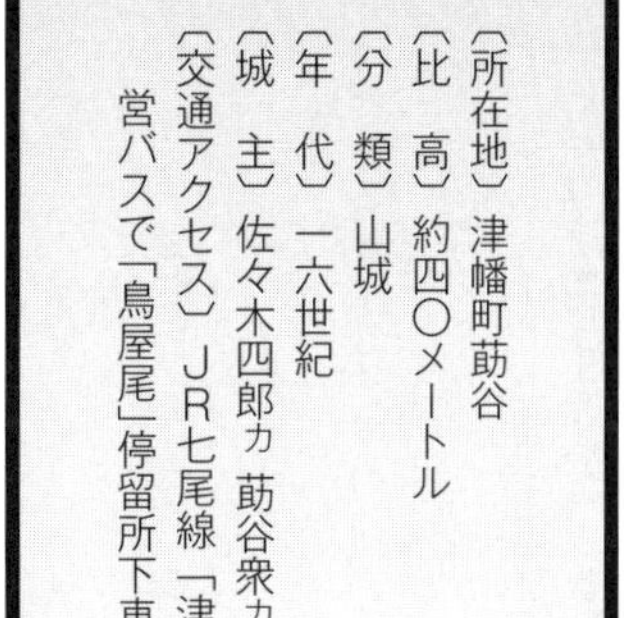

【歴　史】北国《ほっこく》街道の脇道として使われた加賀越中国境から笠野盆地へのルートに隣接する東西に細長い丘陵頂部に位置する。笠野盆地の有力寺院「鳥越弘願寺《ぐがんじ》」の東約二・五キロの場所であり、笠野盆地の入り口を押さえる役割があったと思われる。当地には圓光坊《えんこうぼう》という寺院が所在したと伝わっており、城の西側に隣接する平坦地は「ボウヤマ（D）」と呼ばれている。天文日記（『加能史料　戦国Ⅸ』）には、天文六年（一五三七）九月十四日条に「莇谷《あざみだに》之衆」が寺尾光現寺の門徒らに乱暴をはたらいたとの記事がみられる。賀州三ヶ寺と本願寺との争いである享禄の錯乱（享禄四年〈一五三一〉）直後のこの頃、当地に一向宗門徒が存在しており、弘願寺の子寺である光現寺と揉めていたことがうかがえる。江戸時代の記録である『加越能金砂子』（『三州紀聞』）には、「同山の内坊山と申所候。此所に佐々木四郎寺を建、圓光坊と申候。此寺退轉以後、其寺跡に堀才喜右衛門と申者居申由申傳候」とあり、佐々木四郎なるものが建立したと記している。鳥越弘願寺とは異なり、寺と城が一体である城郭寺院ではなく別個で存在していることから、両者の関係や同時代性については慎重に検討する必要がある。莇谷城へのアクセスは、城を回り込むように電気施設の取り付け道路が南側直下までのびており、そこからが登りやすい。

【城の範囲】ボウヤマから一段高い尾根の最高地点に主郭（A）を設けており、その東と南側に土塁《どるい》を築いている。西側に隣接する2郭（B）との間には横堀が存在しているが、佐伯哲也は木橋《きばし》を渡して主郭と往来していた可能性を指摘している。街道脇道の通る北側は切岸《きりぎし》によって、阻まれているため尾根伝いに東から攻めることになるが、尾根を遮断するように二重の堀切《ほりきり》①が設けられている。また同様に横方向の移動を妨げるため竪堀《たてぼり》②が数ヵ所切られている。3郭（C）の西側には前述したボウヤマ（D）が所在するが、その境には大きな切岸が存在している。東の堀切からこの切岸までが城の範囲と思われる。土塁こそあるがボウヤマへの侵入を阻む堀切などの防御施設がないことは、茆谷城の独立性を示唆している。隣接するボウヤマには土塁と城の切岸によって囲繞《いじょう》された区画Dが存在するが、ここにおそらく本堂があったと思われる。区画の大きさは東西・南北とも約三三メートルの略方形を呈する。一向一揆《いっこういっき》関連の寺院では、このような土塁を巡らせて区画を設けるものが多く、特徴的な共通点として挙げられる。

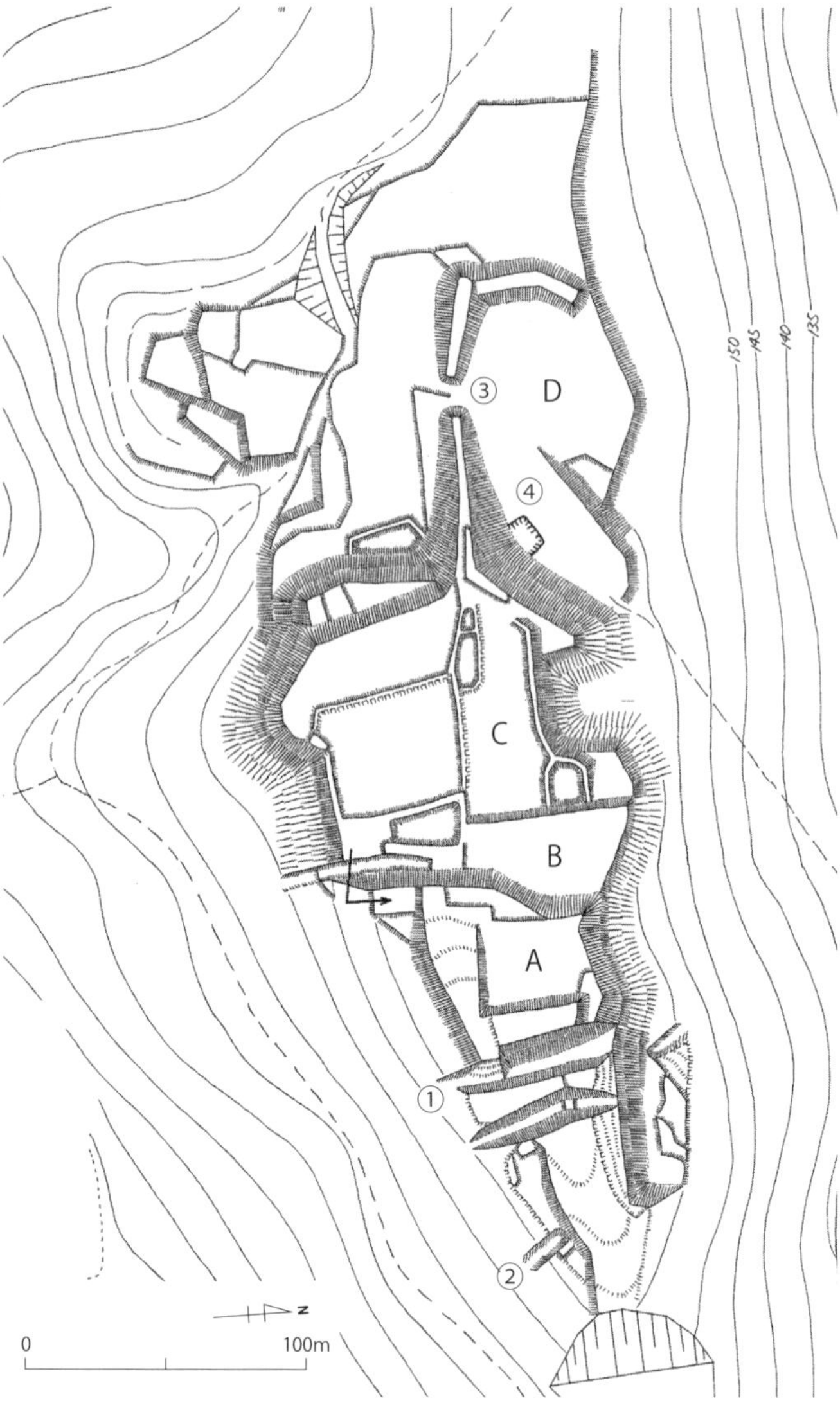

●―茆谷城縄張図（作図：佐伯哲也）

【発掘調査】　圓光坊跡は平成二年（一九九〇）に石川考古学

●―莇谷城 二重堀切

研究会によって、区画内の一部が発掘調査された。みつかった遺構は、溝・土坑・ピットであったが、明確な建物のプランを示すものではなかった。しかしながら、広い範囲で整地層がみられるなど、比較的大きな造成が行われていたことがうかがえる。出土遺物は肥前系の陶磁器が主体となる他、珠《す》洲《ず》焼や越前焼のほか瀬戸・美濃系もみつかっている。遺物は小片が多く時期の特定は難しいとしているが、①一六世紀以前、②一六世紀から一七世紀前半、③一八世紀前後、④一八世紀から一九世紀代、の四つの時期を設定している。そして先述の『加越能金砂子』（『三州紀聞』）が江戸中期の成立であることから、圓光坊が一六世紀代以前に佐々木四郎によって建立されていた可能性を示している。これらから『天文日記』の「莇谷衆」との関連が想定できる。

　街道や交通路を押さえるように城や砦を築くのは、津幡町における一向一揆関連城砦の特徴であり、一貫した占地計画があったと思われる。

【参考文献】佐伯哲也「莇谷城」『加賀中世城郭図面集』（二〇一七）、小阪大・芝田悟「津幡町莇谷圓光坊調査報告」『石川考古学研究会会々誌』三五号（一九九二）

（戸谷邦隆）

「四ヶ寺の大坊主」戦に備える
鳥《とり》越《ごえ》弘《ぐ》願《がん》寺《じ》
〔津幡町史跡〕

〔所在地〕津幡町鳥越
〔比　高〕約五メートル
〔分　類〕城郭寺院
〔年　代〕一六世紀
〔城　主〕弘願寺
〔交通アクセス〕ＪＲ七尾線「津幡駅」から町営バスで「鳥越」停留所下車、徒歩三分。
※主郭部分は大国主神社

【一向一揆北加賀の拠点】　周囲を山に囲まれた笠野盆地の中心に位置する城郭寺院である。所在地は現在でも盆地を縦横に走る要道の交差点という交通の要衝である。観応元年（一三五〇）、玄頓《げんとん》が開いたとされており、北陸の本願寺系寺院としては古い歴史を持つ。玄頓は本願寺第三世法主覚如の直弟子で、四代法主善如《ぜんにょ》の真弟とされている。玄頓の子玄教《げんきょう》は文明元年（一四六九）に没しているが、「賀州河北郡鳥越住」との記述が『日野一系図』に残っている。鳥越弘願寺《ぐがんじ》が位置する笠野盆地周辺の山地や高地には、防御施設や宗教施設跡と考えられる人工的な平坦地が多くみられ、こうした施設の中心的存在であったと考えられる。『官地論』には、「河北四ヶ寺の大坊主」という記述があり、長享元年（一四八七）の富樫政親《まさちか》と一向衆との戦いにおいて一揆を主導する立場にあったことが記されている。長享の一揆後、蓮如《れんにょ》の子が住職を務める「波佐谷松岡寺」「山田光教寺」「若松本泉寺」によるいわゆる「賀州三ヶ寺」が法主《ほっす》代行として、加賀国を治める体制がつくられたが、鳥越弘願寺もその中に組み込まれたと思われる。その後、本願寺の意を受けた超勝寺・本覚寺との内紛である享禄の錯乱での行動は明らかではないが、『天文日記』では乱後本願寺に上洛して金銭を送るなど、関係性を保っていることがうかがえる。また、一六世紀の中頃には冷泉《れいぜい》家一五代当主冷泉為広《ためひろ》の孫娘が輿入れするなど、一五〜一六世紀にかけて一定の力を有していたと考えられる。天正八年（一五八〇）、織田信長配下の武将佐久間盛政《もりまさ》が末森城

に一向衆を攻めて、これを落とした際、敗走した一向衆が鳥越弘願寺に逃げ込み、佐久間盛政がそれを追撃したが、ともに能登へ逃れたことが、『越登《えつと》賀《が》三州《さんしゅう》志《し》』に記されている。鳥越での弘願寺はこの時に廃されたと思われるが、弘願寺はその後現在地（津幡町字加賀爪）に移転した。天正十五年に移転したとする説、天正十二年志賀町堀松に移転、金沢市を経て、慶長十四年（一六〇九）に現所在地に移転したとする説がある。弘願寺は明治十一年（一八七八）の明治天皇行幸の際に、休憩所として昼食を供するなど、宿場町津幡の核として存続し続けた。鳥越弘願寺跡の土塁《どるい》上に存在するハリギリ（センノキ）は樹齢数百年と考えられ、一六世紀の戦火をくぐり抜けて生き残ったという伝承がある。通称「火除けのセンノキ」と呼ばれ町の天然記念物に指定されている。

●—鳥越弘願寺縄張図（作図：佐伯哲也）

【城の構造】　鳥越弘願寺は盆地の中の独立丘陵を利用した城郭寺院である。丘陵の比較的緩やかな先端部を活用し、削り出しと盛土で縄張を形成している。中心施設が想定される平坦地（A）の西・南・東側を土塁によって、北側を急峻な丘陵によって方形に囲繞《いじょう》し守備力向上をはかった構成となっている。南側には大手であり、

●—オヤシキ部分を望む

「ゴボウヤマ」とよばれる高まりが脇を固めている。大手から西を「ニシノドイ」（B）、東を「ヒガシノドイ」（C）と呼ぶ。ニシノドイとヒガシノドイで形成される大手（D）は喰違《くいちがい》虎口《こぐち》になっており、敵の直進を阻む構造になっている。遺存状態がいいニシノドイと内側平坦面の比高差は約三・五メートル、外側との比高差は最大約一〇メートル、土塁上端の最大幅は約一六メートルをはかる。発掘調査の結果、土塁は削り出しで基部を形づくり、生じた土砂を土塁に積み上げることによって高さを出していることがわかった。また土塁だけでなく、土塁内平坦部も地山を削平することによって、作出されている。ヒガシノドイは住宅地や水田などで、多くの部分が削平されている。基部を削り出し、土塁と平坦地を造成しているということは、土塁を構築している段階で、中心施設の平坦地は存在していないことになる。ニシノドイの南隅には南側斜面に向けて横矢《よこや》が設けられており、鳥越弘願寺の大手である南からの侵入を想定していたことがうかがえる。横矢を持つ土塁の構築は、石山本願寺で一六世紀中頃までさかのぼる可能性が指摘されている。以上のことから一六世紀の中頃、防御施設が整備された後、近隣から移転してきた可能性が考えられるが、移転元の候補地については不明である。

　土塁で囲まれた平坦地の範囲は、約一〇〇メートル×約六〇メートルを測り、「オヤシキ」（A）と呼ばれている。オヤシキの中央には大国主神社の社があり、その周辺に高さ三〇センチ程の土塁がみられるが、神社に伴う後世のものである可能性が高い。オヤシキの東側には若干の低地が認められるが、かつては北側丘陵からの水流を溜めて蓮根がつくられていたとされており、「ハスダ」の地名が残っている。大手の南側は一段低い地形となっており、「ツツミダ」という地名が残っている。

●―削り出しでつくられた土塁基部

●―ニシキドイ

一〇〇メートルあまり南には笠野川が流れていることから、戦闘時には水を引き入れ沼地化とすることも可能である。搦手《からめて》側は現況では、隘路が丘陵間を縫うようにのびているが、この道路は昭和に入ってから拡張されたものである。旧地形では搦手の北に丘陵が東西に延びている。この丘陵と土塁を接する丘陵の谷は深く切り立っているためか「キリダン（切谷）」と呼ばれている。敵の侵攻ルートともなりうるが、急峻なためかキリダンをはさむ両丘陵に積極的な防御施設を認めるには至っていない。

　県内の類似例としては、前述の若松本泉寺が同様の方形区画と土塁を持つ構造であり、時代や関係性を考える上で示唆的である。津幡町教育委員会では継続的に発掘調査を行っているところである。

【参考文献】佐伯哲也「鳥越弘願寺跡」『加賀中世城郭図面集』（二〇一七）

（戸谷邦隆）

●激戦！北国街道！

龍《りゅう》ケ《が》峰《みね》城《じょう》

〔津幡町史跡〕

〔所在地〕津幡町山森ほか
〔比　高〕約二五メートル
〔分　類〕山城
〔年　代〕一六世紀後半
〔城　主〕村上右衛門、上杉謙信、佐々与左衛門
〔交通アクセス〕JR七尾線「津幡駅」から津幡町営バスで「坂戸」停留所下車、徒歩四〇分。主郭まで遊歩道あり。

【歴　史】標高一九五メートル、眼下に北陸道を見下ろす要衝に位置し、北陸道との比高差は約二五メートルを測る。北陸道は、城の南側と西側を伝うようにのびていく。周囲は深い谷に囲まれており、北陸道以外からの接近は難しい要害に立地する。築城年代は不詳であるが、一向一揆《いっこういっき》に加担する土豪村上右衛門が在城したと伝わっている。

天正元年（一五七三）上杉謙信によって攻め落とされ、その後織田信長配下として北陸に侵攻した佐々《さっさ》方の城となり、成政の家臣である佐々与左衛門が在城したとされている。さらに本能寺の変後は前田氏と佐々氏の加越国境をめぐる戦場となり、最終的には前田秀継・利秀父子によって落城させられている。

落城後、城としての機能を失い廃城となったが、近世を通して城跡であったという認識は強く残っており、『三州測量図籍』（天保三年〈一八三二〉）の北国《ほっこく》街道管理の図にも「龍ヶ峰城跡」の記述がみられる。また、そうした由来から城跡という認識はあったであろう、地元では少なくとも大正期には龍ヶ峰城跡の丘陵を、「城ヶ峰」と呼んでいる。現在、城跡の西側をめぐるように通路が設けられているが、これは電力会社の鉄塔建設のため敷設されたものであり、当該箇所はかなり削平されたものであると考えられる。尾根の東西は、急峻な崖地となっている。特に南側の上藤又《かみふじまた》方面の斜面は、「佐々落とし」との名が残り、激しい戦いの様子を今に伝えている。龍ヶ峰城直下には駐車場も整備されている。

【城の構造】　城の規模は南北約一六〇メートル・東西約一八五メートルを測る。尾根上の緩斜面を平坦に削平し、曲輪を設けている。最高地点の主郭（A）をおき、一段下がった東側に2郭（B）をおく。城の西側（加賀方面）には平坦地を削平した三段からなる3郭（C）がつくられている。このように切岸《きりぎし》や削平により、多くの曲輪が造成されているが、龍ヶ峰城を構成する山の地盤は比較的脆弱な岩盤であり、こうした作業が比較的容易であったと考えられる。3郭の西側は切り立った斜面となっておりその裾を北国街道が通っているが、街道から3郭に直接到達するルートはない。主郭（A）や2郭（B）と比べ3郭（C）は広く兵も多く常駐できるため、西側への意識が強くあったと思われる。西側（加賀方面）から龍ヶ峰城に迫る軍は、城直下の北国街道を東側の大手（①）まで回らなくてはならず、その間城からの攻撃を受け続けることになる（写真）。大手から2郭へは稜線上の通路（④）を通るが、通路は狭いうえ、2郭との連結部の小さな曲輪には虎口《こぐち》（③）を設け移動を制限している。前面に土塁《どるい》を設け侵入を遮っているが、この曲輪は切岸の斜面をつたって北陸道と接続してお

●—龍ヶ峰城と街道

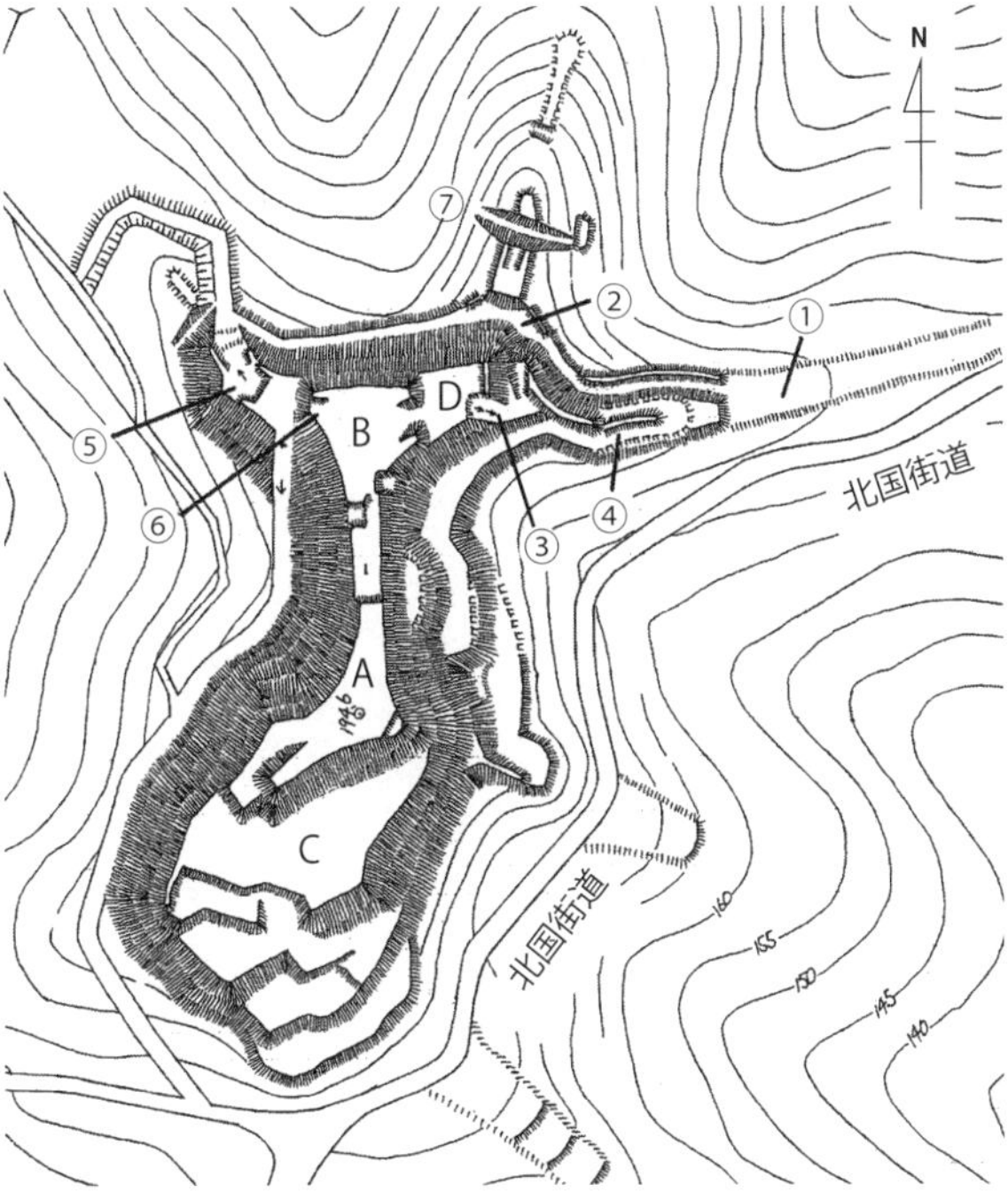

●—龍ヶ峰城縄張図（津幡町教育委員会提供）

●—主郭から金沢平野を望む

り、大手側から侵入した敵を真っ先に迎え撃つ場となる。

『河北郡誌』（大正九年〈一九二〇〉）には、「第二阻には泉あり、滾々《こんこん》として盡きず」とあり2郭（D）には泉、または井戸が存在していたと伝わっている。現況では曲輪の隅に直径約二メートルの円形のくぼみがあるが、これが泉跡であるかは不明である。これら2郭や連結する経路（A・B）の端には、二〇センチほどの土の高まりが遺存しており、土塁の痕跡と考えられる。主郭・2郭・3郭のそれぞれの曲輪は、切岸によって防御機能が高められているほか、城の北側には尾根伝いの接近を防ぐため、幅約七メートル・深さ約二メートルの堀切《ほりきり》（⑦）が設けられている。この尾根の上には2郭が位置するため、2郭からの攻撃も有効であったろう。大手・堀切・2郭は犬走《いぬばし》り状の連絡路（②）によってつながっているが、大きく西へ回る必要があり、ここでも2郭からの横矢《よこや》が脅威となる。2郭・主郭への通路は大勢の侵入を阻むよう狭く設けられており、自然地形を巧みに利用した構造が随所でみられる城であるといえる。

●—堀切

海抜最高地点である主郭からの見通しはよく、南の松根《まつね》城や東の倶利伽羅《くりから》峠、北西の金沢平野の奥の日本海も望むことができる。味方の拠点を視認できるという点や行軍する敵軍を早く察知できるという点において、佐々側の前線基地として地理的にも重要な場所であったことがうかがえる。

（戸谷邦隆）

【参考文献】佐伯哲也「龍ヶ峰城」『加賀中世城郭図面集』（二〇一七）

●戦時の城から百万石統治の本拠へ

金《かな》沢《ざわ》城《じょう》

〔国史跡〕

〔所在地〕金沢市丸の内
〔比　高〕四〇メートル
〔分　類〕平山城
〔年　代〕天正八年（一五八〇）～明治四年（一八七一）
〔城　主〕佐久間氏、前田氏
〔交通アクセス〕JR北陸本線「金沢駅」下車、南東へ徒歩約二〇分。

【城の立地と歴史】　金沢城は、白山に連なる南東の山地帯から流れ出た、浅野川・犀川《さいがわ》間に形成された舌状の河岸段丘・小立野台地の先端を占める。城内の高台からは、金沢平野から日本海沿岸、能登・越中との境界をなす山々などを望むことができる。

金沢城の前身は、天文十五年（一五四六）に創建された加賀一向一揆の拠点・金沢御堂《みどう》（金沢御坊）であり、本丸付近に中心堂舎の存在が想定されているが、詳細は判然としない。御堂は天正八年（一五八〇）に織田信長の重臣柴田勝家《かついえ》に攻略され、その甥の佐久間盛政《もりまさ》が最初の金沢城主となった。しかし天正十一年、佐久間氏は賤《しず》ケ《が》岳《たけ》の戦いに敗れて没落し、羽柴秀吉に味方した前田利家が城主となった。越中の佐々成政《さっさなりまさ》との抗争後、天正十四年には天守が造営されるなど、北陸第一の拠点として城の整備は進んだ。徳川氏の覇権が確立した元和・寛永期には、御殿空間の拡張に特徴付けられる城郭構造の変革が果たされ、外様大藩・加賀前田家の居城として廃藩まで存続した。

【曲輪構成の概要】　城域は大規模な堀切《ほりきり》（蓮池〈百間〉堀）で切り離され、これに連なる外堀に囲繞されている。南東の本丸・東ノ丸がもっとも高所を占め、ここから北西方向に下降する尾根上に、数メートル程度の段差を有し要所に堀切で画される曲輪群（本丸附段・二ノ丸・御宮・藤右衛門丸）が連続し、またその東西には、中・下段の曲輪群（鶴ノ丸・三ノ丸・薪ノ丸・御花畑・玉泉院丸・新丸など）が展開している。

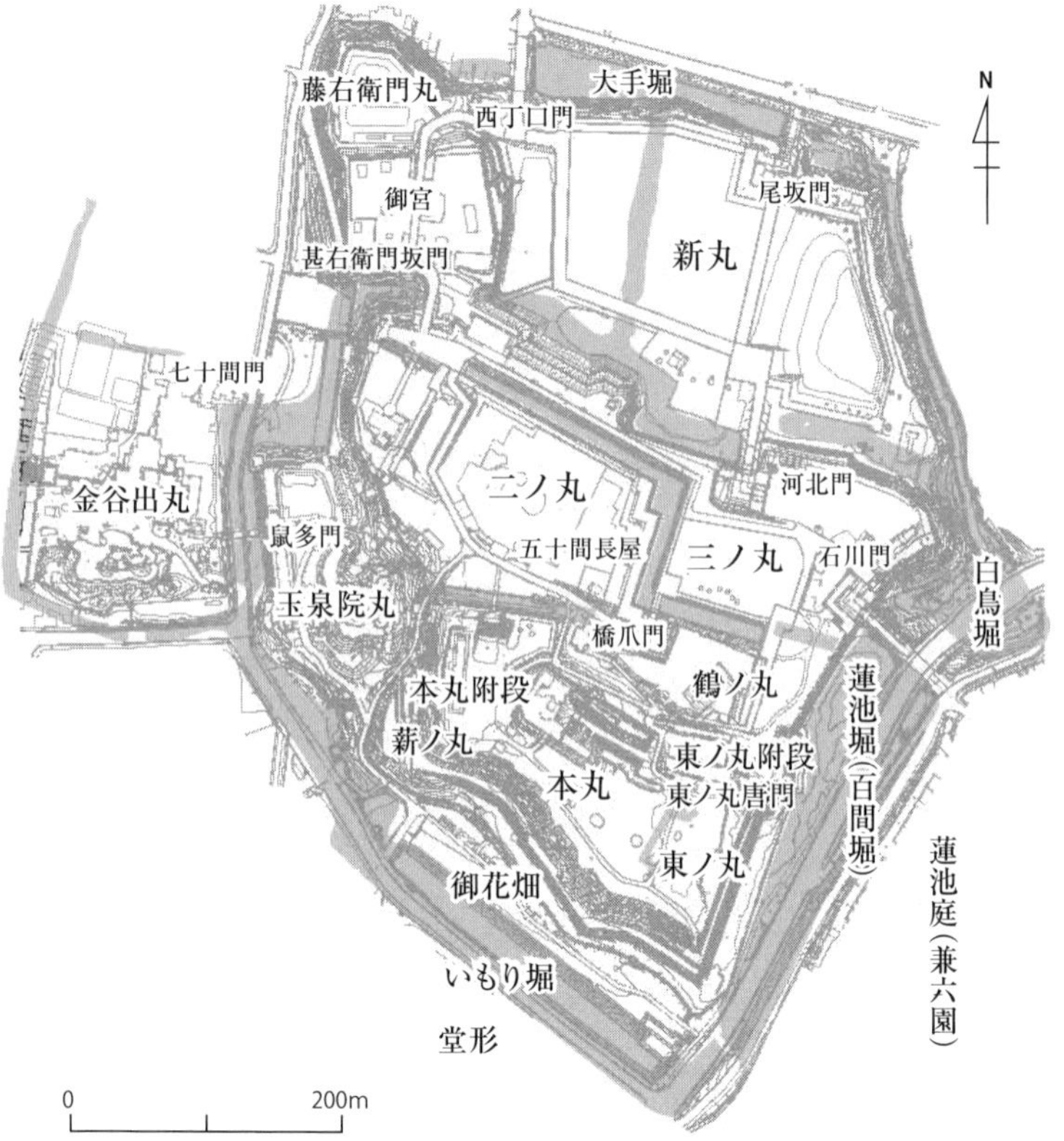

●―金沢城跡平面図（石川県金沢城調査研究所提供）

主要な曲輪の外郭は石垣で固められ、外堀を越えた周囲には、馬場・米蔵などの役所や藩主一族の屋敷地などがあった。このうち南東部には延宝四年（一六七六）に庭園主体の空間が置かれた（蓮池庭）。現在の兼六園の原形である。

【金沢城を歩く―新丸・金谷・玉泉院丸―】　城下と接する主要出入口は、北側の尾坂門・西丁口門、東側の石川門、西側の七十間門・甚右衛門坂門などがある。

このうち尾坂門は、北国街道から引き込まれた街路の正面、大手口に相当する。往時は門の両脇に水堀が巡っていたが、現在では向かって右（西）側のみが景観を留める（大手堀）。尾坂門は、一度右折して進入する形態で、門を囲む石垣台には長軸四㍍、短軸三㍍程の巨石が組み込まれており、大手の格式を誇る。なお正面の石垣台は左（東）側に隅角部が埋め込まれており、築造当初の慶長年間（一五九六〜一六一五）頃にはこちら側が進入路であった可能性がある。

尾坂門を入ると広大な新丸が広がる。尾坂門付近での発掘調査によると、一六〇〇年頃までは土坑《どこう》などが密集する小規模な屋敷区画が展開していた。慶長四年（一五九九）に城内に取り込まれたとする近世後期の史料もあり、元は町屋であった可能性が考えられる。城内となって大身武家の屋敷が置かれたが、寛永八年（一六三一）の大火後は役所主体の空間となった。

新丸の右手（西側）、尾根上には寛永二十年造営の東照宮があった御宮、藤右衛門丸といった曲輪が配されている。いずれも初期は屋敷地で、曲輪境には堀切が設けられた。このうち御宮南側のものは現在まで埋め立てられることなく深い谷状地形のままとなっている。

これらを越えた南西側には、金谷出丸・玉泉院丸がある。外堀の西側に張り出した金谷出丸（現・尾山神社一帯）は、寛永年間（一六二四―四四）までは町屋であったと考えられるが、以後城域に取り込まれ、一七世紀末以降は、藩主一族の屋敷地となった。

●―玉泉院丸 池北部（堀を改修）（石川県金沢城調査研究所『金沢城跡―玉泉院丸庭園Ⅰ―』（2015）より転載）

金谷出丸の東、堀に架かる橋を渡った先には鼠多門《ねずみたもん》がある。門は石垣を開口するように設けられ、進入路は緩やかな坂道を経て玉泉院丸の曲輪面に至る。門の内側が玉泉院丸で、その名称は、前田家二代当主利長《としなが》の正室玉泉院が夫の死後屋敷を構えたことに由来するが、本来は背後の二ノ丸・本丸附段斜面下に横堀を設けた、防御性の高い曲輪であった。寛永十一年、すでに二ノ丸に御殿を造営していた三代当主前田利常は、当地に本格的な回遊式庭園を築き、堀についても池の一部に取り込んでその役割を大きく変容させた。池北部については堀の形状を残したまま現在まで継承され、発掘調査によりその変遷が明らかになっている。

また庭園東部の石垣は庭園の構成要素として構築されたもので、一七世紀後半には大部分が意匠を凝らした切石積石垣となり、近世金沢城の大きな特徴となっている。

【三ノ丸から二ノ丸へ】 新丸の南、三ノ丸北面東部には、慶長後期に構築された石垣が東西に長く横たわる。かつては石垣前面に内堀があったが、現在は一部が湿性園として整備されたのみで大半は埋没している。堀は中央で途切れ、土橋《どばし》坂道が横断する（河北坂）。坂の上には河北門が構えられてい

●—河北門調査区全景（石川県金沢城調査研究所『金沢城跡—河北門—』(2011)より転載）

た。発掘調査によると付近は慶長以前からの通路で、溝で区画された武家屋敷地が隣接していたが、慶長後期には屋敷地の一部を取り込んで、内枡《うちます》形が形成された。

　河北門の内側は三ノ丸である。初期には武家屋敷が置かれていたが、寛永期以後には北東の役所敷地を除き、広い空閑地が占めた。南東には河北門と同様の内枡形を呈し、城外に面する石川門がある。天明八年（一七八八）に再建された建物群（重要文化財）は、白壁と黒い腰瓦、屋根には鉛瓦を戴き、金沢城を象徴する景観を形づくる。ただしこれらの組み合わせによる意匠は、一七世紀後半に成立したものである。

　石川門前を横切る道路は蓮池堀（百間堀）・白鳥堀の跡である。対岸の小立野台地・兼六園に架かる橋はかつて土橋で、両側には満々と水を湛えていた。なお北側の白鳥堀下層では、堀造営以前に遡る金属加工等に関連する遺構が検出され、一六世紀代には職人集団の集住域であったと想定される。

　三ノ丸東部を南に進むと、正面奥にほぼ同じレベルで鶴ノ丸が続き、右（西側）手前に迫る高さ約八㍍の石垣の上面には二ノ丸が広がる。これらの曲輪の前面には延長四〇〇㍍近い内堀が設けられている。三ノ丸から二ノ丸へは、この内堀に架かる橋を渡り、橋爪門の内枡形を経て進入する。二ノ丸

●―石川門

は寛永八年の大火以降、広壮な御殿が置かれ、金沢城の中枢を担った。なお寛永八年以前の二ノ丸は西側に偏り、尾根頂部を主体とした比較的小規模な曲輪であって、現在の二ノ丸東部相当の範囲は三ノ丸と一体の屋敷地であったが、大火を契機に五〜六メートル嵩《かさ》上げされたことが、石垣解体に伴う発掘やボーリング調査により判明している。なお二ノ丸御殿については、明治十四年（一八八一）に焼失したが、その復元整備に向けて、令和二年（二〇二〇）度から発掘調査が実施されている。

【初期の中枢・本丸】二ノ丸の南側は、尾根を横断する堀があり、極楽橋と称される木橋《きはし》を渡った対岸が本丸附段である。曲輪の西側には寛永八年の大火後に創建され、安政五年（一八五八）再建の三十間長屋《さんじっけんながや》（重要文化財）が現存する。

　発掘調査によると、本丸附段は、本丸に御殿があった築城当初には、本丸との間に幅二〇メートル、深さ一〇メートルの堀があったことから、防御に比重を置いた曲輪であったとみられる。一方慶長後期に食物残滓《ざんし》の廃棄土坑等が設けられるようになり、元和六年（一六二〇）の火災を契機とした本丸再整備にかかり堀が埋め立てられると、本丸との一体化が一層進み、御殿の暮らしに直結する曲輪へ変容した。以上の状況から、初期において本丸附段は大手側ではなかったと考えられる。

　寛永以前の本丸区域の大手は、河北門から三ノ丸・鶴ノ丸を経て、ほぼ正面南に位置する東ノ丸唐門付近にあった。現況では南進して正面の石垣に沿って左（東）側に折れ、本丸の東に隣接する東ノ丸に進入する経路となっているが、正面石垣に改修痕があり、発掘調査によると、第一段階（文禄・慶長期）は直進する通路形態で、第二段階（元和期）から現況に近い形状となったことが判明した。嘉永元年（一八四八）造営の金沢城土蔵（重要文化財）が建つ東ノ丸附段も、元和期に一体的に整備されたとみられる。

　東ノ丸唐門から東ノ丸北面・東面にかけては、自然石を多く利用した石垣が残る。文禄元年（一五九二）築造と伝わる城内最古段階の石垣である。これに囲繞《いじょう》された東ノ丸や本丸は、寛永八年大火までの中枢であった。御殿建物の詳細な配置状況等は不明であるが、トレンチによる確認調査やボーリング調査が実施されている。これによると、東ノ丸や本丸

●—東ノ丸北面（丑寅櫓下）石垣

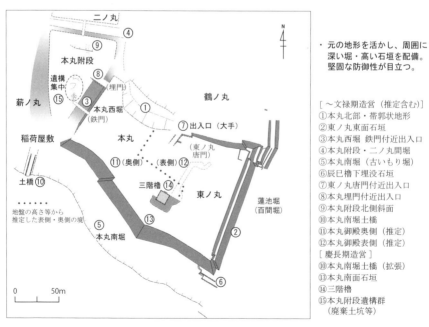

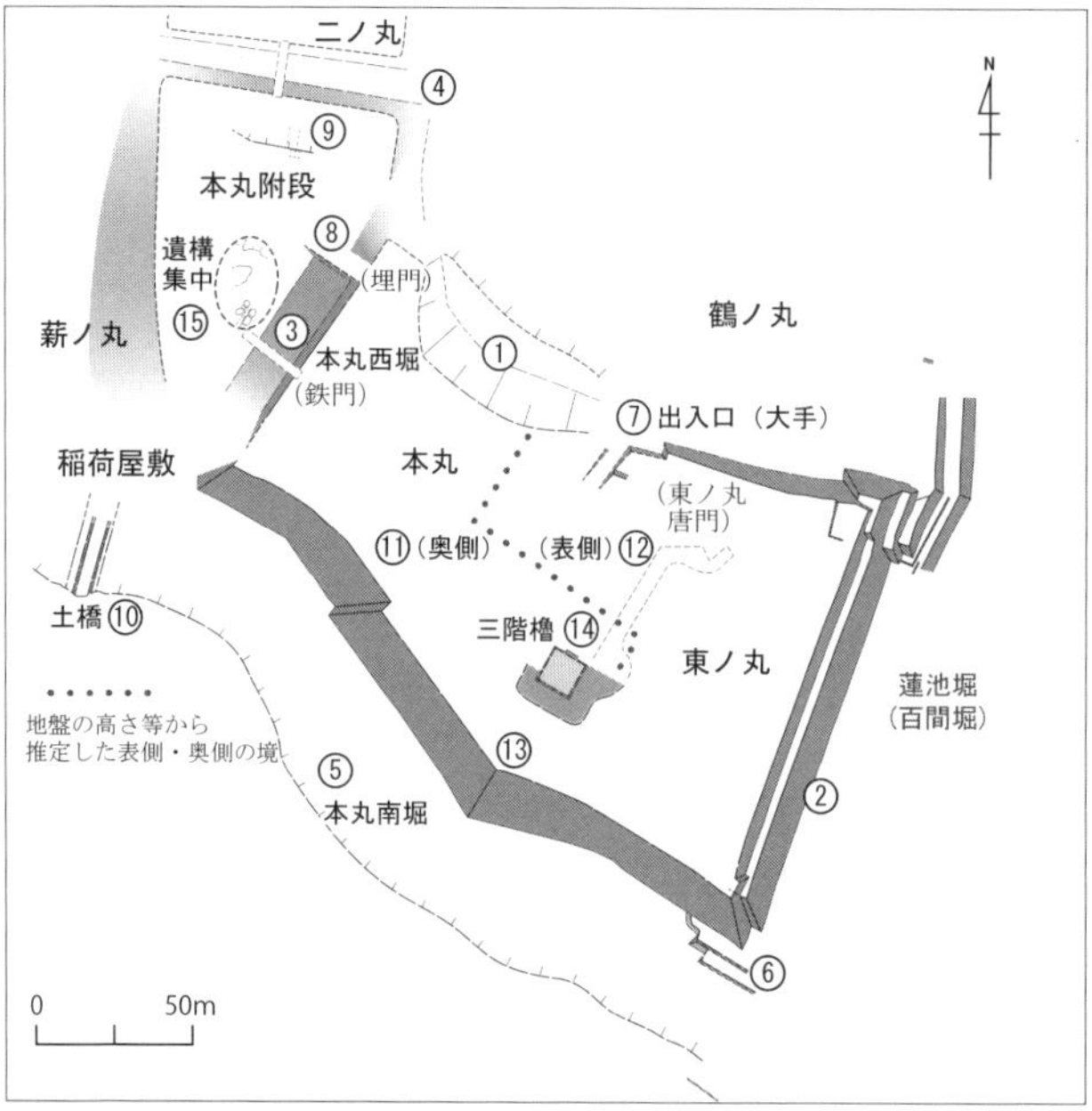

・元の地形を活かし、周囲に深い堀・高い石垣を配備。堅固な防御性が目立つ。

［～文禄期造営（推定含む）］
①本丸北部・帯郭状地形
②東ノ丸東面石垣
③本丸西堀　鉄門付近出入口
④本丸附段・二ノ丸間堀
⑤本丸南堀（古いもり堀）
⑥辰巳櫓下埋没石垣
⑦東ノ丸唐門付近出入口
⑧本丸埋門付近出入口
⑨本丸附段北側斜面
⑩本丸南堀土橋
⑪本丸御殿奥側（推定）
⑫本丸御殿表側（推定）
［慶長期造営］
⑩本丸南堀土橋（拡張）
⑬本丸南面石垣
⑭三階櫓
⑮本丸附段遺構群
（廃棄土坑等）

●—文禄・慶長年間（1592～1615）頃　本丸周辺推定復元図（石川県金沢城調査研究所『金沢城シンポジウム　近世城郭　金沢城の成立―本丸御殿の時代―』（2019）より転載・加筆）

東部に比べて本丸西部の自然地盤が高く、大手の存在とも相まって、東側が表、西側が奥と推定される。また東ノ丸南部・本丸北部には、それぞれ池庭が存在していたことが判明した。これらは加賀藩庭園の源流をなすとともに、本丸の御殿空間を検討するうえでも重要な位置を占めている。

本丸南東では三階櫓台《やぐらだい》の石垣が検出されている。本丸には天正十四年（一五八六）に天守が建造されているが、慶長七年の落雷で焼失し、以後は三階櫓を代用とした。なお天守の位置は未確認であるが、奥と考えられる本丸西側にあった可能性が高い。

本丸北部は、自然地形の影響が強い本丸・東ノ丸区域にあって、例外的に矩形《くけい》の平面を呈する。現況は、陸軍が掘削した弾薬庫により損壊を受けているが、その壁面を精査したことで、矩形部分が盛土により造成されたこと、造成土面に池庭が営まれていることが判明した。文献にみえる元和七年の本丸拡張に対応すると判断され、本丸附段の一体化などとともに、金沢城の構造が大きく変容したことを物語っている。

本丸・東ノ丸の南側は、高さ二〇メートル以上の慶長期の高石垣で固められていたが、明治後期に一部崩壊したことを契機に高さを半分以下から三分の一程度に減じられた。石垣下は御花畑と称される幅の狭い平地が広がり、その南側には外堀であるいもり堀が巡っている。ただしこの構成は元和期以後に成立したもので、これ以前は御花畑の下層に地形に沿って蛇行する堀が巡り、北西部には石垣護岸の土橋があったことが発掘で明らかになっている。土橋付近では金箔瓦が出土しており、城下と連絡する重要な城門が置かれていたとみられる。

本丸・東ノ丸は、寛永八年の大火後、中枢機能を二ノ丸に譲り、象徴的・儀礼的機能を残しつつも、主に土蔵などが立つ空地の目立つ空間となった。現状は、戦後に生育した草木が繁茂する森となっているが、地下に遺存される遺構からは、戦国・織豊期から近世に至る城郭構造の変化を示す知見が得られたのである。

なお平成八年（一九九六）度から着手された金沢城公園整備事業にかかり、明治初期以降廃絶した建物・堀・庭園等の発掘調査が実施されており、二ノ丸内堀の大部分、菱櫓・五十間長屋・橋爪門続櫓、橋爪門、河北門、玉泉院丸庭園、鼠多門、いもり堀（部分）などが復元整備されている。

【参考文献】石川県教育委員会事務局文化財課金沢城研究調査室『よみがえる金沢城1』（二〇〇六）、石川県金沢城調査研究所『よみがえる金沢城2』（二〇〇九）

（滝川重徳）

お城アラカルト

金沢御堂と金沢城

大西泰正

金沢御堂《かなざわみどう》（金沢御坊《ごぼう》）は、加賀一向一揆《いっこういっき》の行政・軍事的な拠点であった。いうまでもなく、加賀一向一揆にとって、これは宗教的な中枢機関でもある。創建は天文十五年（一五四六）。天正八年（一五八〇）、石山（大坂）本願寺と織田信長の講和後、加賀に進出した柴田勝家《かついえ》らの軍勢に接収されたらしい。現在の金沢城跡に、さらにいえば本丸一帯に、その所在地が比定されてきたが、一応の推定であって、確実な根拠はないようである。

とはいえ、創建以前から在所の名称として存在した金沢のいずこかに、この教団施設があったことは、疑いを容れぬところであって、ことに軍事的観点から推して、周囲に眺望の効く現在の金沢城跡にひとまずは所在地を定めておくのが穏当という理解に落ち着く。

宗教的観点からいっても、金沢御堂は時に「御山《おやま》」と呼ばれる場合があって、この同時代史料の語句は、さしあたり『広辞苑』（第七版）を引けば、「山を丁寧にいう語。また、山の尊敬語。信仰の対象とする場合などにいう」という語釈の通りに理解して大過ない。すなわち「御山」という呼び方には、宗教的施設としての金沢御堂の性格が反映されており、かつて金沢御堂が山か、それに類する小高い地点に存在したという含みが見て取れる。金沢城跡＝小立野台地の端にこれの影像がちらつくのも無理からぬ。

前田利家が金沢城を「尾山《おやま》」城と呼んだ点も、この推定を肯ずる材料になろうか。加賀一向一揆の鎮圧を経て、柴田勝家の指揮下にあった佐久間盛政《もりまさ》がごく短い年月、その拠点を金沢城と呼ぶ要塞におき、勝家の滅亡後に、——ここでは子細を説明する暇がないが、前田利家がこれを接収して本拠地に定めた。この金沢城を利家は、もっぱら「尾山」と呼ぶ。「尾山」は「御山」と同訓の「オヤマ」である。表記こそ違え、この呼び方は金沢城がかつて「御山」とも呼ばれた金沢御堂の跡地にあったことをほのかに伝承しているのかもしれない。

お城アラカルト

高山右近の伝説

大西泰正

加賀（金沢）藩前田家によるキリシタン弾圧は、天草・島原一揆の蜂起をうけた寛永十四年（一六三七）以降の数ヵ年がもっとも熾烈を極めたのではなかろうか。かつて前田利家および利長《としなが》・利常《としつね》に仕え、慶長十九年（一六一四）春、領外、さらに国外追放に処された高山右近《うこん》（南坊）の関係史料も、こうした弾圧のなかで隠滅したと考えてよい。欧文史料によれば、右近は北陸の地にあってキリスト教の宣布にいそしみ、金沢にはみずから資金を援助して教会を建設させたという。だが、こうした事象を具体的に跡付ける国内史料は伝来していない。

追放後の右近はしばしば、キリシタンとして忌避《きひ》される存在でしかなかった。ところが、一七世紀後半に入ると、茶人としての右近の再評価が始まる。千利休の高弟として徐々に顕彰さるべき存在に変貌したらしい。加賀藩主前田家顕彰の一環として、その有力家臣たる右近をも称揚する機運が生じたようである。

そこで一七世紀の終末から一八世紀初頭に登場したのが、金沢城の惣構《そうがまえ》を右近が指揮して造営したという、加賀藩の兵学者による言説であった。これ以前に成立した編纂史料や、同時代史料にはこの言説を裏付ける何らの証跡をも見出せない。さらに一八世紀の終末にかかると、加賀藩士富田景周《とだかげちか》が、右近顕彰の傾向に拍車をかける。景周の著作にはキリシタンとしての右近を意図的に黙殺した形跡が明らかに認められる。バテレン追放令の後ではなく、織田信長の生前、荒木村重《むらしげ》の謀反《むほん》・討滅時に、右近が前田利家に仕えたと、明らかに史実を無視してはばからない。天正十一年（一五八三）に利家が金沢城を接収すると、右近がその縄張を担当したという俗説も、この景周の創作といってよい。バテレン追放令以前の右近、すなわち摂津高槻ないし播磨明石の領主がなぜ、金沢まで下向して他の大名の本拠地の造営を主導するのか、常識的に考えればありえない虚説である。右近を築城の名手にする理解も、昭和に入って景周の著作から類推して創作された想像の産物に過ぎない。

お城アラカルト

金沢城惣構の環境を考える

いなもと　かおり

　金沢城の城下町は、慶長四年（一五九九）に構築された内《うち》惣構《そうがまえ》と、慶長十五年（一六一〇）に構築された外《そと》惣構の二重の堀によって守られた特徴的な構造だ。そんな金沢城の惣構は、江戸時代どのような環境だったのだろうか。

　加賀藩では、一七世紀から惣構を維持管理するための法度をしばしば発しており、堀の秩序を守ろうと重点を置いていたことが窺える。例えば、慶安二年（一六四九）四月に定めた惣構と土居および堀に関する規定では、土居に植わる竹の伐採を禁じ、堀中へのゴミ投棄、また、堀底にある土砂の無秩序な採取を禁じている。興味深いのは、右のような注意を促し、さらには堀を管理する役職や番人まで設けたにも関わらず、ゴミの投棄や土砂の採取は頻発していたようで、その後も二〇〇年にわたって、繰り返し御触れが出ているのだ。

なお、惣構の番人は、惣構の防禦を担う竹の育成管理までも仕事だったようで、堀を荒廃させないために昼夜を通して働く様子が読み取れる。史料をみるだけでも大変そうな仕事だ。

　ちなみに西外惣構跡では、堀の堆積物の自然科学分析が実施されており、当時の水質についても判明している。金沢市埋蔵文化財センターによると、外惣構が構築された初期の頃（一六一〇年前後～一七世紀後葉）と改築した段階（一七世紀末～一八世紀末）の二期の堆積物を分析した結果、どちらの時期も堀の中はほとんど流れのない淀んだ水域であり、汚濁の進んだ富栄養化した水質だったことが確認された。

　以上のことから、江戸時代の惣構は時にはゴミを捨てられ、水も濁り少々臭ったかもしれないが、長期にわたり環境衛生に取り組み続けていたことがわかった。一七世紀中頃を過ぎると城郭防衛線としての役割は失われていき、堀幅も徐々に縮小されていく。もしかしたら当時の人々にとっては、おらが町の誇る城の一部という意識は薄れていたのかもしれない。いつの世も、一人の油断から町の環境は簡単に汚れてしまう。江戸時代、堀にゴミを捨てた君に教えたいものである。

【参考文献】『金沢城　惣構跡Ⅰ』（金沢市埋蔵文化財センター、二〇〇八）

●金沢城を守る要の城

鷹巣城《たかのすじょう》

〔所在地〕金沢市西市瀬町、瀬領町
〔比　高〕約四〇メートル
〔分　類〕山城
〔年　代〕一六世紀
〔城　主〕佐久間盛政、前田利家
〔交通アクセス〕北陸鉄道「上辰巳」停留所下車、徒歩三〇分。または北陸自動車道「金沢森本IC」から車で三〇分。

【立地環境】犀川《さいがわ》と浅野川に挟まれた丘陵上に立地し、その丘陵の西端には金沢城が所在する。富山県南砺市（旧福光町）刀利と金沢市を結ぶ交通の要衝に所在し、主郭の標高は約二四〇メートルである。金沢から越中南部、飛騨北部への要衝として古来「飛越に対し、南を正面とする金沢の番城」といわれてきた。犀川・浅野川に沿う道の押さえとしては最適の位置であり、金沢城の支城として重要な位置にあったと考えられる。

【築城主体】天正四年（一五七六）に上杉謙信に属する平野神右衛門が居城したという。続いて天正八年には、佐久間盛《もり》政《まさ》が改修し、家臣の拓殖《つげ》喜左衛門、郭賀八矢、松本我摩久順次が居城。また、柴田勝家《かついえ》家臣の拝郷家嘉《はいごういえよし》が居城したとも伝わる。天正十三年に佐々成政が攻めたが、前田利家が敗退させたという。ただし、鷹巣城沿道の越中側には佐々軍の山城といえるものは存在しないため、松根城などの加越国境城跡群の前田の城と佐々の城が対峙する形にはなっていない。

【構　造】城郭主要部の西側切岸直上に林道が造成されており、一部損壊している。そのため、文化元年（一八〇四）作図の「鷹巣古城大略分間図」および文政四年（一八二一）に河野通義《つうぎ》が写した「鷹巣山城跡之図」の描画内容を参考にして城郭構造を復元した佐伯の復元案に基づいて解説する。

まず主郭①であるが、現状遺構では東側が開口するが、絵図には北東南側に土塁《どるい》が描かれており、曲輪③とは直接出入りできないようになっている。つまり、曲輪④から主郭①に

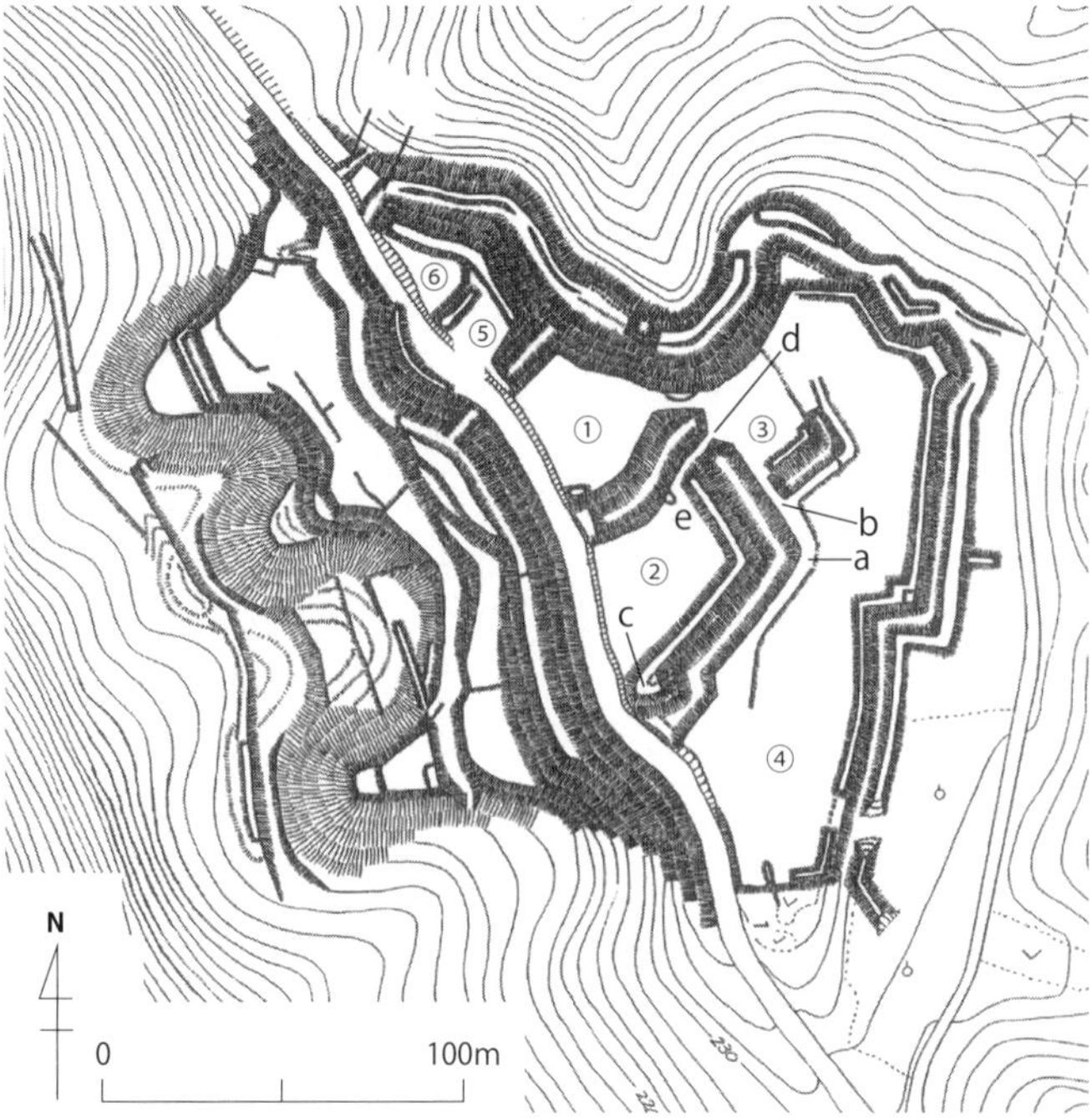

●—鷹巣城縄張図（作図：佐伯哲也）

侵入するためには、曲輪④北西側堀沿いの土塁通路aを通過し土橋《どばし》bで曲輪③に入る。その間、曲輪③および櫓台《やぐらだい》cからの横矢《よこや》に晒される。曲輪②へは土橋dを通過するが、小規模竪堀《たてぼり》eによって折れ構造を呈する虎口《こぐち》となっている。主郭①から曲輪③は見事に連動した計画的な配置となっている。

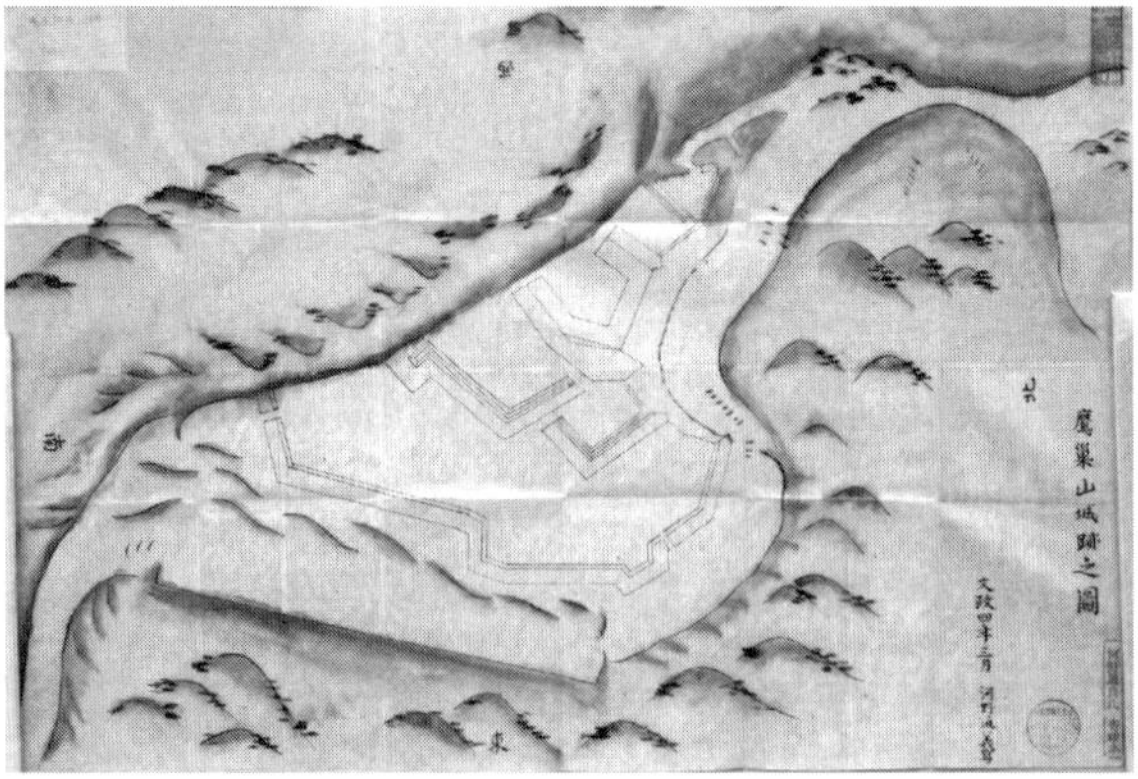

●—「鷹巣山城跡之図」（文政４年，河野通義写，金沢市立玉川図書館蔵）

その周囲を外郭曲輪④およびその塁線の土塁と横堀による総堀が曲輪⑤・⑥も含めた曲輪群を一体化している。曲輪③の北東側は、元は土塁が存在したと推察される。

【年　代】計画的な曲輪の配置や総堀の存在から、伝承にあるように織豊期の築城である可能性が高く、特に天正十二・十三年の前田・佐々の加越国境合戦の際に改築された状態を良好に保っているものと考えられる。

【参考文献】金沢市教育委員会『金沢市鷹巣城址緊急調査報告書』（一九八〇）、佐伯哲也「鷹之巣城」『加賀中世城郭図面集』（桂書房、二〇一七）、佐伯哲也「鷹之巣城」『戦国の北陸動乱と城郭』（戎光祥出版、二〇一七）

（向井裕知）

●加越国境に築かれた街道封鎖の城

松《まつ》根《ね》城《じょう》

〔国史跡〕

〔所在地〕金沢市松根町・竹又町、富山県小矢部市内山
〔比　高〕約一三〇メートル
〔分　類〕山城
〔年　代〕一六世紀
〔城　主〕佐々成政
〔交通アクセス〕北陸自動車道「金沢森本ＩＣ」から車で一五分。または同「小矢部ＩＣ」から二五分。

【加越国境城跡群】　加賀と越中の国境を舞台に繰り広げられた前田利家と佐々成政の争いの痕跡を現在に伝える「加越国境城跡群および道　切山城跡　松根城跡　小原越」は、平成二十七年（二〇一五）十月に国史跡に指定された。この史跡は、城と道を一体的に価値付けして指定された日本で最初の事例であり、きわめて貴重な歴史資産であると評価されている。

ここでいう加越国境とは、おおむね現在の石川県金沢市と富山県小矢部市の県境付近にある旧加賀国と旧越中国の国境を指している。この国境越えには、北陸道のほか、短距離で越中へ到達する複数の山越え道が利用されており、国境付近の沿道に対峙して築かれた山城は現在もその姿を留めるものが多い。

本能寺の変から二年後の天正十二年（一五八四）、織田信長亡き後の天下統一へ向け、羽柴（後の豊臣）秀吉と信長の次男である織田信雄・徳川家康連合軍が尾張（現在の愛知県の小牧《こまき》・長久手《ながくて》で争った。当初秀吉方であった越中の佐々成政は、この合戦の後反秀吉へと方針転換し、同年八月に秀吉方である前田利家家臣の村井長頼《ながより》が守る朝日山城を攻撃するも失敗する。そして、九月には奥村永福《ながとみ》が守る末森城（宝達志水町）を攻撃するが、これも利家の援軍によって失敗してしまう。天正十三年になると、両者が国境付近への侵入を繰り返す中、前田勢が優勢になりつつあったが、秀吉遠征軍の登場によって成政は降伏したのである。この後、越中の西半

分が利家の長男利長《としなが》に与えられたことで、加越国境付近の緊張状態は解消され、城郭群は不要になったと考えられる。

【立地と歴史】　加賀と越中の国境、砺波《となみ》丘陵のもっとも高い尾根筋である標高三〇八メートルの山頂部を中心に造成されており、加賀平野や砺波平野への眺望がとても良好である。

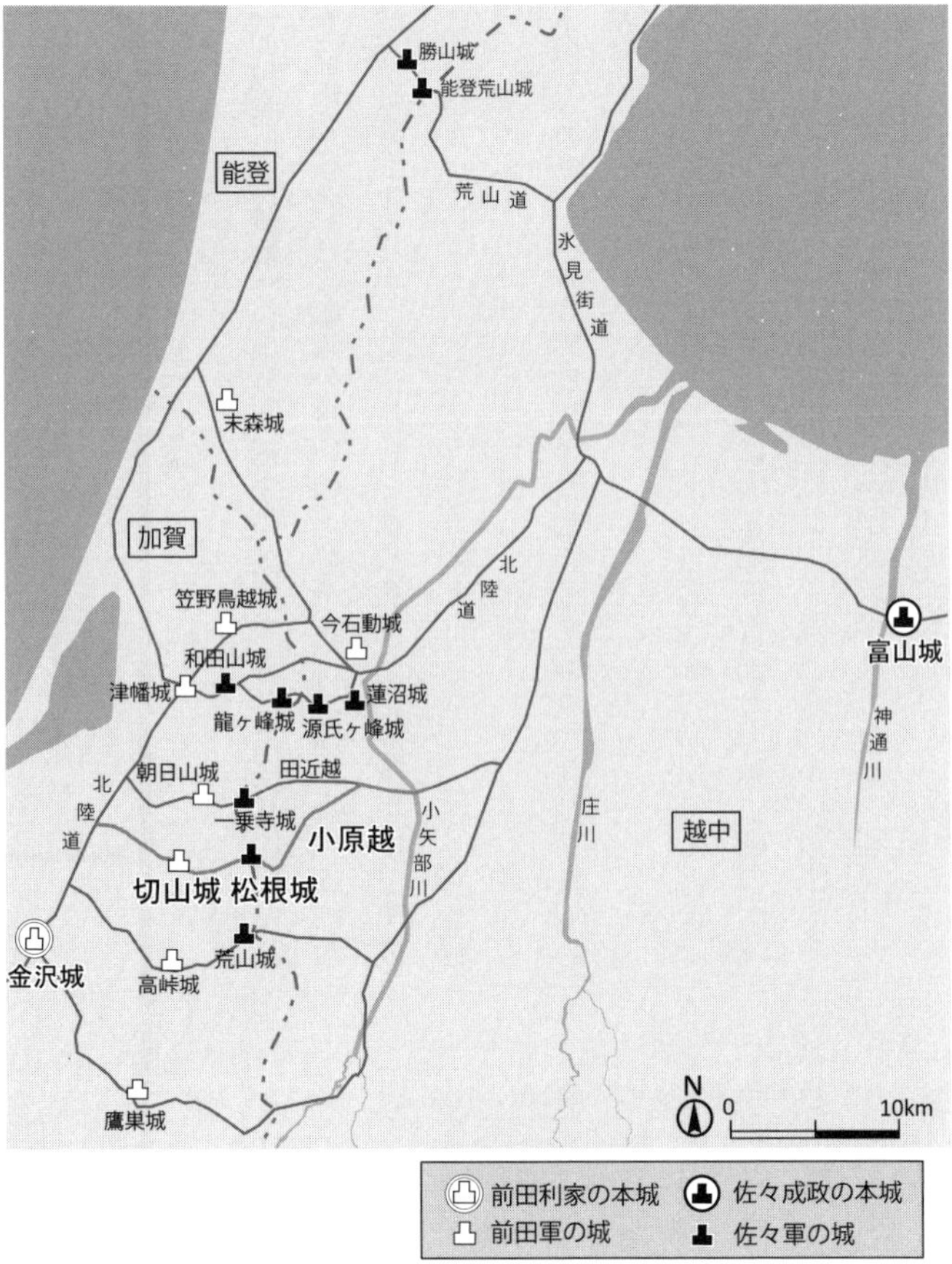

●―加越能国境城跡群と街道（金沢市埋蔵文化財センター提供）

文献史料では、南北朝時代の貞治二年（一三六三）と応安二年（一三六九）の古文書に「松根之陣」などとあり、江戸時代の書上帳や地誌類には、源平合戦に登場する源義仲や加賀一向一揆《いっこういっき》の武将である洲崎兵庫、戦国時代末期の佐々成政《さっさなりまさ》の城と記載されている。

【構　造】　城は南北四四〇メートル、東西一四〇メートルの規模があり、曲輪、切岸《きりぎし》、堀切《ほりきり》、横堀、土塁《どるい》、櫓台《やぐらだい》、虎口《こぐち》などから構成されている。主郭は南北約三〇メートル、東西約三〇メートルの不整形な平坦面を呈す。主郭と土橋《どばし》などで接続する曲輪群とそれらを囲む横堀、曲輪間を分断する堀切、城郭の北端と西端を遮断する大堀切によって構成され、外枡形《そとますがた》虎口や馬出《うまだし》を随所に配置している。主郭南西隅の張出しは内枡形状になっており、その南側には定型化前の馬出が配されている。主郭南側の曲輪南端には外枡形を設け、その南側の曲輪南東には馬出を設けて防御力を向上させている。大堀切が加賀側に認められることから、前田方からの侵攻に備えた佐々成政方の築造もし

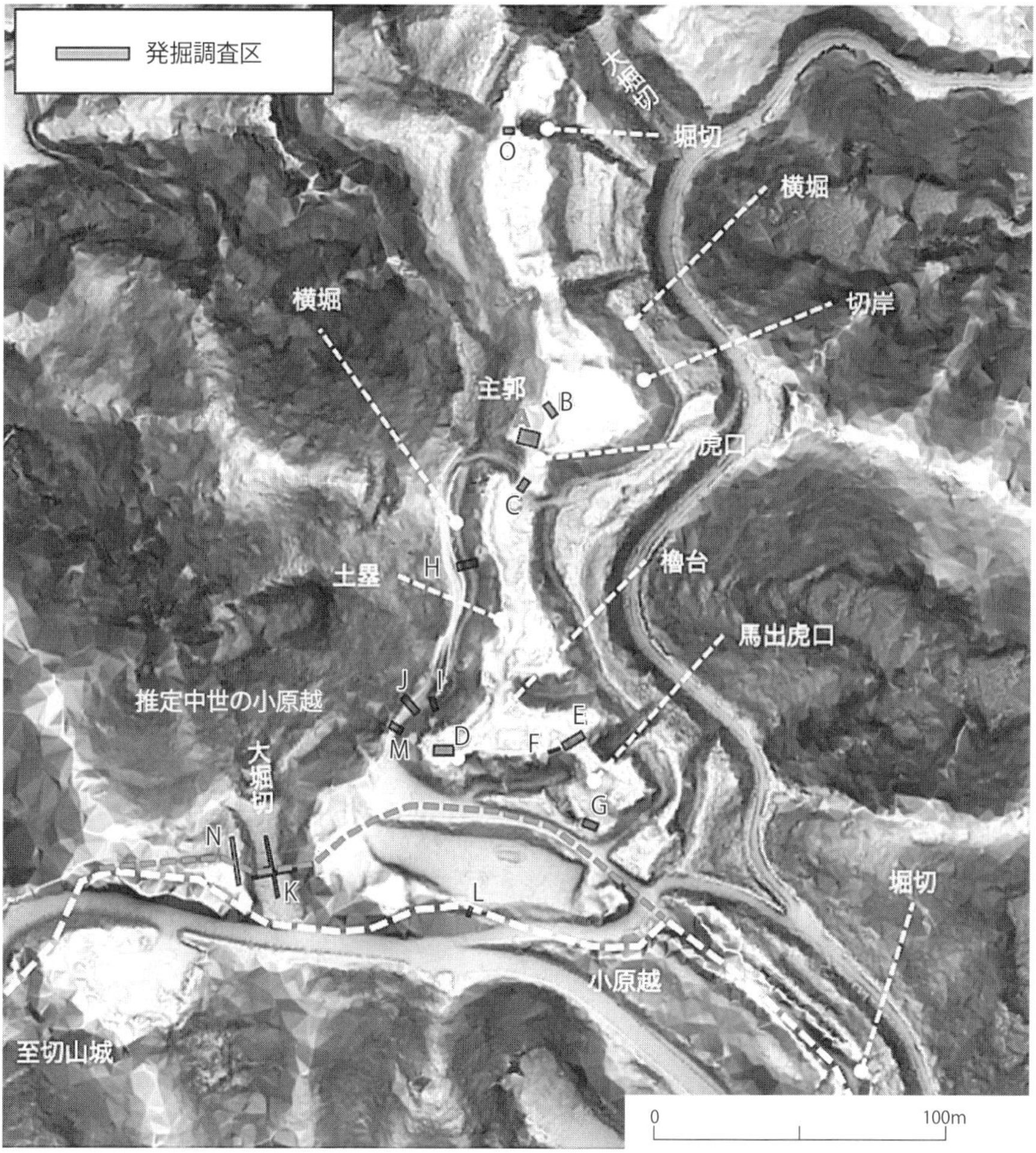

●—松根城立体図（金沢市埋蔵文化財センター提供）

くは改修を示しているものと考えられる。

【発掘調査】　発掘調査によって、門跡や小原越跡、堀切、堀底、盛土跡などが確認され、一六世紀後葉の土師器《はじき》皿や越前焼甕、珠洲《すず》焼甕のほか、九世紀頃の灰釉《かいゆう》陶器や一三〜一四世紀頃の土師器皿、鉄釘なども出土した。複数時期に使用された複合遺跡であるが、現在残る遺構は一六世紀後葉のもので、前田・佐々による抗争時期とおおむね一致していることがわかった。

　また、旧小原越を初めて発掘で確認できた。幅約〇・五〜一メートルの旧道を二本確認しており、大堀切で遮断されていることから、戦国時代末を遡る道跡と考えられる。これは、山城が軍事的に道路を切断したことを初めて確認した事例といえ、加賀側からの侵攻を防ぐために小原越を切断する幅約二五メートルの堀を構築していることから、小原越を戦時封鎖した可能性が考えられる。これによって、今後は加越国境城跡群を検討する際には、「街道封鎖」を念頭に置くことが必要となった。

【戦時封鎖された小原越】　小原越は、松根城跡の調査で尾根筋に旧小原越と考えられる道跡がみつかったことを受け、切山・松根両城跡間の小原越が推定される尾根筋についても発掘をした。その結果、旧小原越と考えられる道跡がみつかったことにより、中世段階の小原越は基本的には尾根道であると判断される。そして、近世から近代にかけては現況遺構にみえる幅が狭い道から、荷車などが通るための幅が広い道へと変遷したことが推察される。

【加越国境城跡群の特徴】　切山・松根の両城では、過渡的な形態の馬出を備えている。両城跡の年代が城郭構造と出土遺物、文献などから天正十二・十三年にほぼ限られることから、これまで織豊系城郭の馬出は東国の北条や武田の技術系譜上に成立したとされることが多かったが、独自に外枡形の

●—西側大堀切（東より、奥が城）（金沢市埋蔵文化財センター提供）

●—西側大堀切内部の土塁と堀（下は断面）（金沢市埋蔵文化財センター提供）

●—礎石建物の城門跡（E 調査区）（金沢市埋蔵文化財センター提供）

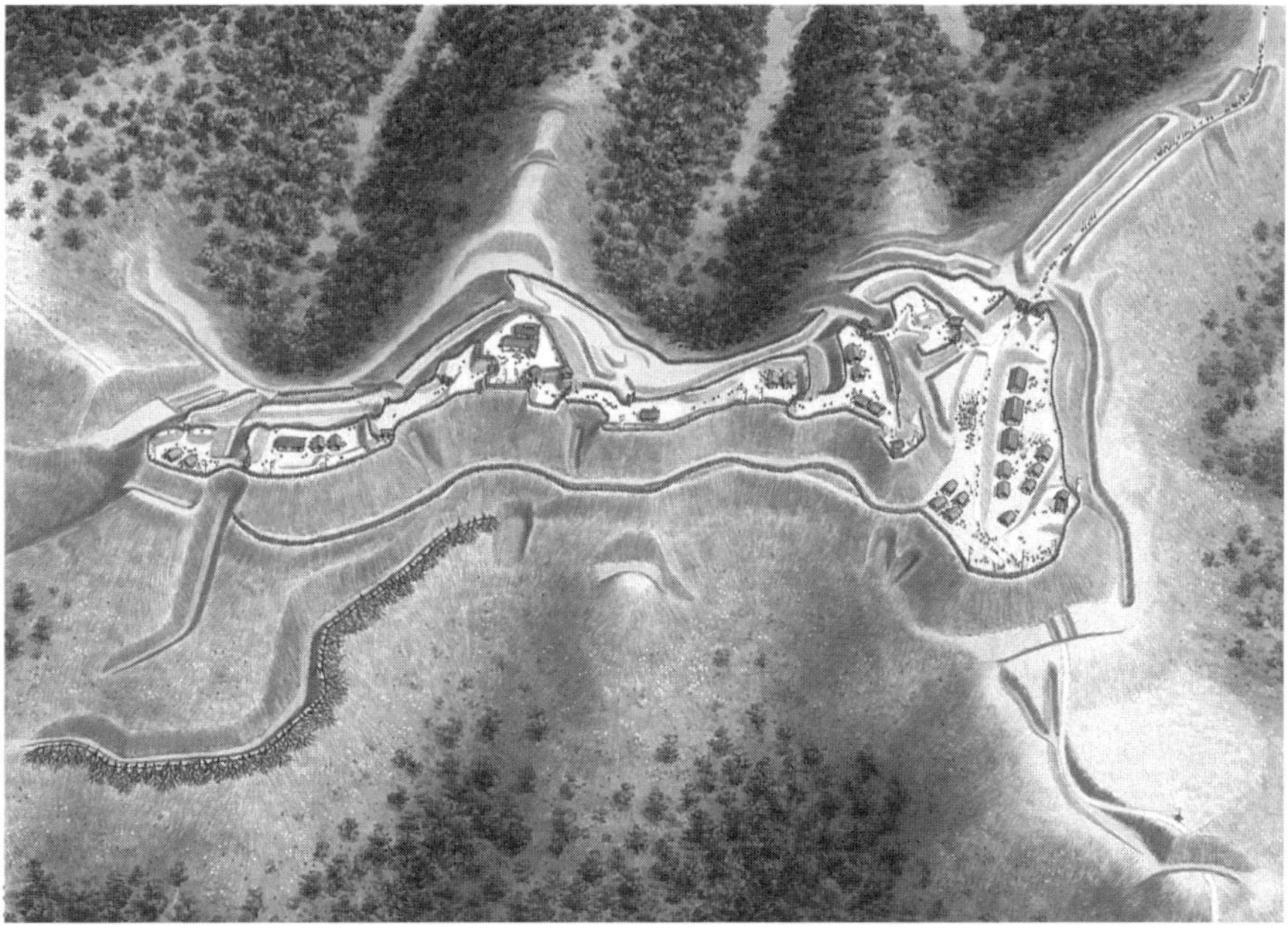

●—松根城復元イラスト（画：香川元太郎，監修：千田嘉博，金沢市埋蔵文化財センター提供）

知識を基礎にしながら馬出が成立する過程が判明する希有な城郭群と位置づけることができ、織豊系城郭による近世城郭の成立過程を実証的に知る上での貴重な資料であり、城郭プランの変遷を把握する標識遺跡になると評価できる。

また、城と道の関連については、城郭が主要街道を封鎖していると判断され、具体的な遺構として城郭と道の関係に新たな視点を示すとともに、当時の加越国境における緊迫した状況を伝える遺構群だといえる。

城郭群は広範囲に分布しているが、金沢市域には小原越の切山・松根、二俣越の高峠・荒山、田近越の朝日山の各城跡が所在している。城郭を比較すると、越中側に所在する推定佐々方城郭は規模が大きく、高度な縄張技術を駆使しているのに対して、加賀側に所在する推定前田方の城郭はそうではない。秀吉は、成政が山（加越国境付近か）を占拠したからといって、軽率な行動は慎むように利家に厳命している。約四〇〇年の時を超えて現在に残された城郭群の構造が、すでに味方がなく孤立した成政と秀吉の援軍を待つ利家の政治的状況を示しているのかもしれない。

【参考文献】『加越国境城郭群と古道調査報告書』（金沢市埋蔵文化財センター、二〇一四）、佐伯哲也「松根城跡」『加賀中世城郭図面集』（桂書房、二〇一七）

（向井裕知）

●石臼の大量出土は何を物語るのか

朝日山城《あさひやまじょう》

〔所在地〕金沢市加賀朝日町
〔比　高〕約六〇メートル
〔分　類〕山城
〔年　代〕一六世紀
〔城　主〕前田利家、不破彦三
〔交通アクセス〕JR北陸本線「金沢駅」からJRバス「深谷元湯」停留所下車、徒歩六〇分。または北陸自動車道「金沢森本IC」から車で七分。

【加越国境城跡群】　朝日山城跡はまだ未指定ながら、加賀と越中の国境を舞台に繰り広げられた前田利家と佐々成政《さっさなりまさ》の争いの痕跡を現在に伝える加越国境城跡群に含まれ、富山県小矢部《おやべ》市の一乗寺城跡と田近越《たぢかごえ》を介して対峙している。

【特　徴】　朝日山城は金沢市域北部花園地区の山間部に位置し、最頂部の標高は約一九六メートルである。城跡の南側には加賀と越中を結ぶ古道「田近越」が走り、城はこの古道を城内に取り込む、もしくは遮断することで道の掌握を図っている。田近越は金沢市今町付近で北陸道から分岐し、尾根道を通り、小矢部市の五郎丸《ごろうまる》・末友《すえとも》にいたる脇街道である。一二一頁で触れた脇街道「小原越」同様に、倶利伽羅《くりから》峠を通過する北陸道よりも短い距離で加賀—越中間を結ぶために、軍事的に非常に重要なルートであった。なお、昭和五十年（一九七五）頃に主郭の西側で土砂採取が行われ、一部は破壊されたが、市教育委員会の指導によりその後は難を逃れていた。

【歴　史】　朝日山城跡に関する記録が最初に登場するのは天正元年（一五七三）である。上杉謙信は一向一揆《いっこういっき》との争いで朝日山を攻め、一向一揆軍は激しく鉄砲を浴びせかけ撃退したという同時代史料が残っている。記載は朝日山であるが、おそらく朝日山城のことであろう。次に登場するのは天正十二年である。前田利家と佐々成政の戦いで、佐々軍が前田方の城である朝日山城を攻めたという近世の記録がある。このとき朝日山は利家の重臣・村井長頼《ながより》が守ったとされている。この戦いを期に前田対佐々の抗争が本格化し、朝日山城攻め

●—朝日山城遠景

に失敗した佐々軍は次に末森城を攻める。末森城攻めも失敗に終わった佐々軍は、その後徐々に勢力を弱め、天正十三年には羽柴（後の豊臣）秀吉に降伏することとなる。前田利家は佐々成政の越中西半部を領土に加えることで、加越国境沿いに位置する城郭は不要になり、朝日山城を含むそれらの城郭は近いうちに廃城したと考えられる。

【構　造】　本城は、もっとも西側に位置する主郭①を含めた三つの曲輪④、⑤から構成されている。それぞれの曲輪は、土橋《どばし》による連結はなく、堀切《ほりきり》によって遮断されている。城域のもっとも東側には大きな堀切があり、当時は田近越を遮断していたと考えられる。その堀切の西側に位置する曲輪には堀切に面して土塁《どるい》が築かれており、越中側からの攻撃に備えていたことがわかる。また、北側には帯《おび》曲輪がある。発掘調査時の測量により、主郭南西隅に櫓台《やぐらだい》と考えられる突出部aを確認した。曲輪②から曲輪③そして主郭①へ至るルートの直上にあたり、曲輪②から主郭への虎口《こぐち》を防御する機能をもつと考えられる。なお、曲輪②は、外枡形《そとますがた》虎口の可能性が考えられる。西側から南側にかけて損壊しており、詳細不明であるが、切山城主郭西側の外枡形と近い形状をしており、立地的にも可能性はあると考えられる。

【発掘調査】　主郭では土塁、焼土坑、集石遺構、盛土などが

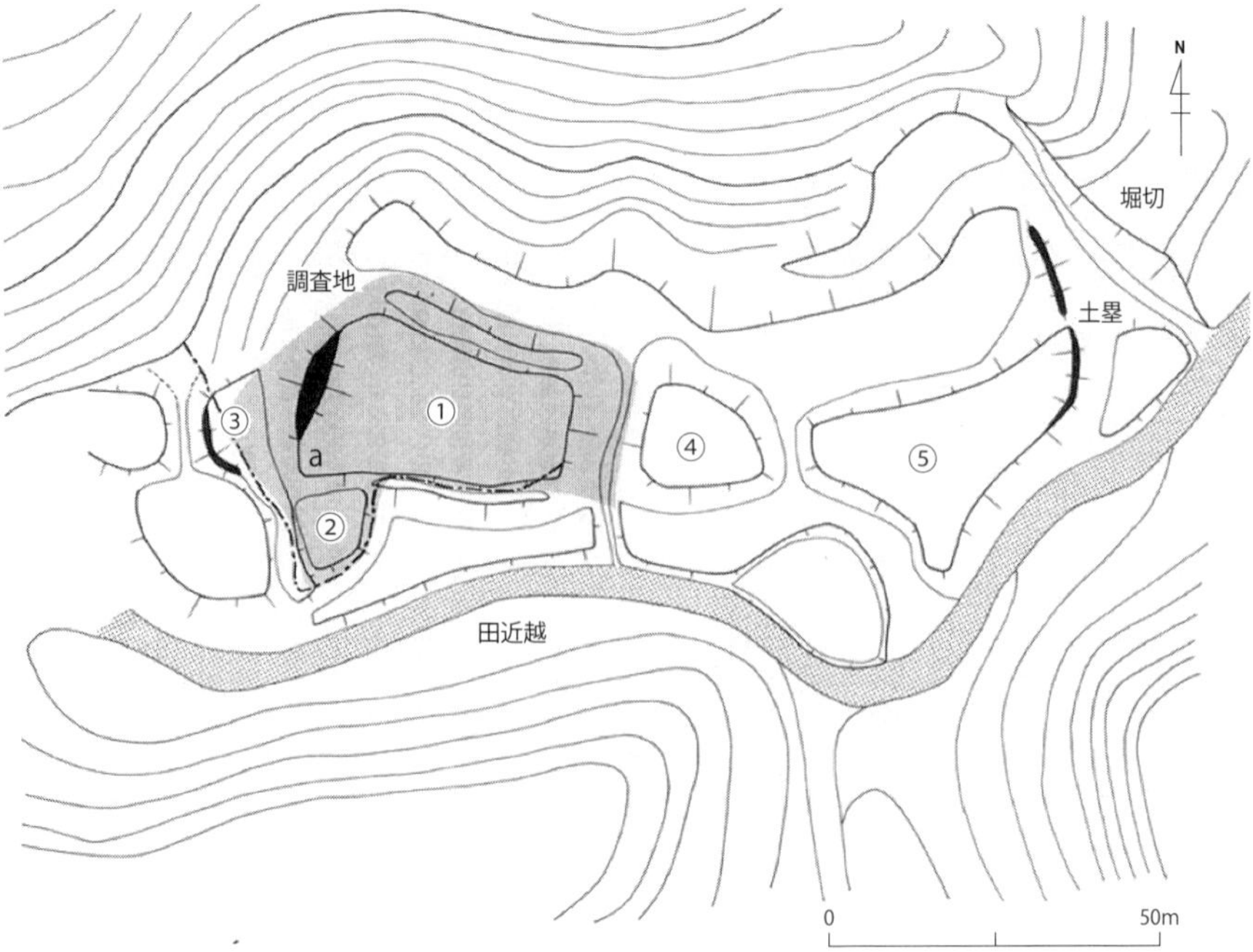

●—朝日山城縄張図（金沢市埋蔵文化財センター 2004 より）

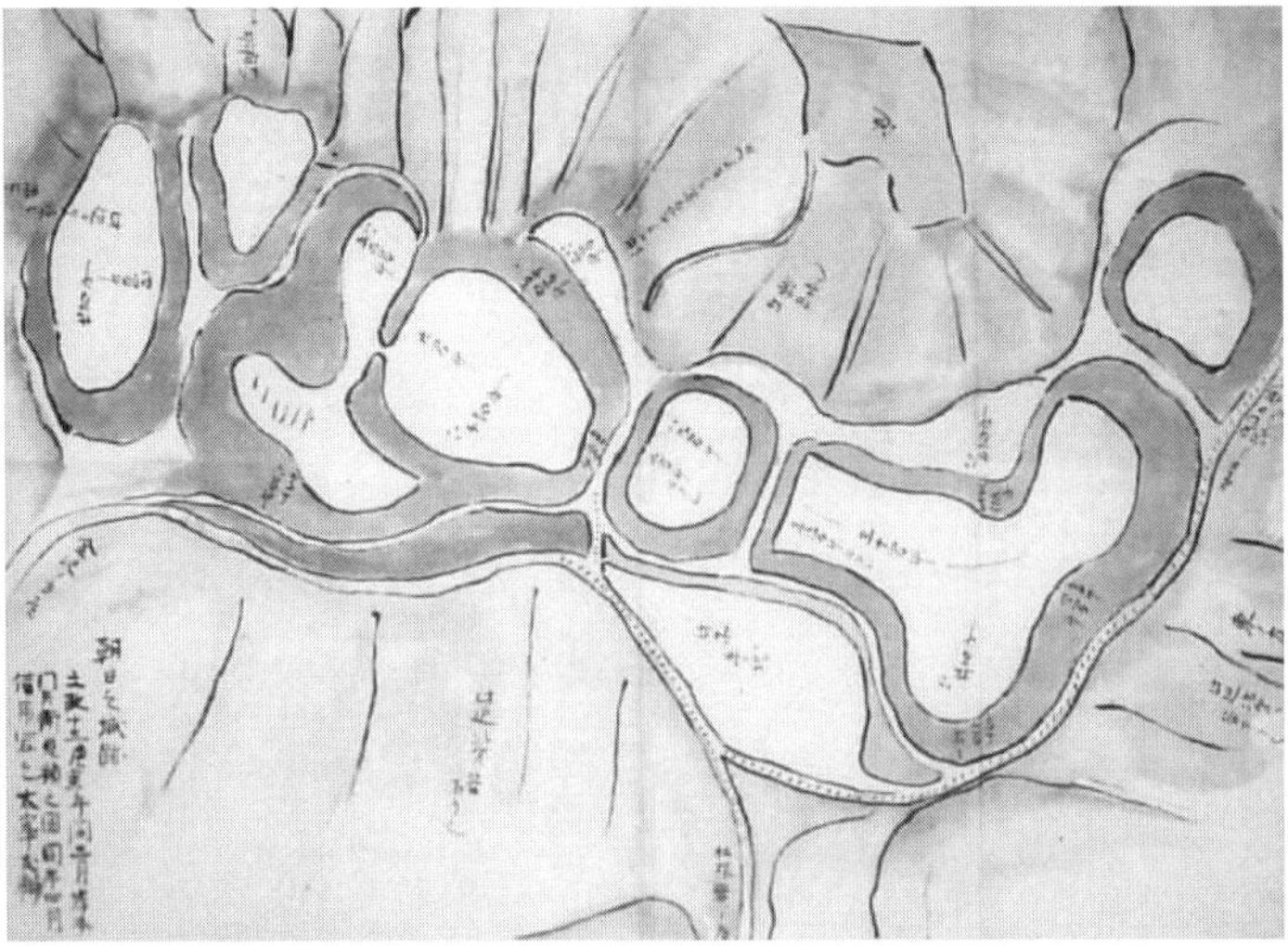

●—朝日山城跡絵図（文政 13 年，画像提供：西ヶ谷恭弘）

みつかった。建物の柱穴や礎石の痕跡はみつからなかったが、明確な穴は北東部分に集中している。平坦地は炭化物を含む盛土により造成されており、主郭南辺では約一・七メートル、東辺は約一・三メートルの盛土が確認できた。主郭の北東部に集中して焼土坑を検出しており、炭や焼土に混じって古銭が出土している。また、南西隅のａ付近で検出した集石遺構ＳＸ〇三は約八〇㌢×約六〇㌢の範囲に石臼《いしうす》や自然石が集められている。土塁は西側に一部残っており、高さ約八〇㌢、幅約三㍍の盛土を確認した。現在は開墾によりその一部しか残っていないが、当時は高さ、幅ともに一㍍ほどの土塁があったという。

主郭南側の曲輪②でも南東隅に集石を確認している。

主郭西側の曲輪③では、表土から珠洲焼や越前焼、粉挽き臼、茶臼が出土した。主郭からの斜面には約五㍍×二㍍の長方形プランを呈する集石遺構ＳＸ〇一があり、粉挽き臼や茶臼、珠洲焼が出土した。なお、昭和二十年前後に主郭で開墾時に出た石を当遺構周辺に捨てたと地域住民から聞き取っており、集石はそのときのものである可能性がある。しかし、遺構中からは近世以降の遺物は混ざらず、また虎口《こぐち》周辺の石組を崩したのではないかという指摘もあり、その帰属につい

●—堀底に突き刺した越前焼の甕片（金沢市埋蔵文化財センター提供）

●—出土した石臼（金沢市埋蔵文化財センター提供）

ては判然としない。

主郭と東側曲輪④を分断する堀切の堀底は、現在の地表面から約一・二メートルの深さで地山が確認されている。覆土の大半は混合物が少ない地山質であるため、破城の際に一度に堀を埋め戻した土と推察される。最下層でみつかった越前焼の甕の体部片を地面に方形に突き刺した遺構ＳＸ〇二は、体部片五片で三辺を構成し、一辺は石を用いている。五片の内四片は接合する。堀機能時もしくは埋め立て時の祭祀行為であろうか。なお、堀底から主郭へは約六・四メートルの高低差があり、斜面は約四五度の角度がある。

【謎の石臼】　発掘調査で出土した土師器皿と越前焼の年代は、記録に残る天正年間（一五七三―九二）を含む時期であることが明らかとなった。また、主郭の盛土造成の規模が大きいことがわかった。しかしながら、建物跡をみつけることができず、古銭が出土した焼土坑群の性格についても不明であり、今後に課題を残すこととなった。また、土器の出土量の少なさは短期間の使用に起因すると考えられ、戦時中のみ使用した砦としての性格を示していると考えられる。ただし、臼類の出土量の多さには目を見張るものがあり、その使用実態については不明であるが、通常の使用法というよりも特殊な事情を感じさせる。粉挽き臼はその大半が角礫凝灰《かくれきぎょうかい》岩《がん》製で質の悪いものであり、茶臼にも用いている。また、茶臼の大部分は砂岩を採用しており、これも良質とはいえない。なぜ、他の遺跡から出土する石臼よりも材質が粗悪であるのか。その理由としては、粗悪な材だが安価なものを大量に作らせたため、石臼を購入するのではなく、徴収したために材質の悪いものが集まったなどが考えられるが、その詳細は不明である。なお、石臼が大量に必要であった理由には火薬製造に用いたという説があるが、事例の増加と検討が必要である。

以上、各遺構の性格や石製品の使用法など不明な点が多いが、発掘調査例の乏しい加賀・越中国境沿いに立地する山城の実態を探るうえで貴重な事例といえよう。

【参考文献】三輪茂雄『粉と臼』（大巧社、一九九九）、『市内城館跡調査報告書』（金沢市埋蔵文化財センター、二〇〇四）、佐伯哲也「朝日山城跡」『加賀中世城郭図面集』（桂書房、二〇一七）（向井裕知）

●街道を城郭化した城

切《きり》山《やま》城《じょう》

〔国史跡〕

〔所在地〕金沢市桐山町・宮野町
〔比　高〕約七〇メートル
〔分　類〕山城
〔年　代〕一六世紀
〔城　主〕前田利家、不破彦三
〔交通アクセス〕JR北陸本線「金沢駅」から西日本JRバス「不動寺」停留所下車、徒歩四〇分。または北陸自動車道「金沢森本IC」から車で一〇分。

【加越国境城跡群】　加賀と越中の国境を舞台に繰り広げられた前田利家と佐々成政《さっさなりまさ》の争いの痕跡を現在に伝える「加越国境城跡群及び道」は、平成二十七年（二〇一五）十月に国史跡に指定された。この史跡は、城と道を一体的に価値付けして指定された日本で最初の事例であり、きわめて貴重な歴史資産であると評価されている。

【立　地】　加賀と越中の国境からやや加賀よりに位置する森《もり》下《もと》川と切山《きりやま》川、清水谷《しみずだに》川に挟まれた標高一三九メートルの尾根頂部を中心に造成されており、国境付近や南方の森下川への眺望が良好である。不破彦三（前田家家臣）の城と伝わる。

【構　造】　城は南北二五〇メートル、東西二〇〇メートルの規模があり、曲輪、切岸《きりぎし》、堀切《ほりきり》、竪堀《たてぼり》、横堀、土塁《どるい》、櫓台《やぐらだい》、虎口《こぐち》などから構成されている。主郭は南北約二五メートル、東西約三〇メートルの不整形な平坦面を呈す。主郭周辺の曲輪群は過渡的な様相を示す馬出《うまだし》と連続する外枡形《そとますがた》、切岸と横堀を採用しており、高い防御力を備え、松根城に比べてコンパクトな造りであるが、一六世紀終わり頃の特徴がよくみられる。また、城郭によって旧小原越が遮断されている可能性が高く、城郭の南側切岸に沿って残っている掘り割り遺構は、当初の小原越ではなく、城の横堀であったことが発掘調査の成果によってほぼ確実である。松根城側に大規模な堀を設置してあることから、越中側からの侵攻を強く意識した構造と考えられる。

城内への虎口は加賀側からの進入路が明確である。越中側から堀を破って入った敵は恐らく城内に設置された通路もし

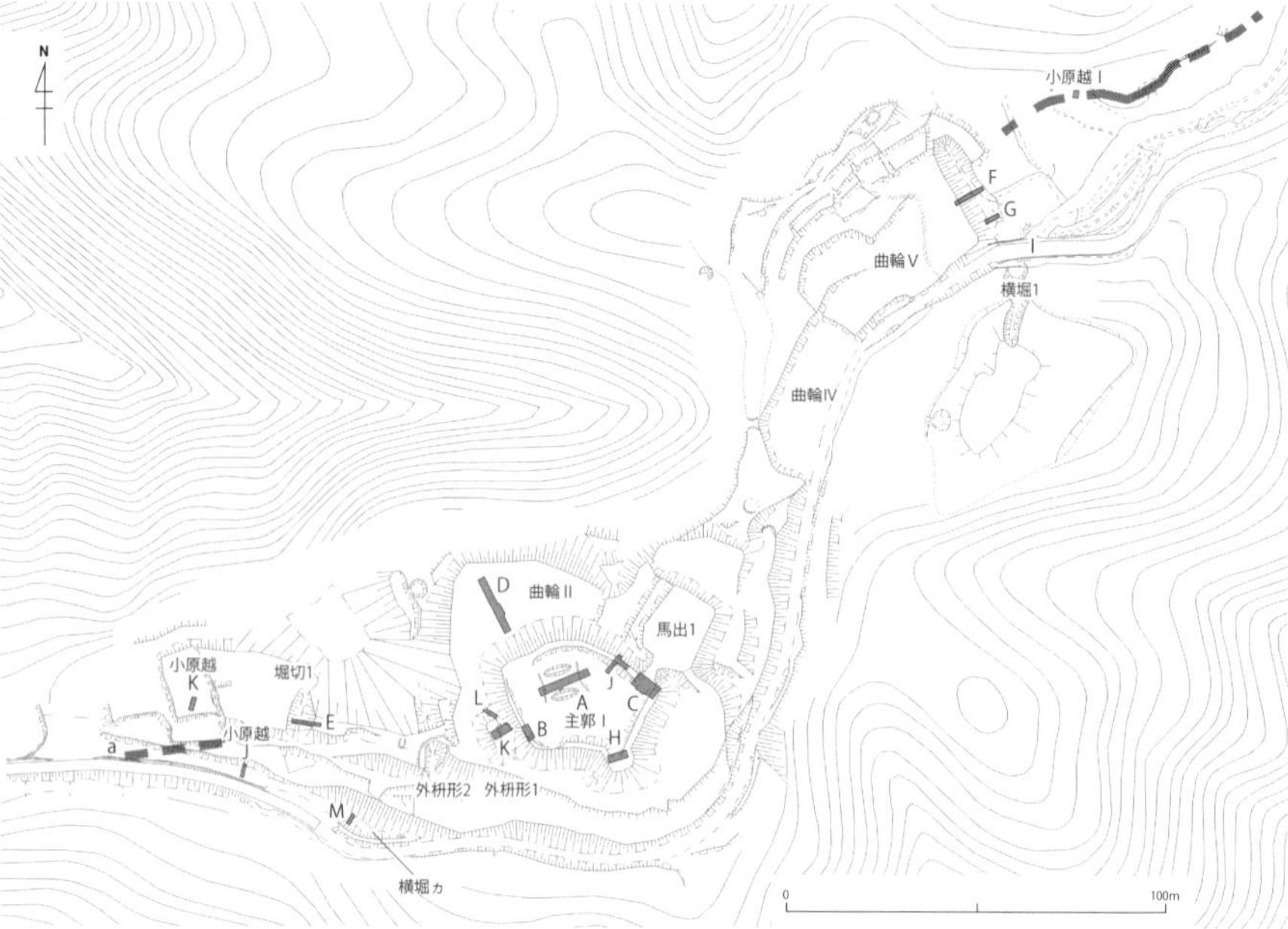

●—切山城測量図と発掘調査箇所（金沢市埋蔵文化財センター 2014 より転載，一部改変）

●—切山城復元イラスト（画：香川元太郎，監修：千田嘉博，金沢市埋蔵文化財センター提供）

くは推定横堀を南進し、そのまま主郭南側の切岸を西に進むことになるが、終始上方からの攻撃に晒されることになる。aから侵入した敵軍は城郭西端の堀切1を突き進んだとしても、連続の外枡形虎口1・2によって行く手を阻まれることであろう。主郭西側にも外枡形虎口が取り付いており主郭への侵入を困難にしている。目を主郭東側に転じると、周囲に堀は持たないが、馬出状の虎口が備えられている。越中側から直接城郭東側に攻め込む敵軍に対しては、この馬出1で対抗した。切山城はコンパクトな城郭ながらも、当時の最先端の城郭技術を駆使して造営されたといえる。

●—礎石建物の城門跡（C調査区）（金沢市埋蔵文化財センター提供）

【発掘調査】　発掘調査によって、石敷きや土間状の整地面をもつ礎石立ちの城門跡、土塁上の柵・塀跡、穴跡、焼土跡、溝跡、盛土跡などが確認され、火縄銃の弾丸と考えられる鉛玉や土師器《はじき》皿、粉引臼《こびきうす》、砥石などが出土している。鉛同位体分析によって、鉛玉の原料はタイのソントー鉱山産の鉛である可能性が高く、一六世紀後半〜一七世紀前葉頃に流通していたことから城の時期比定を補強する。城門およびその脇を固める土塁上の柵・塀、整地土などによって、緊張状態時に臨時的に築かれたと考えられる砦的な織豊系城郭（織田信長・豊臣秀吉およびその配下の諸大名が建設した城郭の総称）の城門の姿が明らかとなった。

【城郭化した道】　切山城の史跡整備に伴い実施した城内およびその周辺の下草刈りによって、特にこれまでは小原越遺構のみとして認識していた城外の部分で注目すべき成果があった。それは、切山城内の切岸の形状と現状では城外とされる小原越の掘割遺構の形状の類似性である。二重の堀とも見紛うような遺構が確認でき、防御的な観点や城域の認識について再検討すべきものと考えられ、本書一三四頁の春風亭昇太氏（加越国境城跡群及び道調査整備指導委員会顧問）のコラムに詳しく、ご参照願いたい。

【参考文献】『加越国境城郭群と古道調査報告書』（金沢市埋蔵文化財センター、二〇一四）、佐伯哲也「切山城跡」『加賀中世城郭図面集』（桂書房、二〇一七）

（向井裕知）

お城アラカルト

城と道

春風亭昇太

石川県と富山県の県境に、国指定史跡「加越国境城跡群及び道」がある。この史跡は天正十二年（一五八四）豊臣秀吉と徳川家康、織田信雄が争った小牧《こまき》・長久手《ながくて》の戦いの影響で、佐々成政と前田利家が越中と加賀を結ぶ道に向かい合うように互いがいくつもの城を造って対峙したという経緯はこの本でも紹介の通りだ。

良好に遺構が残り、観るたびに整備が進み、見やすくそして興味深い史跡となっている。

街道を制するために造られた城跡群の中の一つである切山城は敵対する佐々成政の松根城に向かって造られた前田方の城と考えられ、越中と加賀を結ぶ小原越《おはらごえ》が切山城の南側を沿うように城の切岸《きりぎし》の真下を通っていて、ここを通過しようとする越中側から来た者はすべて切山城の各曲輪からの攻撃を覚悟しなければならない。そしてそこに到達するまでの道にも小原越を遮断するように両側の山の斜面に竪堀《たてぼり》を穿ち、斜面から侵入しようとする者を阻止している。

山道は尾根筋に造られることが多いことを考えると、築城時に尾根にあった小原越を意図的に切山城の脇を通すことで防御性を高めるために改変したことも考えられる。

そして、ここの竪堀が切山城の現在指定されている城域の東端ということになるが、ここで注目したいのはさらにその東側に延びる小原越の地形と景観である。

近年、下草刈りが実施され、小原越を示す掘割遺構があらわになったが、この場所には切山城主郭の北側のピークから下る尾根が小原越を上から見下ろすように延びている。この風景はまさに切山城の切岸直下を通る小原越の姿と同じで、この場所の小原越に逆茂木《さかもぎ》でも置けば、越中方面からの敵は前進を阻まれて尾根上からの兵達による頭上攻撃は容易なものになる。

この箇所が城郭遺構であるかないかは別にして、この場所を防御のポイントとして使わないことは考えにくい。そして城郭の一部だと考えると現在想定されている城域は東に数百《メートル》延びることになるのだが、そもそも城を恒久的に使う目的でないこの手の城の築城者に城域という概念があったのか？なんてことも頭をよぎる……。

整備されたこの箇所の小原越がいつの時代の形なのかは特定されていないが、形状的にはまるで二重土塁《どるい》のようで、堀底状の地形が小原越ということになる。天正期にもこのような形で小原越があったとしたら道を城の縄張に取り入れ、城と同化させている姿が想像される。

築城時の小原越の改変の有無、城域、天正期の小原越の姿……などなど、切山城を見学しているとさまざまなことが頭に浮かんでくる。

城と道の今後の調査、研究が待たれる楽しみな遺構だ。

●—整備された小原越，まるで二重土塁のようだ

●—切山城東側に所在する掘割り道の小原越（写真上）と切山城の横堀（写真下），両者を比べても城郭遺構として遜色ないことがわかる

●街道を封鎖した前田の城

高《たか》峠《とうげ》城《じょう》

〔所在地〕金沢市不室町・柚木町
〔比　高〕約一三〇メートル
〔分　類〕山城
〔年　代〕一六世紀
〔城　主〕前田利家、不破彦三
〔交通アクセス〕ＪＲ北陸本線「金沢駅」から加越能バス「二俣」停留所下車、徒歩三〇分。または北陸自動車道「金沢森本ＩＣ」から車二〇分。

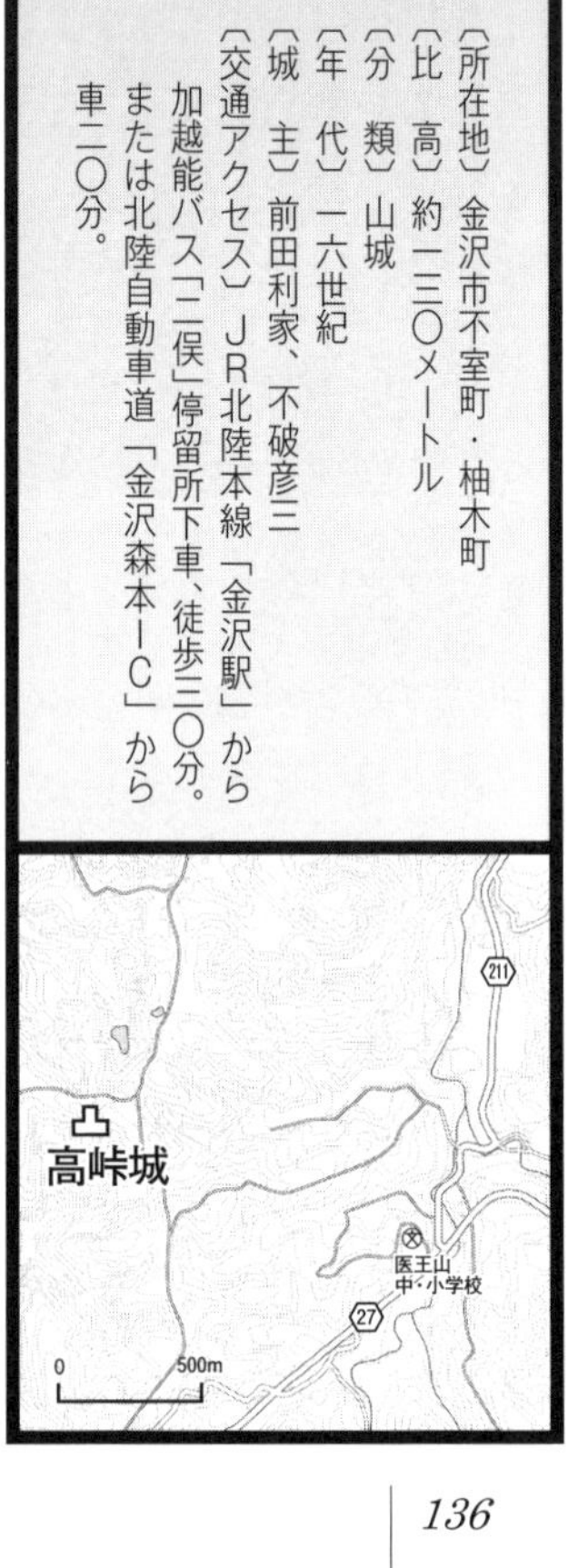

【加越国境城跡群】　高峠城は、二俣越を掌握しており、二俣越を越中方面へ東進すると荒山城が所在し、対峙している。二俣越は、松根城や切山城が掌握する小原越より南側に位置し、同様に加賀と越中を結ぶ脇街道である。天正十二（一五八四）、十三年の前田、佐々の戦いで使用された前田方の城と想定される。

【構　造】　標高二二一メートルの尾根頂部を中心に、おおむね南北一〇〇メートル、東西一五〇メートルの範囲にL字状に造成されており、主郭①、曲輪②〜④、堀切《ほりきり》、虎口《こぐち》、櫓台《やぐらだい》、切岸《きりぎし》で構成される平坦地と堀切による単純な構造の山城である。主郭は南北約一五メートル、東西約二〇メートルの不整形を呈する。主郭西側の虎口は内枡形《うちますがた》の可能性があるが、判然とはしない。城の北側で二俣越を掌握するが、二俣越が延びる尾根に対する堀切は存在しない。この二俣越を越中側に進軍すると荒山城に至る。

【発掘調査】　発掘調査によって、柱の据え位置を加工した礎石状のものや平坦地造成の盛土などが確認されるとともに、一六世紀後半の土師器《はじき》皿および一六世紀末の中国漳州窯《しょうしゅうよう》系の青花碗が出土したことから城の年代が考古学的に明らかとなった。荒山城との関係から前田・佐々の抗争時に築城もしくは改築された可能性が指摘されていたが、出土遺物が平坦地の盛土中から出土したことで、盛土造成の下限年代が押さえられたことは大きな成果といえる。

【参考文献】　佐伯哲也「高峠城跡」『加賀中世城郭図面集』（桂書房二〇一七）

（向井裕知）

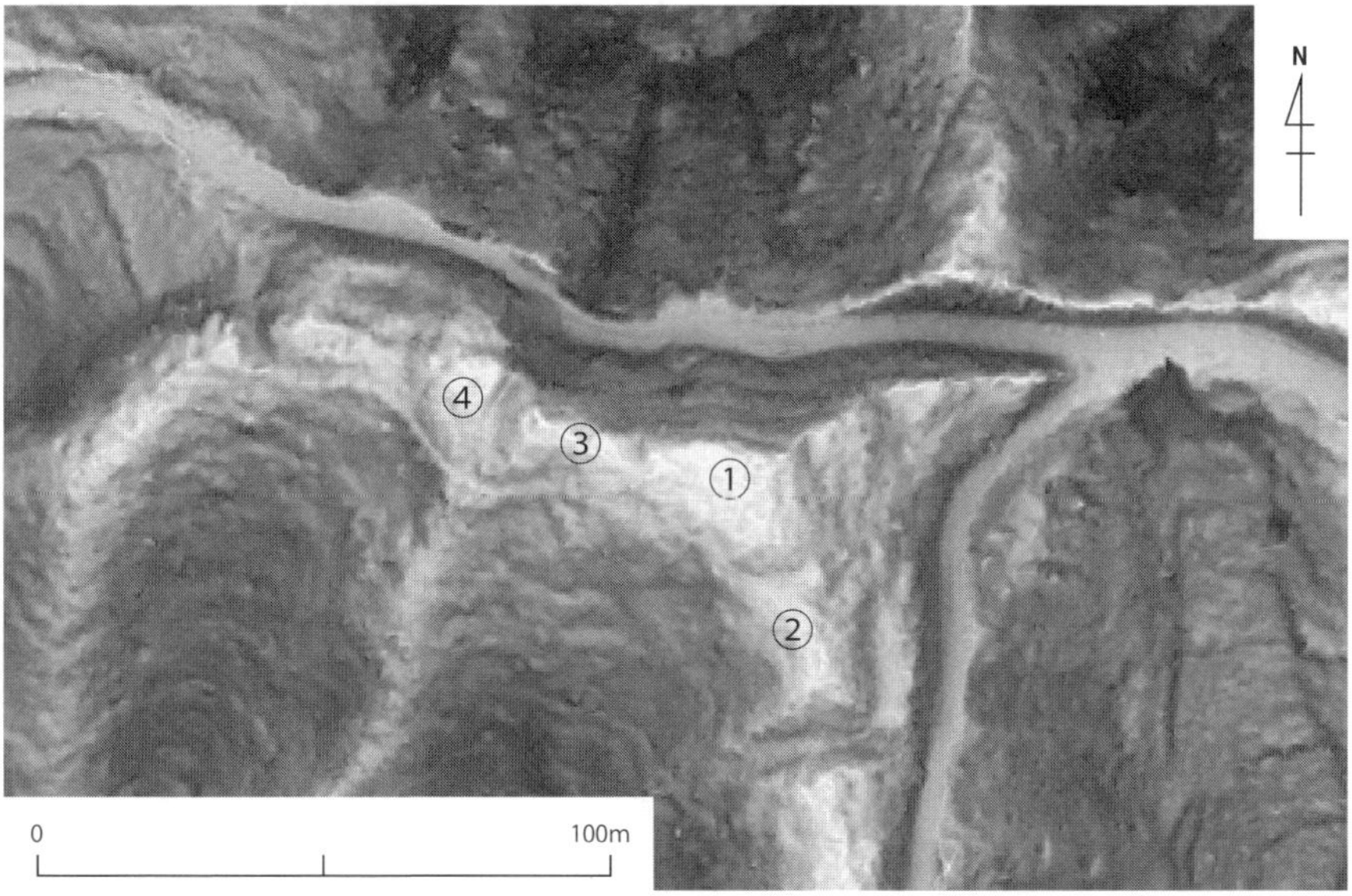

●—高峠城立体図（金沢市埋蔵文化財センター提供）

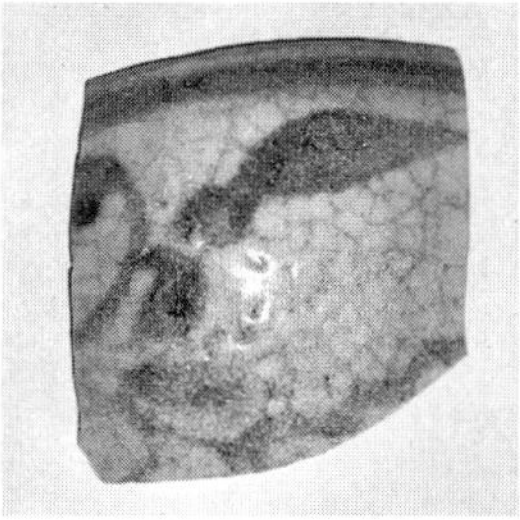

●—中国漳州窯系の青花碗（金沢市埋蔵文化財センター提供）

●—礎石建物の城門跡か（金沢市埋蔵文化財センター提供）

●—土師器皿（金沢市埋蔵文化財センター提供）

●街道を強固に封鎖した佐々の城

荒《あら》山《やま》城《じょう》

〔所在地〕金沢市荒山町
〔比　高〕約九〇メートル
〔分　類〕山城
〔年　代〕一六世紀
〔城　主〕佐々成政
〔交通アクセス〕ＪＲ北陸本線「金沢駅」から加越能バス「二俣」停留所下車、徒歩四〇分。または北陸自動車道「金沢森本ＩＣ」から車で一五分、東海北陸自動車道「南砺スマートＩＣ」から車で一七分。

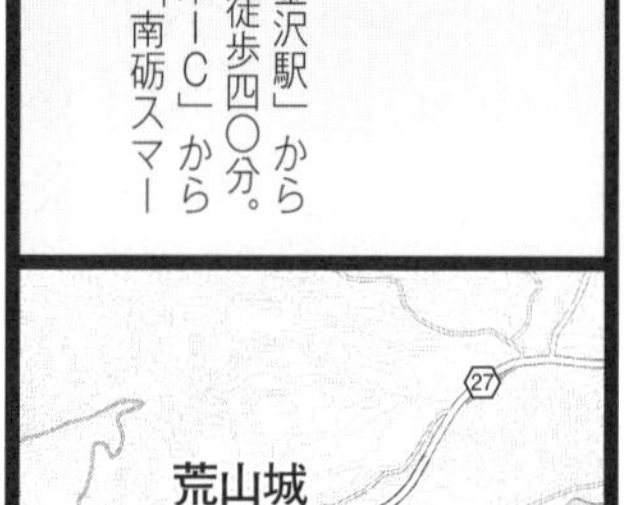

【加越国境城跡群】　越中との国境から加賀へ約二キロ入り込んだ尾根筋に占地する。加賀と越中を北陸道よりも短距離で結ぶ二俣越を掌握しており、約四キロ西には二俣越を介して高峠城が対峙している。天正十二年（一五八四）、小牧《こまき》・長久手《ながくて》の戦いに連動して勃発した加賀前田利家と越中佐々成政《さっさなりまさ》による加越能国境の戦いに際して築城・改修等された、小原越を介して対峙する松根城、切山城同様に佐々軍の荒山城、前田軍の高峠城と想定されている。

【構　造】　標高二六九メートルの細長い尾根上に、おおむね南北二九〇メートル、東西四四〇メートルの範囲に造成されており、主郭、曲輪、堀切《ほりきり》、竪堀《たてぼり》、土塁《どるい》、虎口《こぐち》、櫓台《やぐらだい》、切岸《きりぎし》で構成される。松根城同様に加賀側には大規模な堀切ａを配置するとともに、主郭へ至るまでの計画的なルート設計が読み取れる。最高所の主郭①は南北約二九メートル、東西約三〇メートルと、城域の広さの割には狭く、不整形を呈する。越中側には堀切ｂ、二重堀切ｃ、堀切ｄと三重の堀切で防御するが、ｂ以外は北側には延びていない。それに対して加賀側の堀切ａは規模が大きく、延長も北側まで大きく延びており、加賀側に対する防御意識が高い。同じ加越国境城跡群の松根城と同様であり、加賀前田軍に対する佐々軍の城郭の特徴といえる。現況では、城郭の北側に接するように二俣越が延びているが、当時の状況は不明である。松根城の例では街道を堀切で遮断していることから、近世以降の小原越は廃城後に横堀を利用した可能性が推察される。荒山城も元は尾根道であったものが、城郭

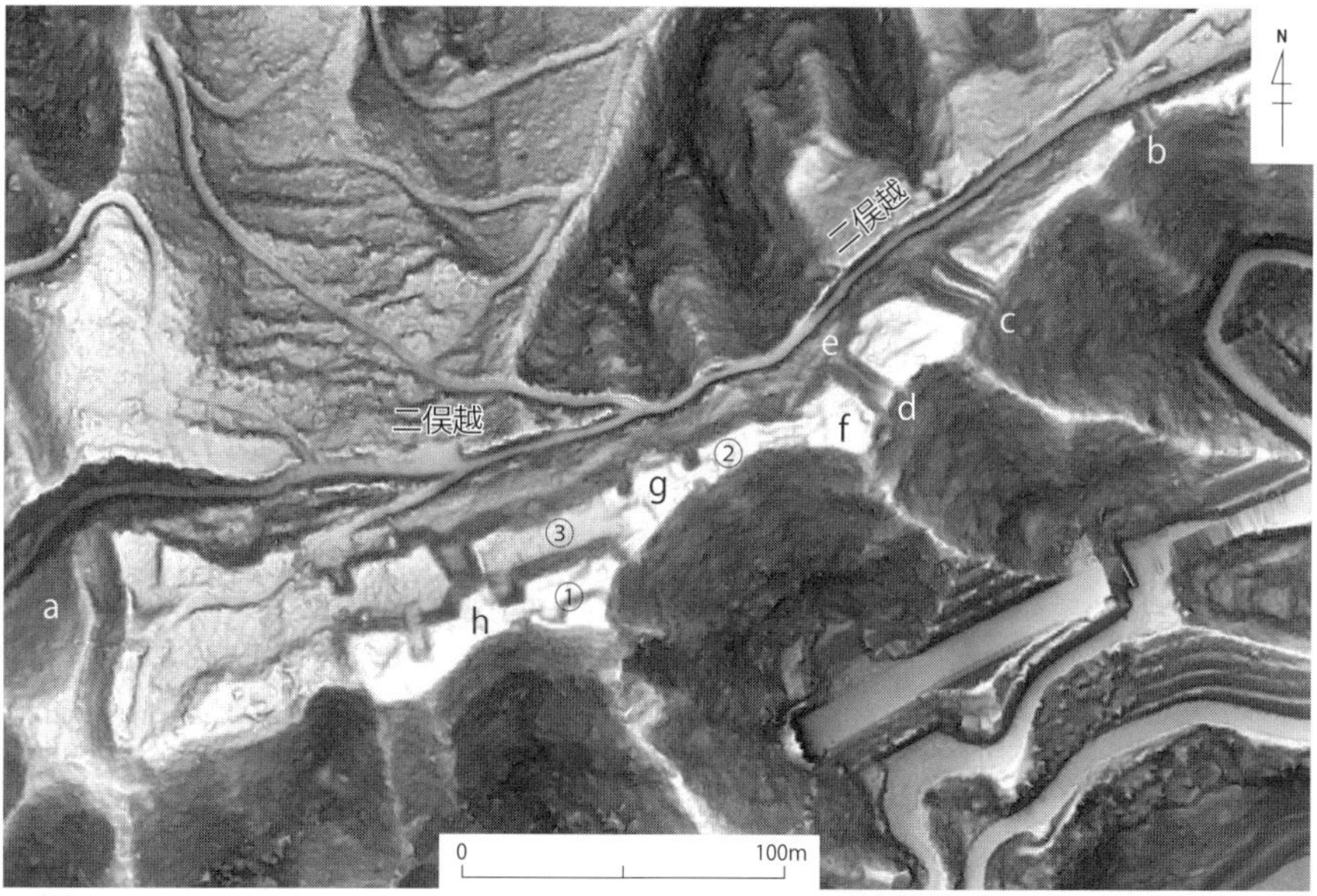

●—荒山城立体図（金沢市埋蔵文化財センター提供）

●—深い掘割状の二俣越（右が荒山城）（金沢市埋蔵文化財センター提供）

●—東端の二重の堀切c（金沢市埋蔵文化財センター提供）

の出現で一時期は街道が遮断された可能性があり、そうであれば現在の道は横堀であった可能性も考えたい。現在発掘調査を実施しており、解明が待たれる。なお、二俣越は参勤交代に使用された時期があり、一部石敷きがみられるが江戸時代の造成によるものである。

堀切aを越えても、深い切岸によって主郭方向へは進めず、虎口eから侵入することになる。そこから虎口fを通過して曲輪②に侵入し、外枡形虎口gから曲輪③を通過し、外枡形虎口hによって一八〇度屈曲して主郭①へ到達する。複数の折れを設けて常に横矢がかかるように計画的な城道及び枡形という当時最先端の縄張が構築されており、まさに織豊期の特徴といえる。

【参考文献】佐伯哲也「荒山城跡」『加賀中世城郭図面集』（桂書房　二〇一七）

（向井裕知）

●聖地に築かれた城

北方城《きたかたじょう》

〔所在地〕金沢市北方町
〔比　高〕約一七〇メートル
〔分　類〕山城
〔年　代〕一六世紀
〔城　主〕佐久間盛政、牧山某、佐々成政
〔交通アクセス〕北陸自動車道「金沢森本IC」から車で一〇分。

【立地環境】　権殿《ごんでん》山と呼称される標高二二四メートルの美しい三角形を呈する山の山頂に所在する。加越国境を通過する小原越と二俣越の中間に位置しており、両道を繋ぐ南北道があるのであれば、それを睨むような立地といえる。佐久間盛政《もりまさ》が金沢城に入った際に加越国境警備のために築城し、家臣の牧山某《なにがし》を在城させ、その後は佐々成政《さっさなりまさ》が使用したという伝承がある。なお、主郭にはかつて権殿宮が鎮座されており、その際の痕跡が残っている。

【構造】　林道造成工事によって部分的に損壊している。山頂部に主郭①、その東には馬出《うまだし》状の曲輪②がある。いわゆる馬出に設けられる明確な通路は見当たらないが、正面側に虎口《こぐち》aが設けられ、虎口bと連動して複数の折れによる虎口が復元できる。林道による損壊によって詳細不明ながら、横堀は曲輪③の南側にも巡っていたと考えられ、曲輪④の横堀と一体であったと推察される。

【年代と性格】　明確に年代を示すような遺構は見当たらないが、馬出状の曲輪や計画的に折れを配置した可能性がある虎口から一六世紀後半の築城もしくは改築と考えられる。

【参考文献】　佐伯哲也「北方城」『加賀中世城郭図面集』（桂書房、二〇一七）

（向井裕知）

●—北方城遠景

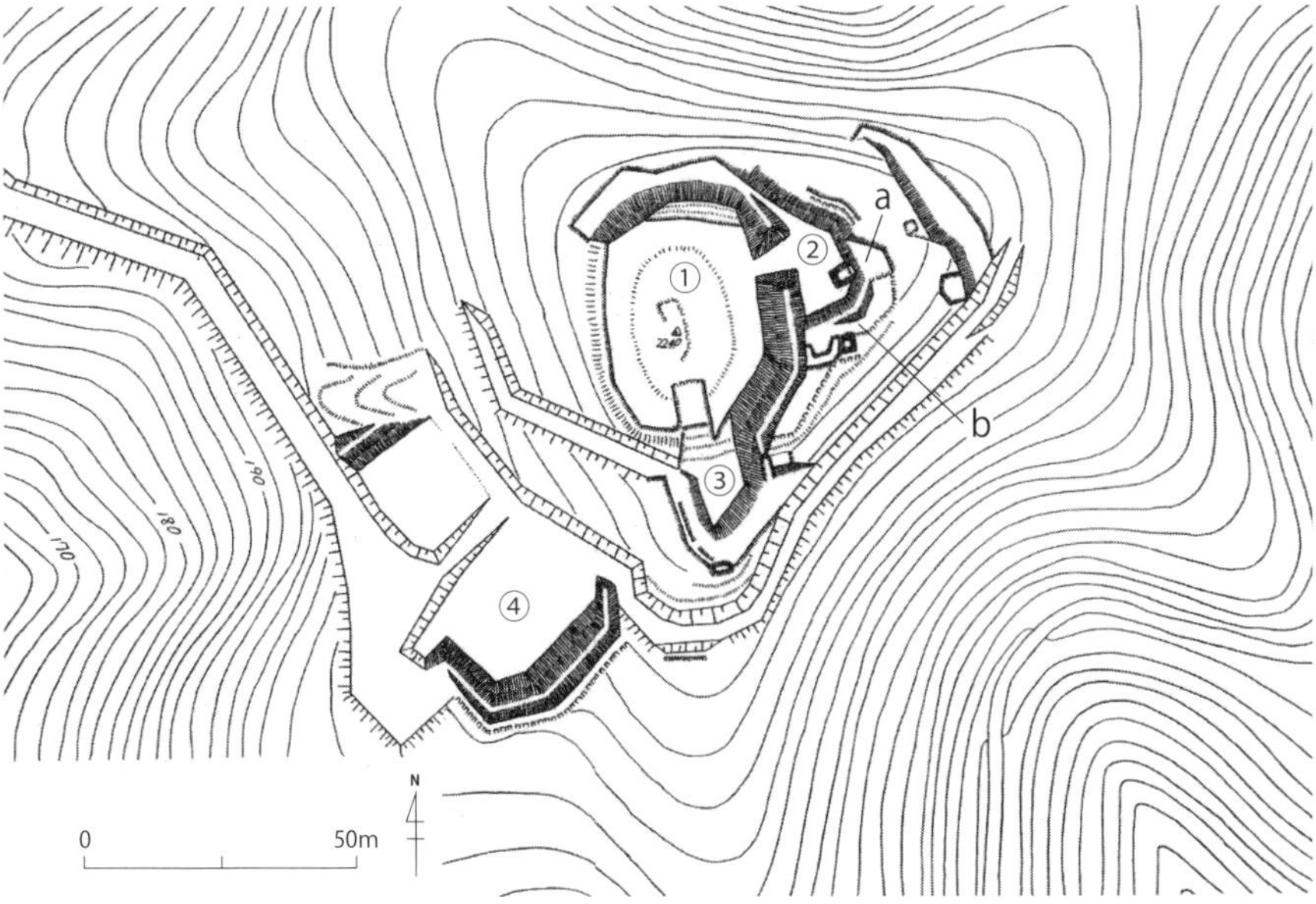

●—北方城縄張図（作図：佐伯哲也）

●織豊の城か一向一揆の城か

柚《ゆ》木《のき》城《じょう》

〔所在地〕金沢市柚木町
〔比　高〕約一〇〇メートル
〔分　類〕山城
〔年　代〕一五～一六世紀
〔城　主〕
〔交通アクセス〕北陸自動車道「金沢森本ＩＣ」から車で一五分。

【立地環境】　柚木町集落のある谷間の東側に位置するジョウノミネと呼称される丘陵端部に所在する。丘陵地と比較的大きな谷地形を呈する平地との境界に立地し、西側は急傾斜地である。標高は約二〇〇メートル、比高は約一〇〇メートルで、加賀一向一揆《いっこういっき》で活躍する二俣本泉寺《ふたまたほんせんじ》と柚木周辺を結ぶ道に隣接する。また、二俣や荒山を経ずに加越国境付近から市瀬城、柚木城を通過する二俣越の北回りルートにも隣接する。

【構　造】　城郭は、平坦地、土塁《どるい》、虎口《こぐち》、櫓台《やぐらだい》、切岸《きりぎし》、堀《ほり》切《きり》から構成される。主郭①の西端から南端にかけては塁線土塁が備わっており、防御に力を入れていた方向が把握できる。土塁直下には加賀一向一揆の拠点であった二俣本泉寺や推定前田軍の高峠城へ連絡する道が通過している。これは二俣越の北回りルートや本泉寺への道筋と考えられる。

主郭へのルートは複数想定され、先に述べた南側の道方向からであれば、aから入り、土塁の東端から塁線に沿って登っていくルート、北側にも比較的緩やかな尾根が延びており、そこからの侵入も想定される。その場合、帯《おび》曲輪状のbを通り、堀切cを通過し、帯曲輪dを通って、虎口eからいったん曲輪②に入り、土橋《どばし》fから主郭へと侵入するルートになろう。何れの場合も高所からの攻撃に長時間晒されることは間違いなく、明確に横矢《よこや》がかかる箇所はみられないが、考えられた構造といえる。土橋fの箇所は主郭側に内枡形《うちますがた》の虎口が備えられていた可能性も考えられる。

【織豊か一向一揆か】　城は、恐らく二俣越本道の北回りルートを押さえるために築城されたものと考えているが、築城主体は不明である。前田・佐々抗争の時期であれば、城郭の規模や構造・立地から前田軍の城であった可能性が高い。それより遡るようであれば加賀一向一揆衆の可能性も考えられる。なお、近世の絵図では「蛇崩古城」との記載がみえる。

【参考文献】金沢市教育委員会『柚木城と三ノ坂道』（一九九六）、佐伯哲也「柚木城」『加賀中世城郭図面集』（桂書房、二〇一七）

（向井裕知）

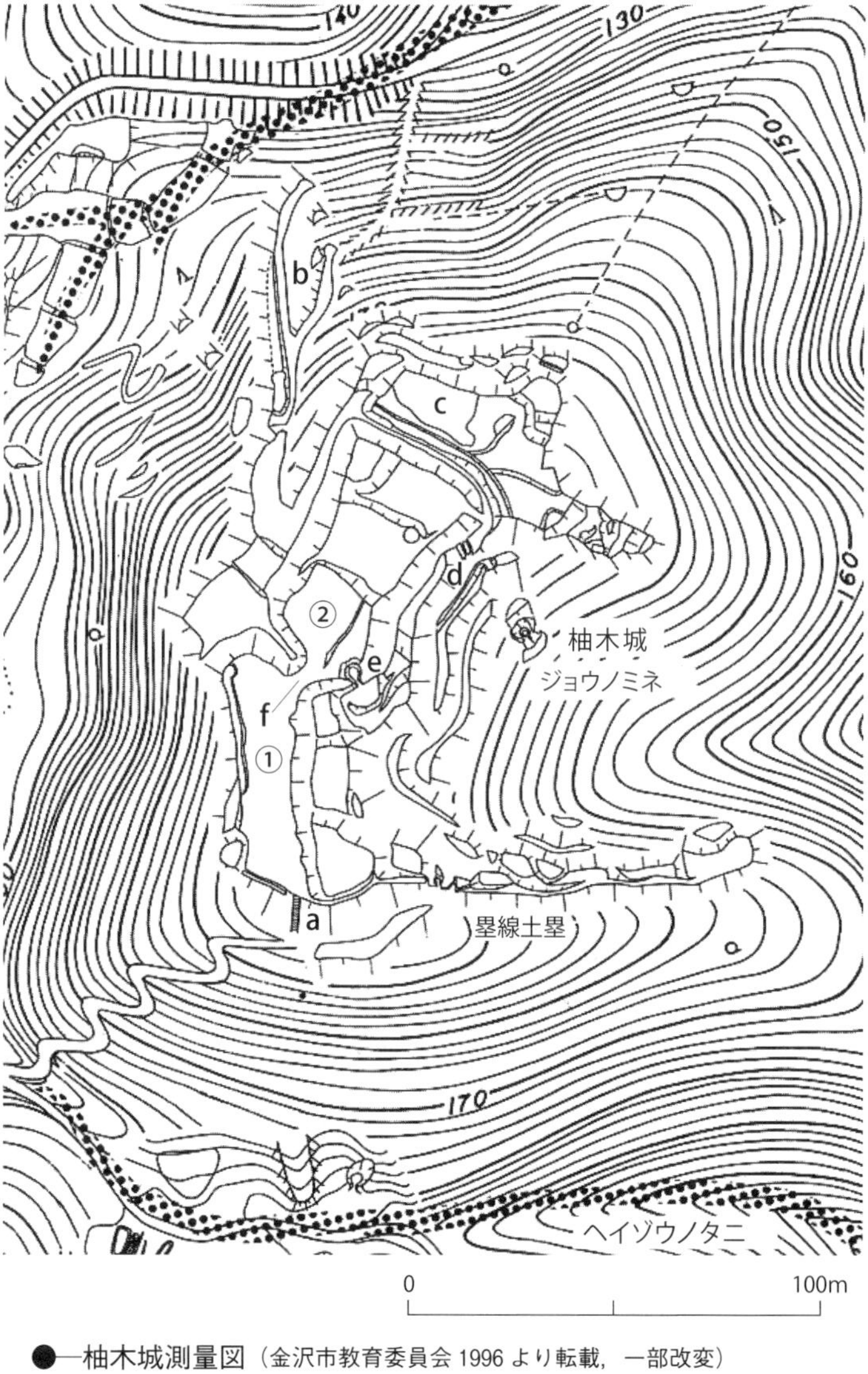

●—柚木城測量図（金沢市教育委員会 1996 より転載，一部改変）

●平野に突き出た尾根上の舘城

梨木城《なしのきじょう》

〈所在地〉金沢市梨木町
〈比　高〉約一二メートル
〈分　類〉城
〈年　代〉一六世紀
〈城　主〉奥政堯
〈交通アクセス〉ＪＲ北陸本線「金沢駅」から西日本ＪＲバス「不動寺」停留所下車、徒歩一〇分。または北陸自動車道「金沢森本ＩＣ」から車で二分。

【立地と歴史】　梨木城は、加賀と越中を結ぶ小原越沿いに所在する。近世小原越は吉原町で北国街道と分かれ、国道三〇四号線と重なり合いながら平野部を進み、宮野町戸保木から山道に入ると、切山城や松根城を通過して加越国境を越え、先は越中の五郎丸《ごろうまる》・末友《すえとも》（富山県小矢部市）にいたる脇街道である。中世の記録はないが、遺跡の分布から同様のルートで走っていたことが推察される。当時はこのような脇道が加賀と越中を結ぶ最短ルートとしてよく使用されていた。

梨木城に関する記録は一七世紀末以降にみられ、古城跡として紹介されているが、中世の一次史料はみつかっていない。城主としては「沖近江守」や「奥（近江守）政堯《まさたか》」、「興（近江守）政堯」がみられるが、すべて同一人物の可能性が高い。「奥政堯」は天正四年（一五七六）の文献にその名前がみえ、本願寺による金沢御堂の旗本衆の一人とされている。また、奥修理の名が「天文日記」（天文五年〈一五三六〉～二十三年）にみえ、河北郡四番組（当時の倶利伽羅《くりから》、五ヶ荘《ごかのしょう》に該当し、現在の津幡町東部から金沢市北東部の山間部一帯）に属しているとされている。

【構　造】　梨木城は、現在の梨木町方向から南に延びる尾根の先端部に位置しており、森下《もりもと》川によって中央が分断されているが、元は梨木城の南側に流れていたことが江戸時代の史料から窺え、また水田の形状からも推定可能である。当時は城域が続いていたのだ。中央が森下川によって消滅しているために詳細は不明だが、北東側の農道から南側の斜面までが

●—梨木城遠景

●—塚

一つの単位として考えられ、長辺約一七〇メートル、短辺約一〇〇メートルの規模を持つ。現農道は、尾根を人工的に断ち切った切り通しの役割を担っており、城郭構造の一部と考えられるが、森下川から北東部の遺構について平坦地は確認できるものの

●—土塁の断ち割り（互層盛土）（金沢市埋蔵文化財センター提供）

●—土塁の調査（金沢市埋蔵文化財センター提供）

塚状遺構などがある程度で、明確な防御施設が認められない。城域としては、主郭から森下川が通過する範囲で収まっていた可能性も考えられる。

「タチ」地名が残る主郭は周囲を土塁《どるい》によって囲まれており、その幅・高さは最大で約八・五㍍、二・五㍍の規模をもつ。主郭の北東側には、土塁と櫓台《やぐらだい》による虎口《こぐち》aがあり、

虎口へ至る坂道は櫓台bからの横矢《よこや》に晒されている。

森下川より北側の区域には、後世の造成を含む可能性があるが、大小あわせて一一ヵ所の平坦地と六基の塚が確認できる。周辺には「モンノウチ」や「カネツキドウ」という地名が残っており、寺院であった時期や館に隣接する寺院等の宗教施設であった可能性がある。

【発掘調査】　発掘調査では、建物跡は確認できなかったが、盛土によって造成された平坦面が確認された。盛土は黒褐色系砂質土の上位に黄灰色系シルトを配置して固く締まった状態にしている。また、土塁も盛土によって造成されており、黒褐色系と黄灰色系を互層に積み上げていることがわかった。南西端の土塁はすべて盛土により構築されている。地山面が現地表面から一㍍以上下位にあり、平坦地が盛土造成によるものである事は前述の通りだが、土塁は主郭の盛土造成土上に、さらに二㍍以上の盛土を行い構築されていること

が確認できた。盛土は大別して二種類の土を用いて盛土されている。盛土の大半は地山に近い黄灰色粘質土系の土であり、その間に暗褐色を呈する弱粘質土が盛土されている。盛土の一単位は大きいがいわゆる版築《はんちく》状の工法が用いられてい

●―梨木城 出土遺物（金沢市埋蔵文化財センター提供）

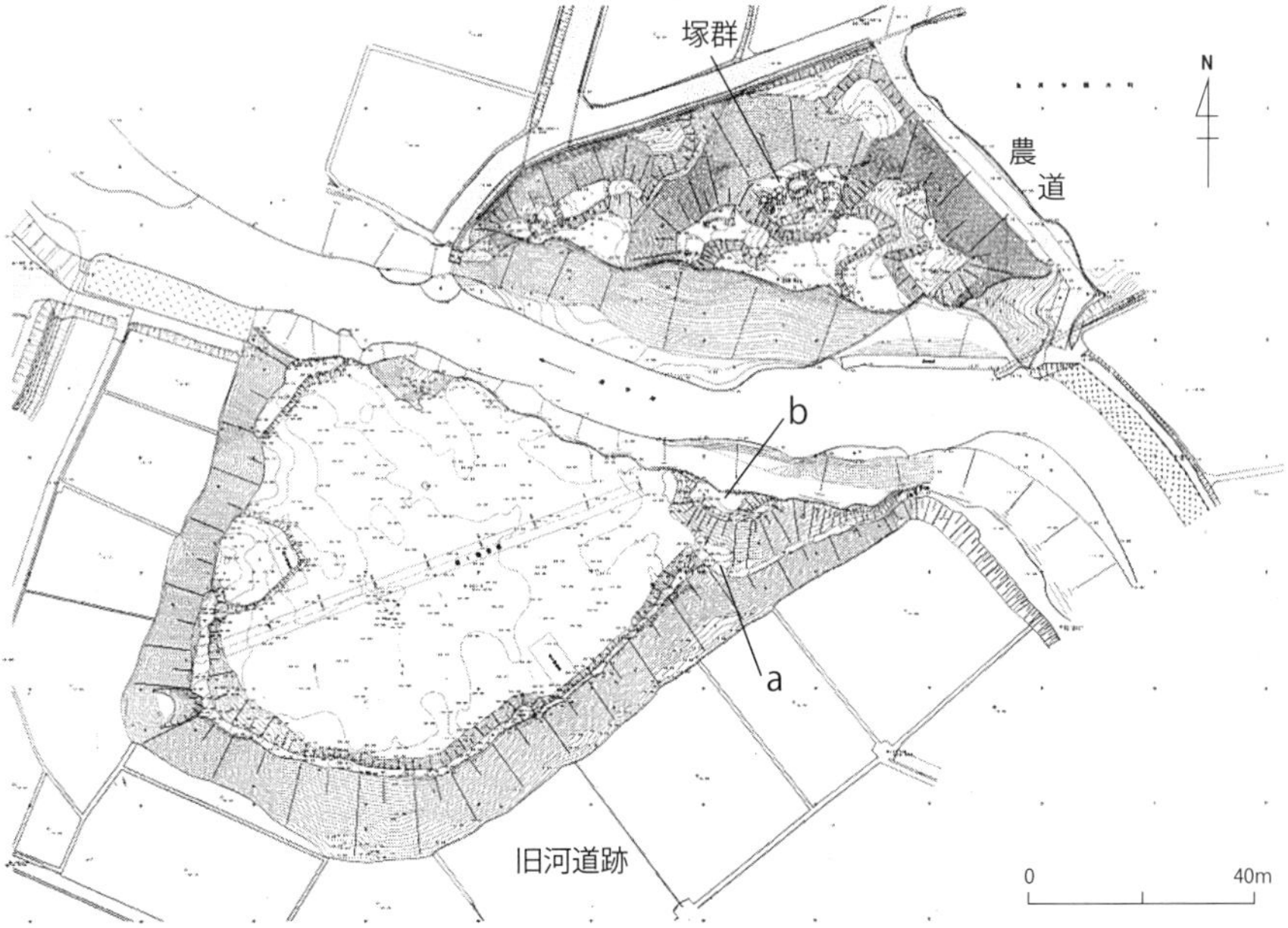

●―梨木城測量図（金沢市 2022 より転載，一部改変）

る。土塁盛土の最下層では平坦地の盛土造成土を共有しているため、主郭平坦地の造成土上に土塁を構築したものとみられる。一方、南東側の土塁は、地山を削り出していることが確認できた。尾根地形を巧みに利用し、切り盛りしている様子がみてとれる。

遺物量が少ないため、遺跡の年代を捉えるには頼りないが、出土品の年代は概ね一六世紀代・一七世紀前半、一八世紀〜現代といえる。文献から一八世紀以降のものは畑などの耕作に関わるものと考えられ、一六〜一七世紀前半のものが城もしくは館に関係したものといえよう。

【梨木城と一向一揆】　梨木城は、平野部に所在する城館である。周辺には南方約二〇〇㍍に上野館がある。上野館は本格的な調査は実施されておらず、古代須恵器《すえき》などが採集されているが、内枡形《うちますがた》を備えるなど中世末期の特徴を持つ。内枡形を通過しなくても内部に侵入できることから、軍事施設としての内枡形ではなく宗教施設としての出入口を示すとの指摘がある。梨木城主家老の上野某氏の館跡との伝承があるが、梨木城と併存もしくは造り替えの関係や宗教施設の可能性も考えられよう。さらに広域に目を転じると塚崎町にオヤシキ跡があり、丘陵に遺構を留めている。発掘でみつかったものでは、南森本町地内に南森本遺跡が所在し、一五世紀代の掘がみつかっている。近隣には一向一揆《いっこういっき》の旗本として活躍したと伝わる亀田氏の館が所在しており、南森本遺跡周辺は亀田氏関連の館である可能性が指摘されている。

梨木城は一向一揆関係の奥氏との関わりが指摘されているが、南森本遺跡の動向は同じ一向一揆関連遺跡の可能性があるという点では参考にすべき事例といえるかもしれない。

また、梨木城跡でみつかっている塚の存在から寺院との関わりも考慮すべきと考えているが、近隣に所在する中世以来の寺院は日蓮宗寺院の本興寺である。本興寺の旧敷地内にも塚が所在し、周辺の日蓮宗寺院には塚が構築された事例が散見される。発掘調査が限定的であるために、詳細は不明であるが、一向一揆の旗本が居城したと伝わる城館跡において日蓮宗寺院に多く確認できる塚が所在する。こうした事象は、当地において加賀一向一揆の勢力が増大する中、日蓮宗寺院とどのように関わり合ってきたのか。また、なぜ日蓮宗寺院が生き残れたのか、これらのナゾを解く鍵となるかもしれない。

【参考文献】金沢市『市内城館・寺院関連遺跡調査報告書』(二〇二一)

（向井裕知）

●加賀一向一揆の拠点

若《わか》松《まつ》本《ほん》泉《せん》寺《じ》

〔所在地〕金沢市若松町
〔比　高〕約二〇メートル
〔分　類〕城郭寺院
〔年　代〕一五・一六世紀
〔城　主〕蓮悟
〔交通アクセス〕JR北陸本線「金沢駅」から北陸鉄道バス「若松」停留所下車、徒歩一〇分。または北陸自動車道「金沢森本IC」から車で約一五分。

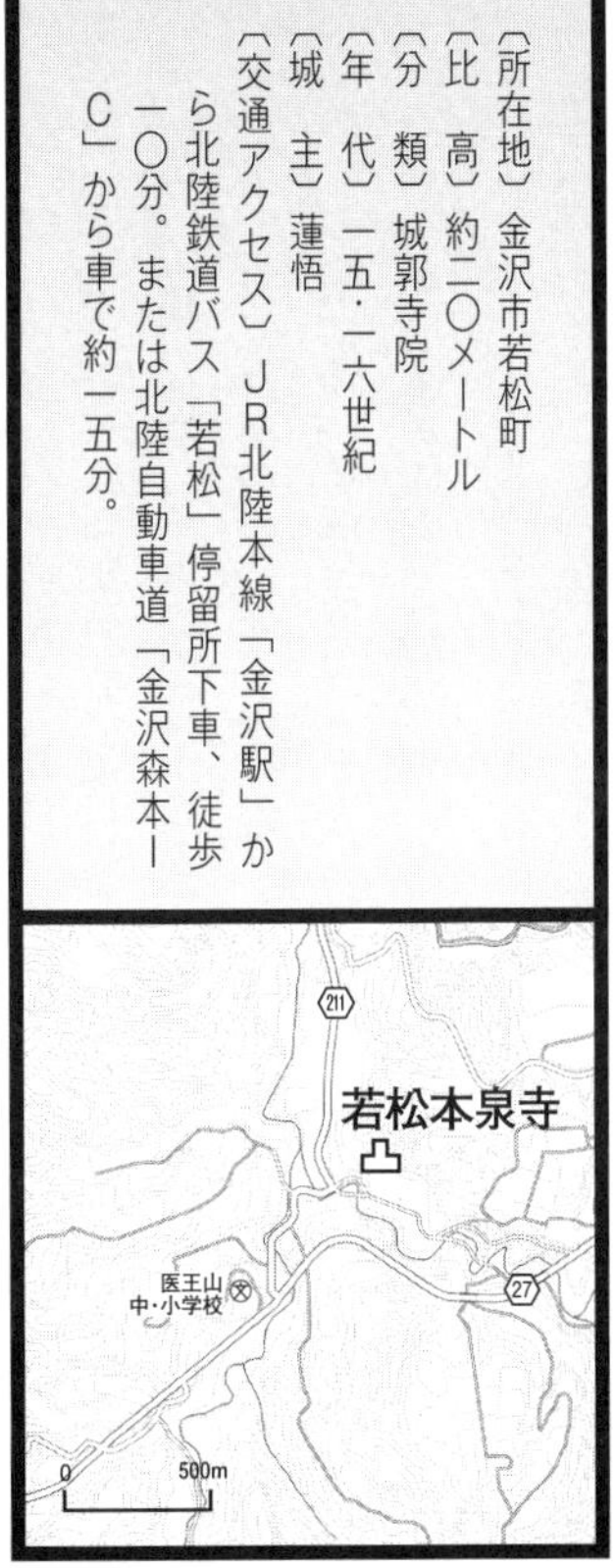

【立地環境】　若松本泉寺は二俣越《ふたまたごえ》を臨む標高七七メートルの丘陵上に所在し、蓮悟（蓮如七男）が長享元年（一四八七）に建立したと伝わる。周辺には「御坊山」や「オヤシキ」地名のほか、マチを示すような地名が複数残っており、寺内町が広がっていた可能性がある。本泉寺は、松岡寺《しょうこうじ》（能美郡波佐谷）や光教寺《こうきょうじ》（江沼郡山田）とともに賀州三ヵ寺と称し、真宗勢力の中心の一つだったが、享禄四年（一五三一）の享禄の錯乱における焼き打ちで廃絶した。

【加賀一向一揆】　文明三年（一四七一）、本願寺八代蓮如《れんにょ》は、加賀と越前の境に吉崎御坊《よしざきごぼう》を建立し、北陸への布教を強化したことで真宗門徒は急速に拡大した。文明六年、蓮如の本願寺派と旧来の真宗勢力・高田派の争いに富樫家の内紛が絡み戦闘が起こったが、蓮如が味方した政親《まさちか》が勝利し、加賀守護となった。その後、大きな勢力を持った一向一揆《いっこういっき》衆は政親に弾圧され、越中井波瑞泉寺《いなみずいせんじ》を頼って逃げのびたが、文明十三年に福光城主である石黒氏と争い、これに勝利したと伝わる。蓮如が開いたと伝わる加賀と越中国境の砂子坂道場跡には大規模な堀が構えられており、当時の緊張状態を今に伝えている。勢いを増した一向一揆衆は、長享二年に、抗争の末に政親を高尾城に自害させた（長享の一揆）。この事件によって、一向一揆衆の存在は一段と重要なものとなり、「百姓ノ持チタル国」と評されることになった。その後、国支配の実権は、若松本泉寺の蓮悟《れんご》（蓮如七男）、波佐谷松岡寺の蓮綱《れんこう》（蓮如三男）、山田光教寺の蓮誓《れんせい》（蓮如四男）ら賀州三ヵ寺が

●—東側土塁（専徳寺墓地内）

掌握した。

しかし、本願寺法主が一〇代証如《しょうにょ》へ代わると、永正の一揆の後に越前から逃れていた藤島超勝寺《ちょうしょうじ》の実顕《じっけん》や本願寺内衆の下間頼秀《しもつまらいしゅう》が台頭した。享禄四年に、藤島超勝寺や和田本覚寺と賀州三ヵ寺による内乱が起きたが（大小一揆、享禄の錯乱）、これによって蓮悟らは没落し、超勝寺や本覚寺が本願寺の代理的立場となった。天文十五年（一五四六）に本願寺の加賀別院として金沢御堂《かなざわみどう》が建立され、永禄年間（一五五八〜七〇）に超勝寺を排除すると、金沢御堂は加賀の政庁としての役割を担い、周辺には寺内町が形成された。

織田信長と大坂本願寺による石山合戦は天正八年（一五八〇）に和睦によって終戦するが、加賀で陣を張っていた柴田勝家《かついえ》は、信長の停戦命令に応じず金沢御堂や鳥越城などを攻撃した。ここに至り金沢御堂は陥落し、約一〇〇年続いた一向一揆による加賀の支配は終焉を迎えたのであった。

【構　造】　墓地の中に土塁《どるい》が残存している。恐らく内郭の土塁ではないかと考えられる。平成二年（一九九〇）に墓地拡張に伴い一部発掘調査を実施しており、その際に東側土塁の土層図が作成された。東側土塁は、高さ五㍍、下端部の幅一二・五㍍の盛土によるもので、東西約四六㍍、南北約四〇㍍を区画している。この区画の東側は「オヤシキ」と呼称され

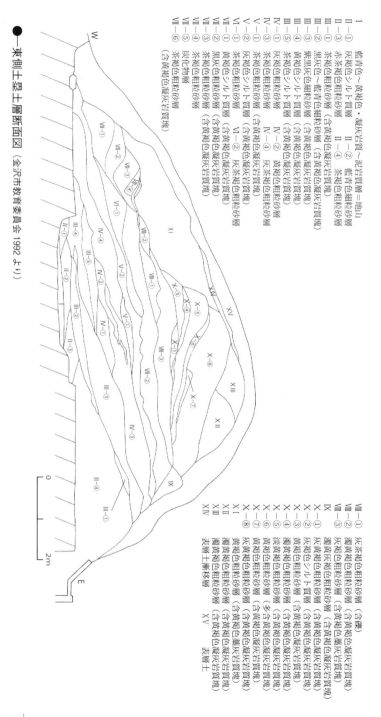

Ⅰ　藍青色～黄褐色・凝灰岩質～泥岩質層＝地山
Ⅱ－①　灰褐色シルト質層　Ⅱ－②　藍青色細粒砂層
Ⅱ－③　赤茶褐色粗粒砂層　Ⅱ－④　茶褐色粗粒砂層
Ⅲ－①　茶褐色粗粒砂層（含黄褐色凝灰岩質塊）
Ⅲ－②　黒灰色～藍青色細粒砂層（含黄褐色凝灰岩質塊）
Ⅲ－③　紫黒灰色細粒砂層（含黄褐色凝灰岩質塊）
Ⅲ－④　黄褐色シルト質層（含黄褐色凝灰岩質塊）
Ⅲ－⑤　茶褐色シルト質層（含黄褐色凝灰岩質塊）
Ⅳ－①　灰褐色粗粒砂層　Ⅳ－②　黄褐色粗粒砂層
Ⅳ－③　茶褐色粗粒砂層　Ⅳ－④　灰茶褐色粗粒砂層
Ⅴ－①　茶褐色粗粒砂層（含黄褐色凝灰岩質塊）
Ⅴ－②　灰褐色シルト質層（含黄褐色凝灰岩質塊）
Ⅵ－①　茶褐色粗粒砂層　Ⅵ－②　灰茶褐色粗粒砂層
Ⅶ－①　黄褐色シルト質層（含黄褐色凝灰岩質塊）
Ⅶ－②　黒灰色粗粒砂層（含黄褐色凝灰岩質塊）
Ⅶ－③　茶褐色粗粒砂層（含黄褐色凝灰岩質塊）
Ⅶ－④　茶褐色粗粒砂層
Ⅶ－⑤　炭化物層
Ⅶ－⑥　茶褐色粗粒砂層（含黄褐色凝灰岩質塊）

Ⅷ－①　灰茶褐色粗粒砂層（含礫）
Ⅷ－②　濁黄褐色粗粒砂層（含黄褐色凝灰岩質塊）
Ⅷ－③　灰褐色粗粒砂層（含黄褐色藁灰岩質塊）
Ⅸ　濁黄灰褐色粗粒砂層（含黄褐色凝灰岩質塊）
Ⅹ－①　灰黄褐色粗粒砂層（含黄褐色凝灰岩質塊）
Ⅹ－②　灰褐色シルト質層（含黄褐色凝灰岩質塊）
Ⅹ－③　黄褐色粗粒砂層（含黄褐色凝灰岩質塊）
Ⅹ－④　濁黄褐色粗粒砂層（含黄褐色凝灰岩質塊）
Ⅹ－⑤　淡黄褐色粗粒砂層（含黄褐色凝灰岩質塊）
Ⅹ－⑥　黄褐色粗粒砂層（多含黄褐色凝灰岩質塊）
Ⅹ－⑦　黄褐色粗粒砂層（含黄褐色凝灰岩質塊）
Ⅹ－⑧　灰黄褐色粗粒砂層（含黄褐色凝灰岩質塊）
ⅩⅠ　黄褐色粗粒砂層（含黄褐色藁灰岩質塊）
ⅩⅡ　濁黄褐色粗粒砂層（含黄褐色凝灰岩質塊）
ⅩⅢ　濁黄褐色粗粒砂層（含黄褐色凝灰岩質塊）
ⅩⅣ　表層土漸移層　ⅩⅤ　表層土

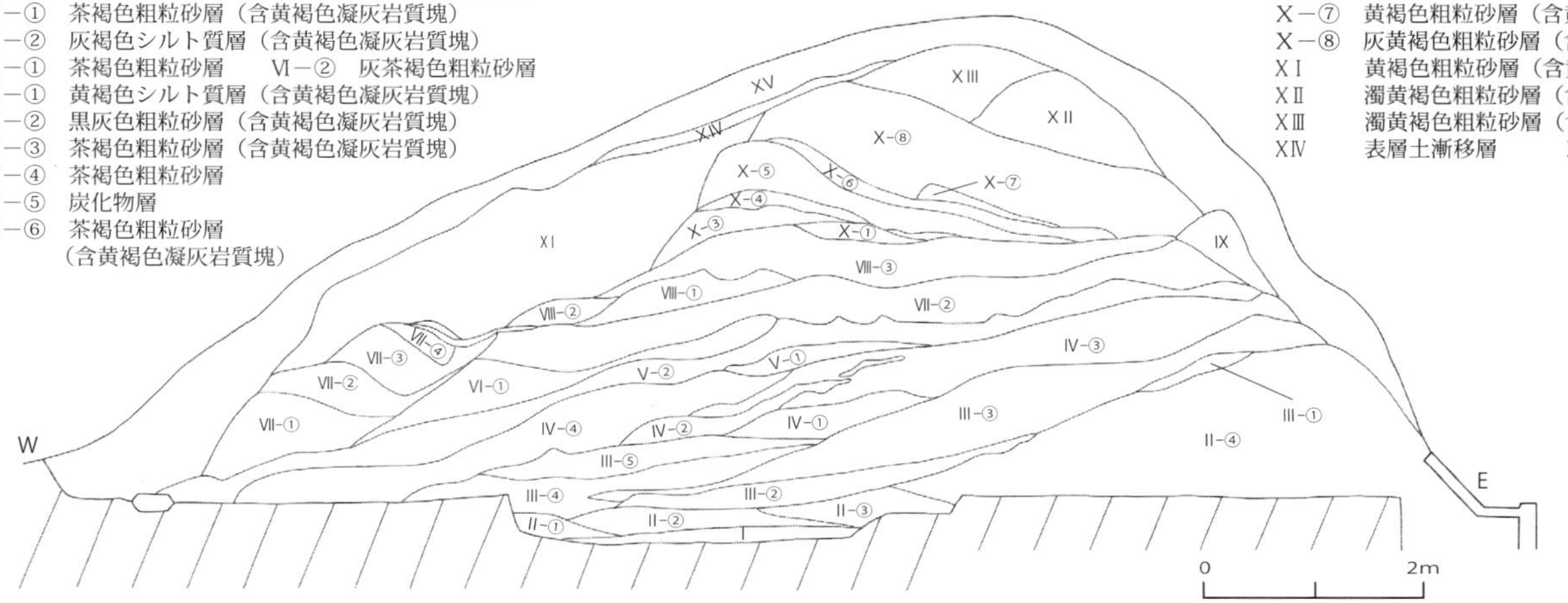

●―東側土塁土層断面図（金沢市教育委員会 1992 より）

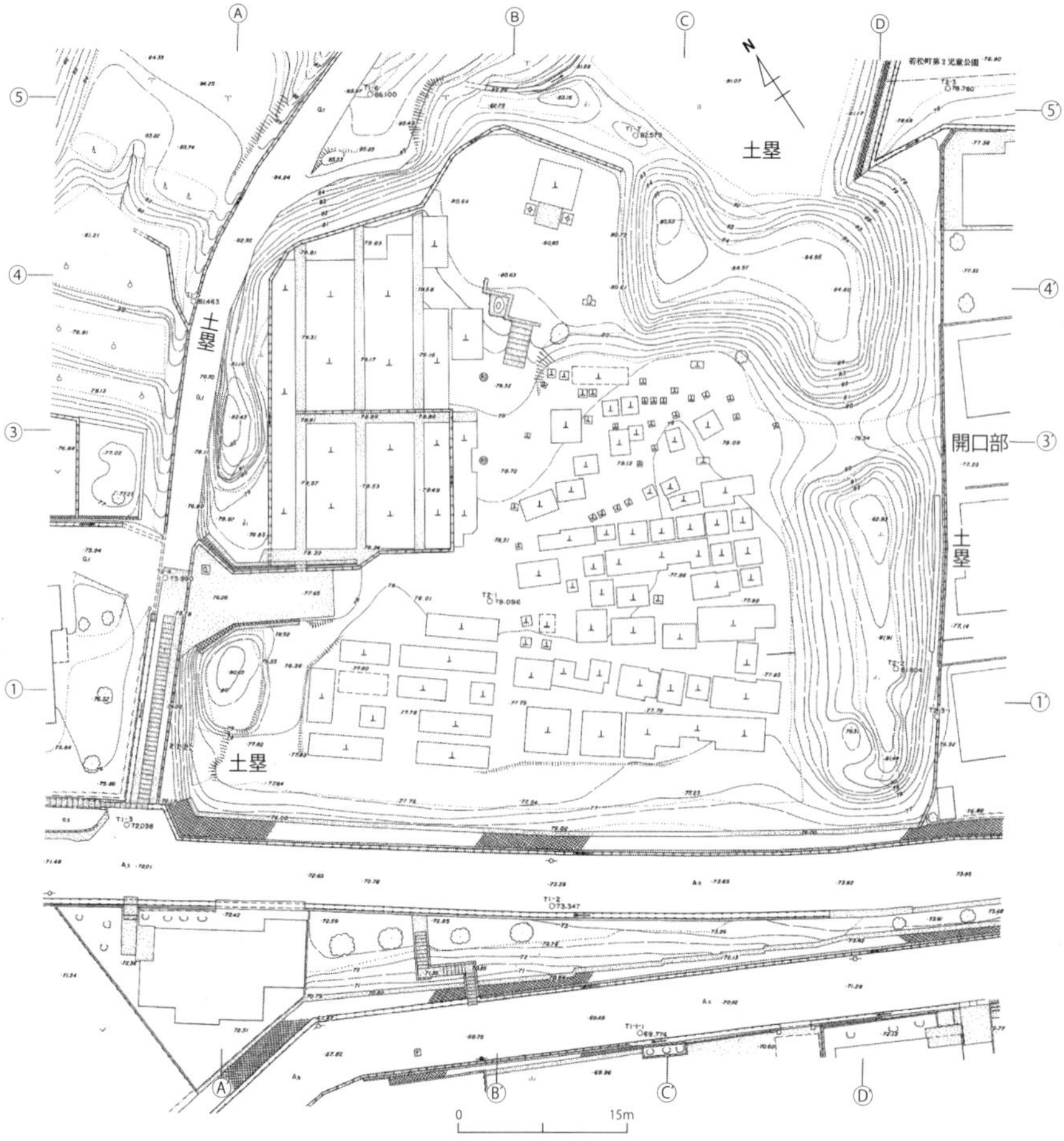

●―土塁測量図（金沢市教育委員会 1992 より，一部改変）

ており、東側土塁北側にある一部土塁が途切れた箇所は「オヤシキ」との通路であった可能性がある。北側土塁は高さ五・五《メートル》、下端部の幅一八《メートル》と大きなものであり、これは北側丘陵を削り出したものかもしれない。同様の削り出し土塁は、同じく加賀一向一揆関連遺跡の砂子坂道場跡でも確認されている。

【参考文献】金沢市教育委員会『平成三年度金沢市埋蔵文化財調査年報』（一九九二）、宮本哲郎「若松本泉寺跡」『石川県中世城館跡調査報告書Ⅰ』（石川県教育委員会、二〇〇二）（向井裕知）

●国境に築かれた一向一揆の長大な堀

砂子坂道場《すなござかどうじょう》

〔所在地〕金沢市砂子坂町
〔比　高〕約六〇メートル
〔分　類〕山城
〔年　代〕一六世紀
〔城　主〕前田利家、不破彦三
〔交通アクセス〕JR北陸本線「金沢駅」から加越能バス「ぬく森の郷」停留所下車、徒歩一五分。または北陸自動車道「金沢森本IC」から車で一七分、東海北陸自動車道「南砺スマートIC」から車で一五分。

【加賀一向一揆関連遺跡】北陸は真宗王国と称されるほど真宗の門徒が多く、その礎は中世に遡るが、加賀・越中を結ぶ二俣越《ふたまたごえ》という脇街道沿いには、二俣本泉寺《ほんせんじ》などの有力寺院や加賀・越中国境付近の金沢市砂子坂道場跡伝善徳寺地区（後の城端《じょうはな》・善徳寺）、同光徳寺地区（後の福光・光徳寺）、南砺市土山御坊跡（後の高岡・勝興寺）など、後の有力寺院の元となる道場跡が、信仰心篤き人々の手によって、今も開発を免れ、現地に残されている。また、永正の越前一揆（一五〇六年）の後、越前朝倉氏により北陸道が閉鎖されたため、二俣越は加賀より五箇山を超えて山科本願寺へ至る重要な陸路となった。

蓮如《れんにょ》による北陸への布教によって勢力を強めた加賀一向一《いっこういっ》揆《き》だが、長享二年（一四八八）に加賀守護富樫政親《まさちか》を自害に追い込んだ初期の加賀一向一揆に関連した寺院や遺跡は、それらを結ぶ二俣越の沿道に展開しており、現在もその姿をよく留めていることを特徴とする。

【加賀一向一揆の歴史】文明三年（一四七一）、本願寺八世蓮如は、比叡山延暦寺などの攻撃・弾圧を避けるために北陸の吉崎《よしざき》に身を寄せ、吉崎御坊《ごぼう》を建立した。蓮如の布教によって北陸の真宗門徒は急速に拡大したが、中でも加賀では著しいものがあった。その頃、応仁・文明の乱（一四六七～七七）が加賀へも波及しており、加賀守護の富樫幸千代《こうちよ》に対して、兄の政親が東軍に属して対抗した。

文明六年、蓮如の本願寺派と旧来の真宗勢力であった高田派の争いに富樫家の内紛が絡み、在地の諸勢力も巻き込んで戦闘が起こったが、蓮如が味方した政親が勝利し、加賀守護となった。

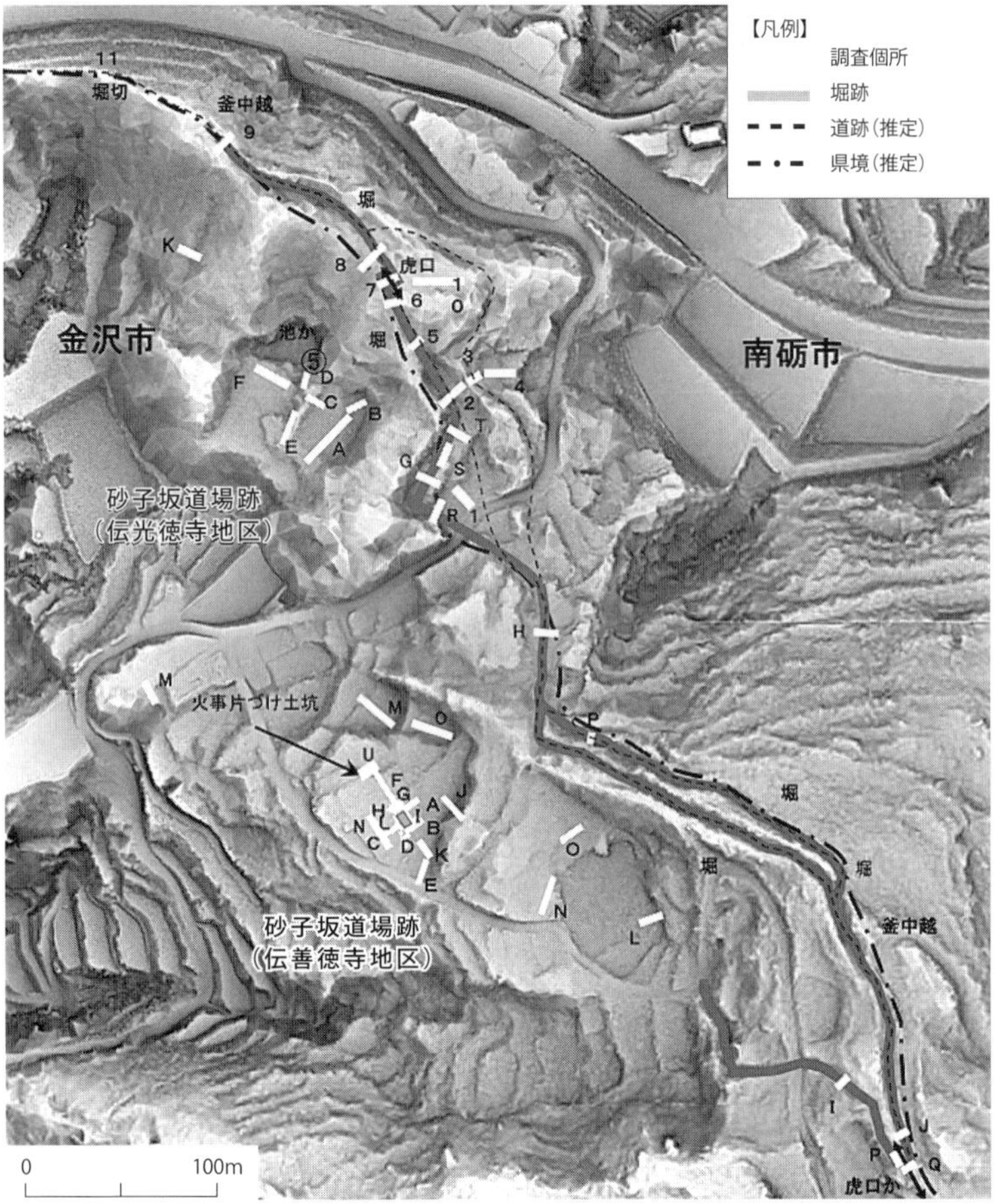

●—砂子坂道場立体図（金沢市埋蔵文化財センター提供）

政親は、守護の権威を高めようと勢力著しい一向一揆衆の弾圧を行った。越中井波《いなみ》瑞泉寺《ずいせんじ》を頼って逃げのびた一向一揆衆は、福光城主である石黒氏と争い、これに勝利したことで勢いを増し、加賀での抗争の末に政親を高尾城に自害させた（長享の一揆）。その後、一向一揆衆などが擁立した富樫泰高《やすたか》が加賀守護となったことで、一向一揆勢の存在は一段と重要なものとなった。この状況は、後に「近年ハ百姓ノ持チタル国ノヤウニ成行サフラフ事ニテ候」と評されることになった。この後、国支配の実権は、若松本泉寺の蓮悟《れんご》（蓮如七男）、波佐谷松岡寺の蓮綱《れんこう》、山田光教寺の蓮誓《れんせい》（蓮如四男）ら賀州三ヵ寺が掌握した。なかでも本泉寺蓮悟は中心的な立場にあり、二俣に坊舎を置きながら、平野部に近い若松に本拠を移して、教義面のみならず、俗的事柄や軍事面においても指導的役割を担っていた。

蓮悟らと兄弟である九世実如《じつにょ》から一〇世証如へ代わると、

永正の一揆ののちに越前から逃れていた超勝寺実顕や本願寺内衆の下間頼秀《しもつまらいしゅう》が台頭してきた。

享禄四年（一五三一）に、本願寺が支持する超勝寺などと賀州三ヵ寺による内乱が起きた（大小一揆、享禄の錯乱）。この内乱によって蓮悟らは没落し、超勝寺や本願寺が本願寺の代理的立場となっていった。

天文十五年（一五四六）に本願寺の加賀別院として金沢御堂が小立野台地の先端部（現在の金沢城公園）に建立されたと伝わる。永禄年間（一五五八～七〇）に本願寺が超勝寺を排除して、支配体制が確立すると、金沢御堂は加賀の政庁としての役割を担い、周辺には寺内町が形成されていた。

●—伝善徳寺地区の石敷き遺構（金沢市埋蔵文化財センター提供）

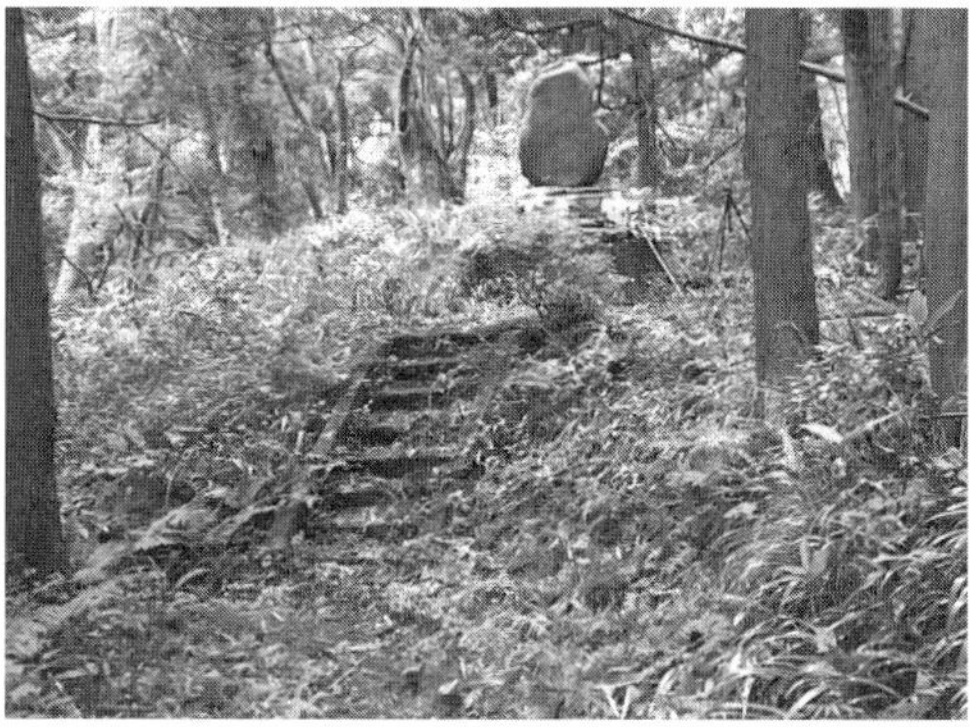

●—伝光徳寺地区の土塁（金沢市埋蔵文化財センター提供）

元亀元年（一五七〇）に始まった織田信長と大坂本願寺による石山合戦は天正八年（一五八〇）に和睦によって終戦する。その頃、加賀では柴田勝家が宮腰に陣を張っていた。対する本願寺は、金沢御堂を中心に、木越や野々市、南加賀では白山麓などの山間部に鳥越城等を構えて守りを固めていた。

信長は勝家に停戦を命じるが、勝家は応じずに攻撃した。ここに至り、金沢御堂は陥落し、約一〇〇年続いた一向一揆による加賀の支配は終焉を迎えたのであった。

【一連の遺跡】 従来は砂子坂道場遺跡と善徳寺遺跡という二つの埋蔵文化財包蔵地として知られた遺跡であったが、金沢市埋蔵文化財センターによる発掘調査によって一連の堀で区画されていること、時期が同じであることが確認されたことから、同一の遺跡であることが明らかとなった。ただし、善徳寺発祥の地であることを示す石碑が建つ平坦地を中心としたエリア（善徳寺遺跡の範囲を含む）と光徳寺発祥の地であることを示す石碑が立つ平坦地（砂子坂道場遺跡の範囲を含む）を中心としたエリアに分けることができる。ここでは、砂子坂道場跡（伝善徳寺地区）および砂子坂道場跡（伝光徳寺地区）と呼称する。標高約二八〇～三四〇㍍の約二〇〇×六〇〇㍍の範囲で、平坦地・池状の窪み・切岸《きりぎし》・堀切《ほりきり》・横堀・土塁《どるい》・喰違虎口《くいちがいこぐち》状遺構・石組井戸・石敷き・火事片付け土《ど》坑《こう》が見つかっており、土師器《はじき》皿・青磁碗・珠洲《すず》焼すり鉢と甕《かめ》・越前焼すり鉢と甕・石鉢・砥石・土壁などの遺物から遺跡の年代は一五世紀後葉に位置付けられる。これらは延長八〇〇㍍にもおよぶ一連の堀で区画された範囲に分布し、かつ年代も同じであることから、伝善徳寺地区と伝光徳寺地区は一体の遺跡であるといえる。ただし、道場跡というものの実態が不明瞭であり、また長大な堀を持つなど防御施設としての機能を併せ持っていることから、従来からの道場跡という一つの性格のみを付与した名称については、検討が必要と考えている。

　後世の文献によれば、砂子坂に来住した人物は、越前国照護寺蓮真《しょうごじれんしん》、実円《じつえん》親子そして道乗《どうじょう》である。前者は、この後越中側へと移転を繰り返していき善徳寺を号す。後者は、一向一揆の組衆として活躍する。このように、別の性格の人物が砂子坂に居住していたことになる。

　出土品から一五世紀第三四半期頃の遺跡であることが明らかとなっており、蓮如が北陸に対して布教を行った年代と一致している。また、短期間の存続であることも、道場の移転が早い段階でなされたことと合致する。

　また、一五世紀第三四半期のＳＸ〇一（火事片付け土坑）から出土した炭化種実塊を分析したところ、種実塊一三点の内容物はすべてイネの炭化種子で、籾殻《もみがら》もわずかに混ざっていた。観察可能な種子の一端には胚が脱落した凹みがあり、精米されたコメの可能性がある。また、塊の表面の粒同士は糊着していて、多くの種子は、粒の形状がはっきりとは確認できなかった。膨張や潰れなどで著しく変形している種子も含まれていたため、調理中ないし調理後のご飯と判断した。ほとんどの塊は破片状であったが、一部に平坦面が形成されていた種子塊の表面には、ササ類などと推定されるイネ科植物の稈《かん》（稲・麦などの穀物の茎）が同一方向に揃って確認された。稈の厚さはいずれも薄く、稈の内腔側が観察されており、薄く割り裂いたヒゴである可能性が高い。また、試料№11にはもじりのようにみえる繊維状の植物が観察でき、編組《へんそ》製品の可能性もある。編組製品であるとすれば、ヒゴは炭化の過程で収縮している可能性もあるが、かなり目の細かい製品で、「巻き簾《すだれ》」のようなスダレ状の形態であったと考えられる。以上の形態の観察から推定して、調理中ないし調理後のコメが何らかの容器に入れられたか敷物の上にのせられて蒸された状態で炭化したと考えられる。

　これは、すだれ状敷物を使用していたことが確認された炭化ご飯塊資料として最古の資料であり、戦国期の食文化について、考古学的なアプローチから迫ることを可能とする貴重な資料といえる。また、加賀一向一揆に関連した遺跡からの出土品であることから、加賀一向一揆衆の実態に迫ることも可能とし、日本史上の重大事件であった加賀一向一揆の歴史像を豊かにする資料と考えられる。

●—石組井戸状の遺構（金沢市埋蔵文化財センター提供）

【初期加賀一向一揆の遺跡】　以上、遺跡の年代や、調査地周辺に残る伝承などから、本遺跡は初期の加賀一向一揆に関する遺跡と推定可能である。また、大野荘年貢算用状に見える組衆が請け負った「堀」や「壁」というものが、砂子坂道場跡に設けられた長大な堀や削り出しの土塁に該当し、砂子坂で請け負った組衆はまさに「河北郡三番山」組衆である可能性を指摘しておきたい。このことから、河北郡砂子坂三番山（組）組衆に関する遺跡と推察され、国境に位置することから合力体制との関わりも想定できるといえよう。よって、本遺跡は、初期の加賀一向一揆に関する郡・組体制および合力体制の実態を考える上で欠かせない遺跡と考えられる。

【参考文献】『加賀一向一揆関連遺跡と古道調査報告書』（金沢市埋蔵文化財センター、二〇一九）

（向井裕知）

●—出土遺物（金沢市埋蔵文化財センター提供）

●—出土土師器皿（金沢市埋蔵文化財センター提供）

●加賀守護最後の砦

高尾城《たこうじょう》

（所在地）金沢市高尾町
（比　高）約一〇〇メートル
（分　類）山城
（年　代）一五〜一六世紀
（城　主）前田利家、不破彦三
（交通アクセス）JR北陸本線「金沢駅」から北陸鉄道バス「高尾南一丁目」停留所下車、徒歩約一五分で遊歩道入口、見晴台まで徒歩一五分。または北陸自動車道「金沢森本IC」から車で約二五分。

【立地環境】　高尾城は標高一九〇メートルほどの丘陵先端部一帯に所在する山城である。史料中には、富樫氏の城として多胡城や富樫城などとみえる。長享二年（一四八八）の一向一揆《いっこういっき》（長享の一揆）によって攻め落とされた加賀国守護・富樫政親《まさちか》の城として知られている。

【富樫氏と加賀一向一揆】　富樫氏は石川郡富樫郷を本拠地とする武士であり、源平合戦の頃にはその名がみえる。承久の乱（一二二一年）後には、加賀の代表的な武士団に成長し、鎌倉時代末期には足利尊氏に戦功が認められ、富樫高家《たかいえ》は建武二年（一三三五）に加賀守護に任じられ、野々市に守護所を置いた。長享二年（一四八八）、加賀で勢いを増す加賀一向一揆衆とそれと手を組んだ一族の富樫泰高《やすたか》（政親の大叔父）によって高尾城に追い詰められ、高尾城にて自刃した。この事件によって、一向一揆衆の存在は一段と重要なものとなり、「百姓ノ持チタル国ノヨウ」と評されることになった。長享の一揆後も一揆方に擁立された富樫泰高が加賀国守護に復帰したが、享禄の錯乱（一五三一）で実質的な地位は失われ、元亀元年（一五七〇）に一向一揆勢によって攻め滅ぼされた。ここに平安時代後期から続いた富樫氏の歴史は幕を閉じる。

【失われた高尾城】　見晴台のある通称「ジョウヤマ」という場所は、昭和四十五年（一九七〇）の土取りによってその大半が失われ、跡地には石川県教育センターが建設された。土取りから免れたごく一部の曲輪に見晴台が整備された。ただ

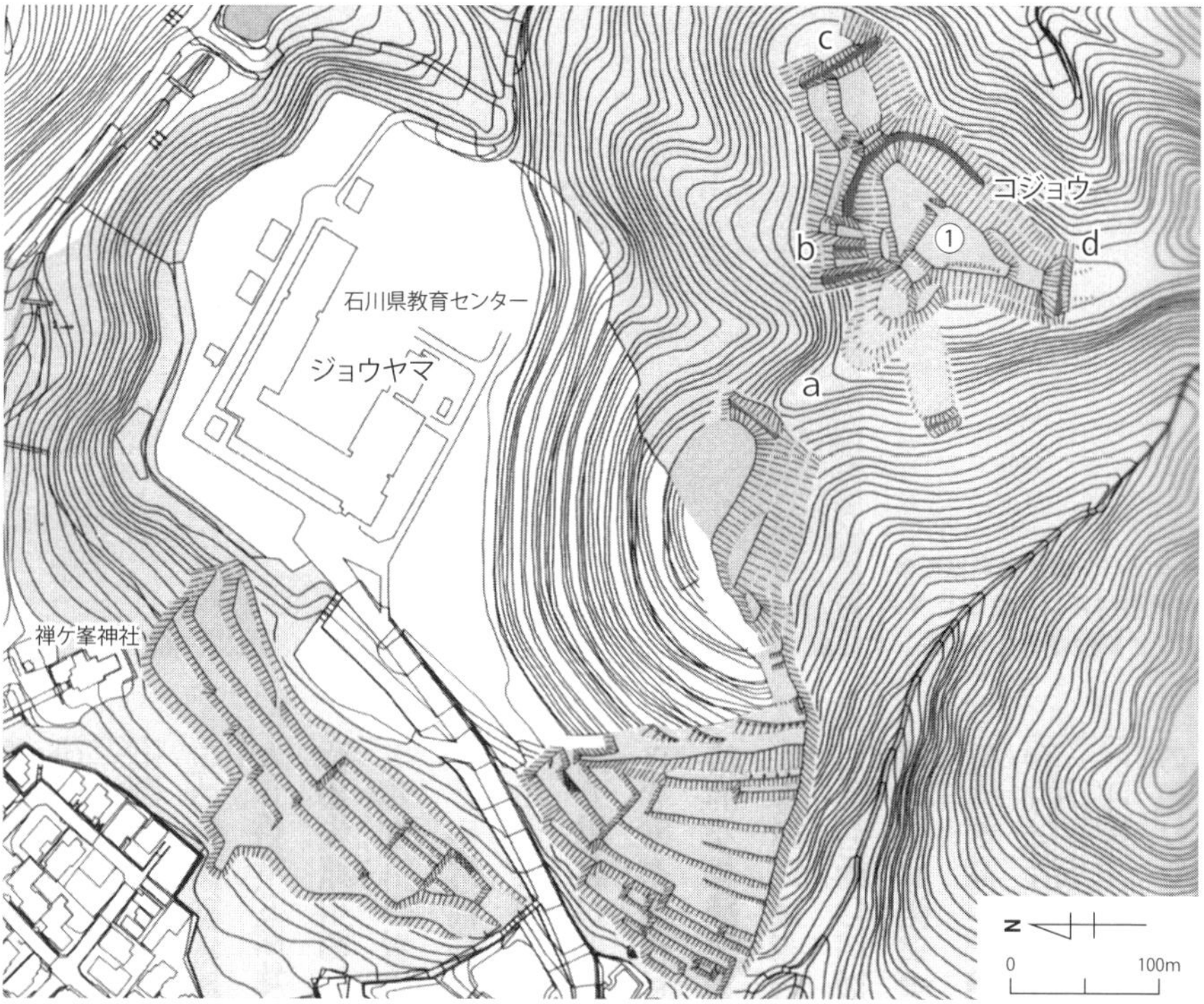

●―高尾城縄張図（『野々市市史』より）

●―高尾城より日本海側の平野を望む

●—「コジョウ」へ向かう細尾根

し、背後の通称「コジョウ」には現在も城の遺構が残されており、往時を伝えている。

【構　造】「コジョウ」は、「ジョウヤマ」に残る曲輪から南東に延びる細尾根aを進んだ丘陵頂部に所在する。主郭①や曲輪、虎口《こぐち》、堀切《ほりきり》、切岸《きりぎし》、竪堀《たてぼり》、畝状空堀群《うねじょうからぼりぐん》bなどが確認できる。「コジョウ」から東と南に延びる尾根には堀切c・dを設置して遮断している。「ジョウヤマ」から延びる尾根には堀切を設けず、また虎口が開口することから両地区は一体的に機能していたと考えられる。また尾根筋は細く両側は切岸の如く急斜面であり、一人ずつしか通行できない。虎口東側のやや緩斜面には畝状空堀群が設けられ、横移動を阻止する。その他の周囲は大きな切岸もしくは急崖で進軍は難しい。

【年代と範囲】　これらの遺構の特徴は、長享の一揆後の一六世紀後半頃に築造された可能性が高く、元亀年間（一五七〇—七三）から天正八年（一五八〇）の柴田勝家軍の侵攻に備えた一向一揆勢が関わった城である可能性が指摘されている。「コジョウ」は周辺ではもっとも標高が高い箇所であり、長享の一揆の頃は「ジョウヤマ」が主体であろうが、何らかの施設は存在した可能性が高い。発掘調査による解明が待たれる。

　なお、高尾城の範囲は、通称ジョウヤマ、コジョウという尾根の先端部付近のみとする説と、富樫氏の墓所と伝わる御《ご》廟谷《びょうだに》（石川県指定史跡）まで含めた広範囲におよぶとする説がある。いずれにしても、金沢平野を一望できるこの地は、日本史上において重要な事件が起きた場所であり、史実を偲ぶことのできる数少ない城跡である。

【参考文献】金沢市教育委員会『高尾城跡分布調査報告書』（一九九〇）、佐伯哲也「高尾城」『加賀中世城郭図面集』（桂書房、二〇一七）

（向井裕知）

●水陸交通の要衝と山麓の武士舘

堅《かた》田《だ》城《じょう》

〔金沢市史跡〕

〔所在地〕金沢市堅田町・深谷町
〔比　高〕約一〇〇メートル
〔分　類〕山城
〔年　代〕一五～一六世紀
〔城　主〕前田利家、不破彦三
〔交通アクセス〕IRいしかわ鉄道「森本駅」下車、徒歩四〇分。またはJRバス「堅田」停留所下車、徒歩二〇分。または北陸自動車道「金沢森本IC」から車で一分、堅田墓地から徒歩一〇分。

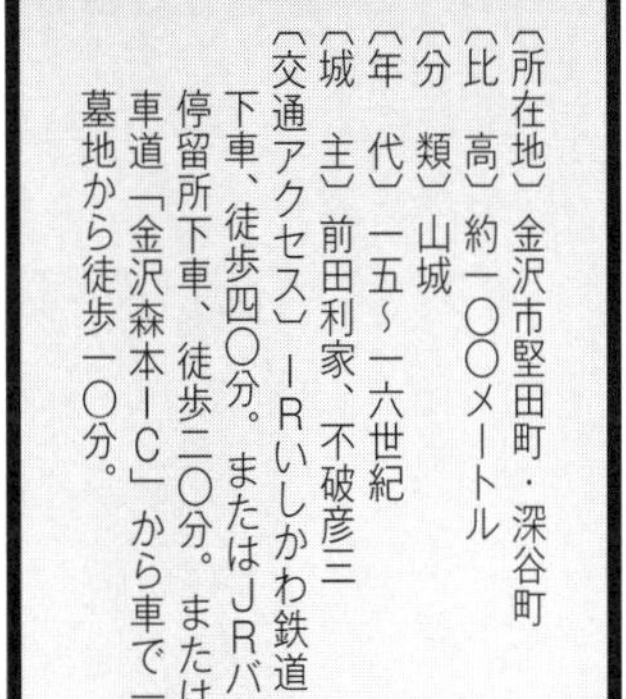

【立地環境】　堅田城は金沢市街地の北東方、河北潟《かほくがた》に流れる森下川《もりもと》の右岸にあり、堅田町の北側丘陵先端部の山頂に位置する。この山頂には国土地理院の四等三角点（標高一一三・三〇メートル）があり、沖積面との比高は約一〇〇メートルを測る。城の南山麓には中世に加越を結ぶ重要なルートであった小原越道が森下川と並行し、ときには交差しつつ東西に走り、西方約一・二キロで旧北陸道と交差する。この城は能登・加賀・越中へあるいは日本海につながる要路に睨みを利かせるには絶好の場所に立地するものといえよう。

【構　造】　尾根の先端部に造成されており、主郭Ⓐをはじめとする曲輪、腰《こし》曲輪、虎口《こぐち》、櫓台《やぐらだい》、土塁《どるい》、堀切《ほりきり》、竪堀《たてぼり》、畝《うね》状《じょう》竪堀群、切岸《きりぎし》などで構成される。主郭は北側に凹地があり、きれいな平坦地となっていない。その北側には尾根⑤を二重の堀切（5、6）で切断している。ここは主郭からの標高差が小さい尾根が延びているため、もっとも大きい堀切を設置している。その他南側や東側にも尾根（①、⑦、⑥）が延びており、それぞれ堀切（2、7）を設けている。主郭周囲は大きな切岸で囲まれており、登るのは困難である。主郭への虎口は平虎口で、主郭西側の曲輪Ⓕへ通じる。その西側と北側はやや緩やかな斜面が続くため、横移動阻害のため畝状空堀群が設けられている。主郭東側にも比較的しっかりと造成された曲輪Ⓖがあるが、主郭からの明確な通路は見当たらない。なお、主郭からは西側の日本海や河北潟、森下川の水上交通、北陸道とその脇街道小原越の陸上交通を見渡すこ

●—堅田城遠景

●—堀切５

とができる絶好のロケーションである。

【発掘調査】　主郭、櫓台、堀切、畝状空堀群で発掘調査を実施した。主郭では、多くが盛土によって造成されていることが確認され、特に北側の尾根方向に大規模な盛土造成を行っ

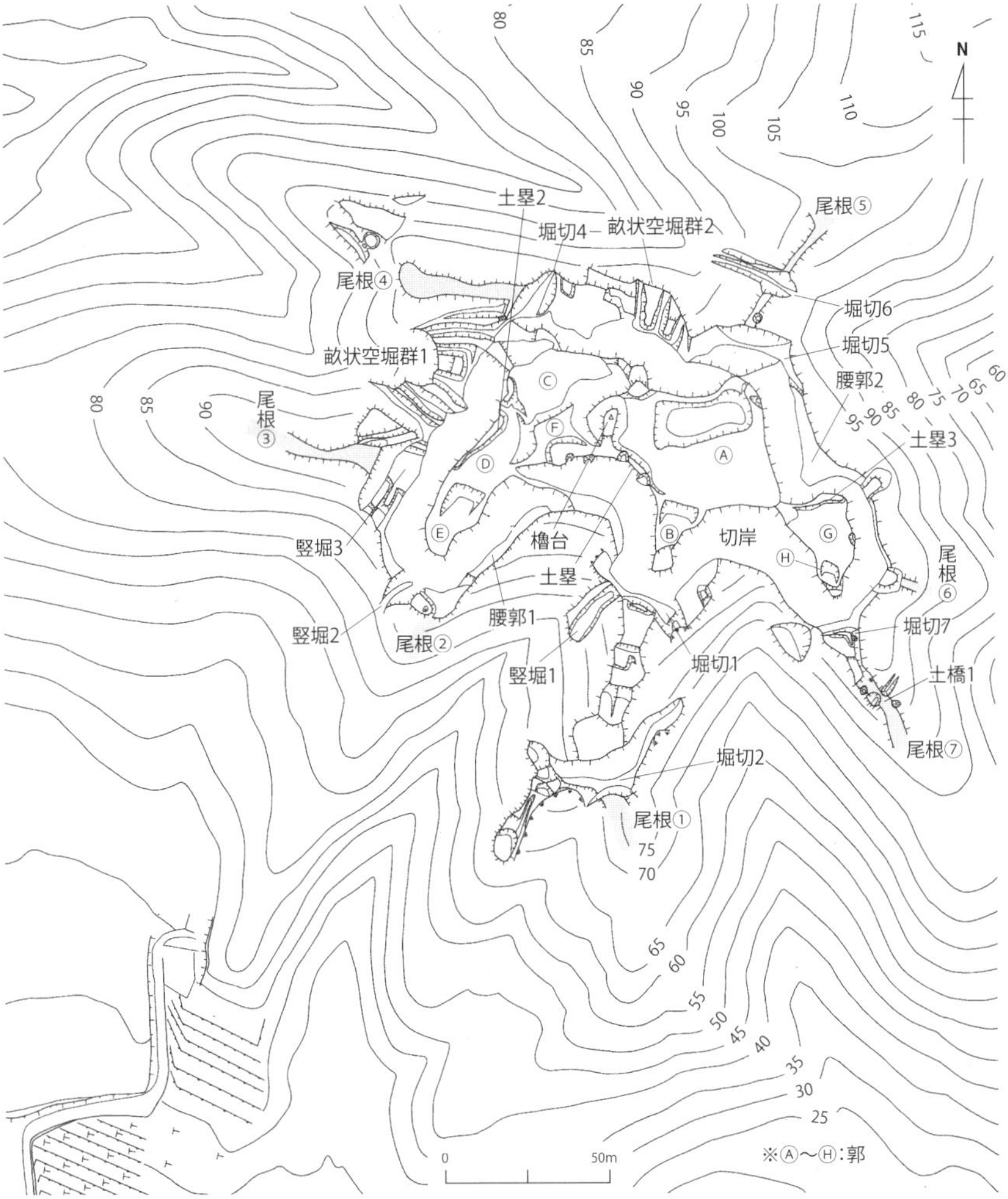

●―堅田城測量図（金沢市 2006 より，一部改変）

ている。現地表下約二メートルには弥生時代後期の土器が出土する層が見つかっており、その上には一三世紀代の盛土、その上には一六世紀代の盛土が確認された。主郭西端の櫓台はそのほとんどが盛土で造られており、柱間距離一・二メートル前後の一×一間の掘立柱建物跡が検出され、物見櫓などの建物が推察される。

北側の堀切4では、現地表面から約一メートルの深さで堀底が確認された。底は薬研堀《やげんぼり》状を呈し、地山は岩盤に近い堅いものであった。尾根を大規模に断ち割った証左であろう。遺物は出土していない。

畝状空堀群では、現地表面から約一・六メートルの深さで畝堀の底を確認した。堀部分は薬研堀を呈す。なお、ここからも弥生土

●—主郭の盛土造成（金沢市埋蔵文化財センター提供）

●—出土土師器皿（金沢市埋蔵文化財センター提供）

器が出土している。

【年代と性格】一五・一六世紀の遺物からは、応仁の乱や一向一揆、天正年間の争乱など軍事的緊張が高い時期には城として利用された可能性が高いといえる。特に現在残っている城跡に関しては、一六世紀代に築造および改修されたものが多いという指摘が縄張研究からなされているが、実際に当該期の遺物がみつかったことは大きな成果といえよう。

【山麓の堅田館跡との関係】主郭の盛土中から出土した一三世紀代の遺物からは、本山城が立地する丘陵裾に所在し、鎌倉時代の武士館・堅田館跡との関連性が指摘できる（五～八頁参照）。堅田館は一三世紀第二四半期頃に堀を構え、居館として機能し始めるが、出土土器はちょうど居館を構える頃のものである可能性が高く、居館が成立する頃に居館背後に位置する丘陵山頂部にてなんらかの造作を行っている可能性が高い。堅田館跡の造営者は森下川と深谷《ふかたに》川、そして堅田城を備える丘陵に挟まれた天然の要害で、なおかつ水陸交通の要衝を選地している。背後の丘陵部は敵からすれば絶好の攻撃拠点であるため、無防備ということは考えにくい。そのため、当地には防御的な施設を構築している可能性は十分に考えられ、今回当該期の遺物が盛土中より出土したことで、その可能性はさらに増したといえよう。

【参考文献】金沢市「堅田城跡の発掘調査」『市内城館遺跡調査報告書』（二〇〇六）、佐伯哲也「堅田城跡」『加賀中世城郭図面集』（桂書房、二〇一七）

（向井裕知）

●加賀国を治めた守護大名の館

富樫館《とがしやかた》

〔野々市市史跡〕

〔所在地〕野々市市住吉町
〔比　高〕〇メートル
〔分　類〕館
〔年　代〕一五世紀第1四半期～一六世紀第1四半期
〔城　主〕富樫高家、富樫政親
〔交通アクセス〕北陸鉄道石川線「野々市工大前駅」下車、南へ徒歩約一〇分で守護所富樫館跡広場。

【守護所と市庭】 富樫館は、建武二年（一三三五）加賀国の守護に任じられた富樫高家《たかいえ》が守護所として、野々市《ののいち》に構えたとされている。野々市は、石川県の県庁所在地金沢市に隣接し、江戸時代には前田氏の居城となった金沢城の城下町から北国《ほっこく》街道で京都方面へ向かう際、最初の宿場町として栄えたところである。ただし、野々市の歴史はそれよりも古く、中世までさかのぼる。

「野々市」の地名は、鎌倉時代後期、白山比咩《しらやまひめ》神社所蔵の『三宮古記』に「野市」と記しており、この時期には存在していたようである。文明十八年（一四八六）京都の聖護院道《しょうごいんどう》興《こう》が、白山や能登の石動山《せきどうさん》など修験道の結束強化を図る目的で北陸地方を巡歴した際、野々市を通っている。そのとき「風をくる一村雨に虹きえての、市人はたちもをやます」と野々市に多くの人々がいたことをうかがえる歌を詠んでいる。また、延徳三年（一四九一）前管領細川政元《まさもと》が越後に下向した際に同行した冷泉為広《れいぜいためひろ》は「稲荷野」の社を拝み「布イチ宿」で富樫氏の菩提寺である大乗寺をみたと記録している。このことから、野々市は地名のとおり、宿場を備えた人々の往来が絶えない市庭《いちば》が機能していたようである。富樫氏がこの野々市に守護館を構えたのは、繁栄している市庭が近接していることから、地域の流通経済掌握の足がかりによると推測される。

【忘れさられた館の場所】 富樫館の場所は、近世に宿駅として栄えた現在の野々市本町地区から南東約二〇〇メートルのところにある。この地は、明治時代の早くに田畑の耕地整理事業が行われ、かつ、現在は宅地化も進んでいることから、往時の館の面影を残すものはみられなくなった。しかし、江戸時代に描かれた絵図や、複数回に渡って実施された発掘調査の成果から、一部館の様相を知る手がかりを見出すことができた。

●—富樫館跡石碑

●—富樫館堀跡（野々市市教育委員会提供）

●—布市神社

【よみがえった守護所】 富樫館の発掘調査は、昭和六十二年（一九八七）より一六カ所で行われている。残念ながら館内における調査は実施されていないが、平成六年（一九九四）の発掘調査で館を囲む堀の一部を確認することができた。堀の規模は、幅六〜七メートル、深さ約二・五メートルの薬研堀《やげんぼり》で、この調査成果から、明治期（一八六八—一九一二）以降、所在地不明になっていた富樫館の位置が明らかになった。また、安政五年（一八五八）郷土史家森田柿園《しえん》が描いた『野々市富樫館址図』をみると、館の周囲を囲った土塁《どるい》の一部を確認することができる。描かれた土塁は、東西六〇・五間（約一一〇メートル）、南北は二条みられ、東側が六七間（約一二一メートル）、西側が四八・九間（約八九メートル）と国内の守護館の規模とほぼ同等である、およそ一町四方の方形区画をした館であ

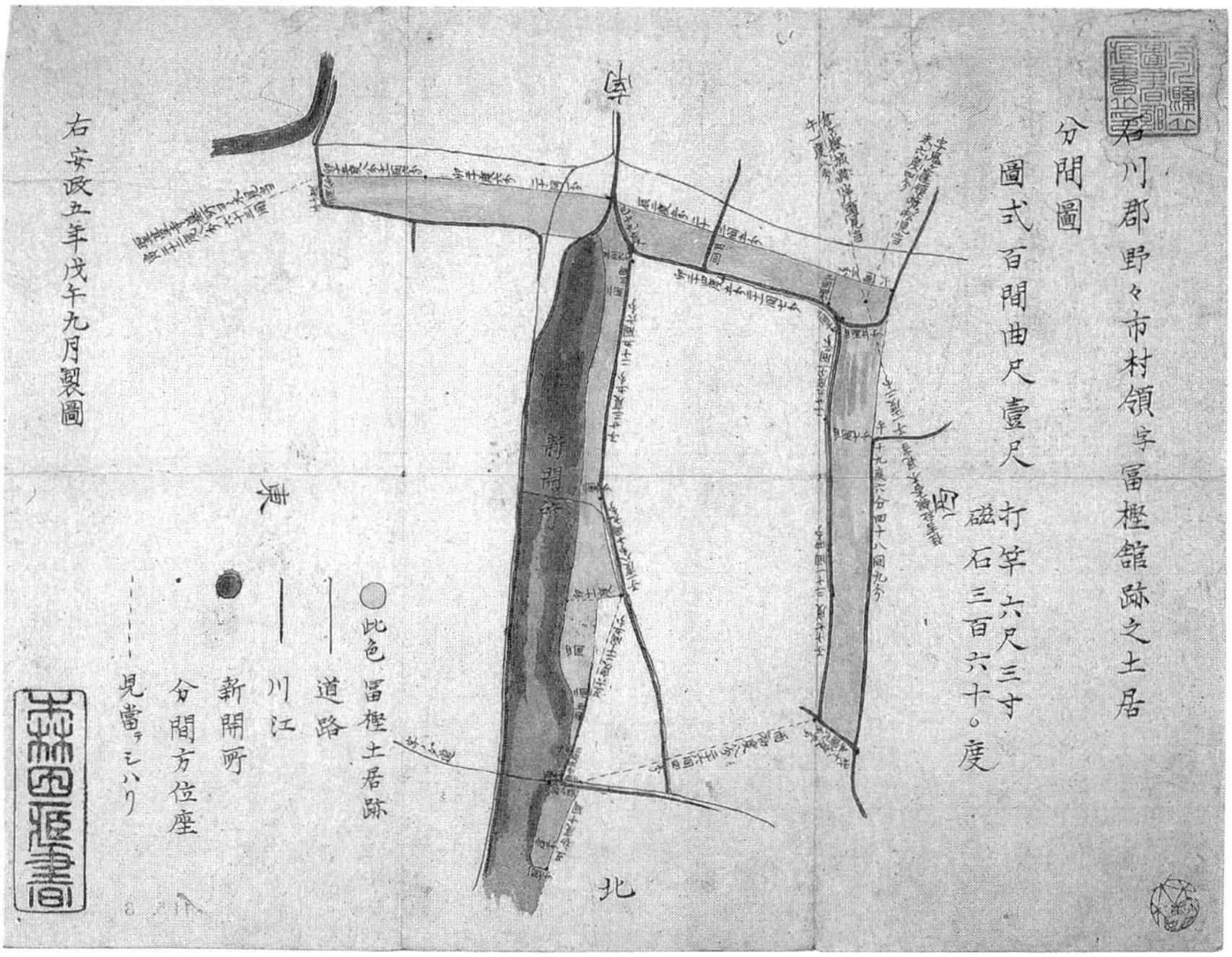

●—森田柿園筆『野々市富樫館址図』（石川県立図書館所蔵）

ったと推測することができる。

現在、発掘調査で確認した堀跡は、市史跡に指定され、説明看板を設けた広場として一般の人々に開放している。また、館から北方二〇〇メートルの北陸鉄道石川線野々市工大前駅の隣には、昭和四十二年（一九六七）地元有志が富樫氏を広く知ってもらう目的で、「富樫館跡」の石碑（市指定史跡）を設置している。近世の宿駅であった本町地区内にある布市《ぬのいち》神社は、住吉の宮（市指定史跡）と呼ばれ、富樫氏を祀った由緒ある神社である。また、この神社の前を通る旧北国街道沿いには市郷土資料館があり、富樫氏を紹介したコーナーや資料などを展示している。

富樫館は堅固な堀と土塁で囲まれた加賀国を代表とする壮麗な守護館であったようであるが、当時の様子を見ることはできない。しかし、その周辺一帯には、富樫氏に関わる旧跡や資料館などが点在している。ぜひ、それらの場所を訪れて中世における加賀国の中心地であった野々市や富樫館の様相を体感していただきたい。

【参考文献】「遺跡から見た加賀の守護所」『城下町科研・金沢研究集会　中近世移行期前田家領国における城下町と権力―加賀・能登・越中』（城下町科研・金沢研究集会実行委員会、二〇一六）

（田村昌宏）

富樫兄弟の政争、幸千代側の山城

虚《こ》空《く》蔵《ぞう》山《さん》城《じょう》

〔能美市史跡〕

〔所在地〕能美市和気町・舘町
〔比　高〕九〇メートル
〔分　類〕山城
〔年　代〕一五世紀後半・一六世紀中頃
〔城　主〕伝富樫幸千代
〔交通アクセス〕北陸鉄道「鶴来駅」からのみバスさとやまルート「寺畠」下車すぐ、虚空蔵山登山口。

【城の由来】　虚空蔵山城は、能美丘陵北西、標高一三七・七メートルの虚空蔵山山頂を含む尾根づたいに築城されている。能美平野からは三キロほど谷に入ったところにある。本丸がある山頂からは、北方に手取《てどり》川によって形成された手取川扇状地や西方には能美・小松平野から日本海まで眺望することができる。

この場所から谷を奥地へ進めば、最後の一向《いっこう》一揆《いっき》の砦と知られる鳥越城へ到達する。また、北東の山間地を進めば、白山信仰の本宮がある鶴来《つるぎ》市街地へ出ることができる。

この城の城主は、加賀守護代であった富樫政親《まさちか》の弟であった富樫幸千代とされている。幸千代は、文明六年（一四七四）十月に兄政親軍に屈した。一世紀後には、一向一揆の旗頭であった荒川市助（金剛寺三郎右衛門）、中川庄左衛門、永山治郎などが、居城していたが、天正三年（一五七五）に織田信長軍の佐久間盛政《もりまさ》の攻撃により落城したとされている（『越登加三州志』では「鍋谷城」と書かれる）。その後、荒川市助ら一向一揆勢は、逃げ延びるが、天正八年には、柴田勝家らにより加賀の一揆勢は制圧され、十一月十七日に、その首謀者一九名の首が安土城下の松原西で晒された事で終焉を迎える（『信長公記』）。その首の中に荒川市助や長山九郎兵衛ら同地域の人物が含まれている。

【城の構造】　虚空蔵山の山頂部（標高一三七・七メートル）を本丸とし、本丸から派生する四つの尾根筋に曲輪を形成した環曲輪式山城である。城の範囲は東西約六〇〇メートル、南北約四〇〇メートル

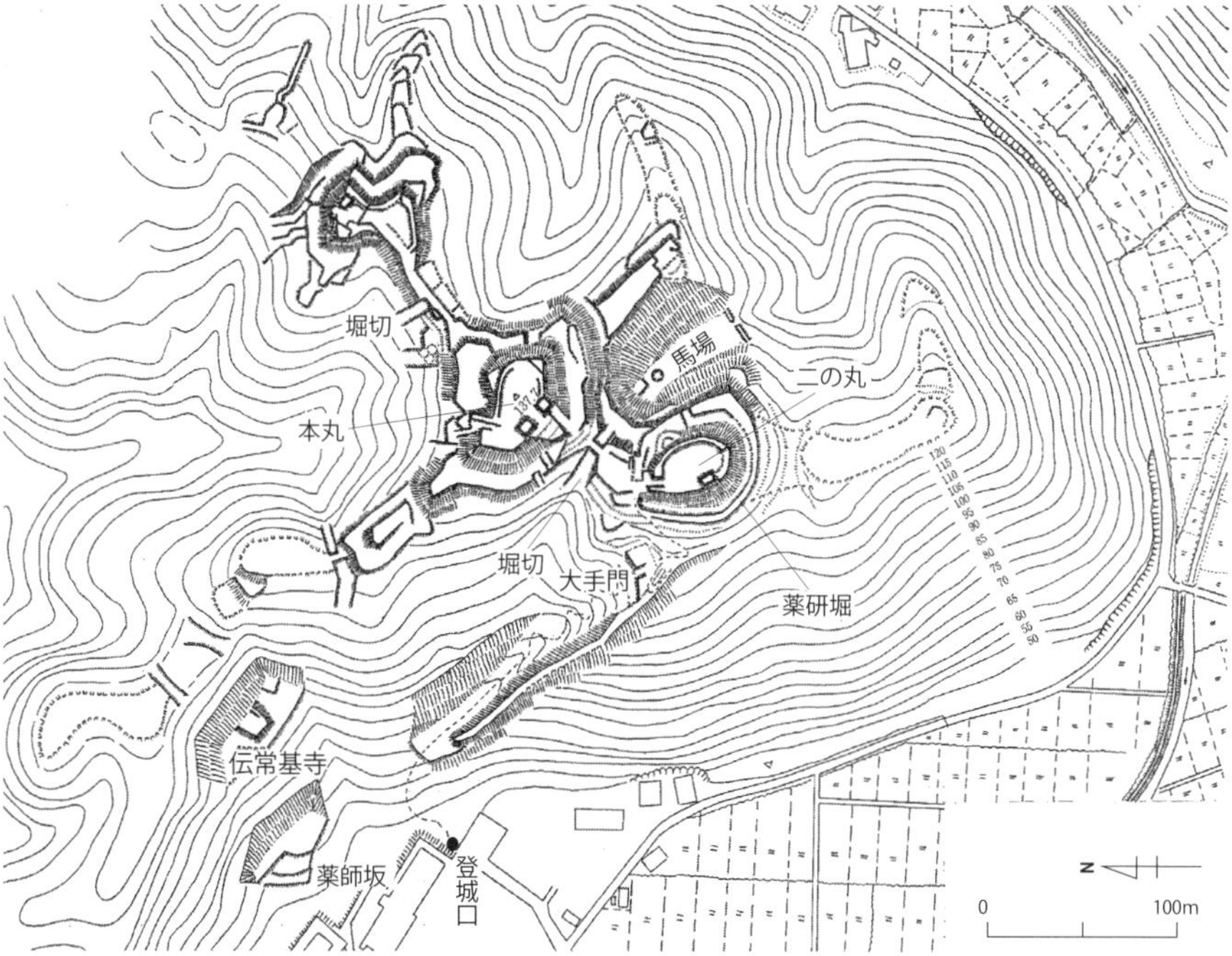

●—虚空蔵山城縄張図（作図：佐伯哲也）

●—虚空蔵山城遠景

である。七ヵ所の平坦地があり、本丸、二の丸、馬場、大手門として呼称されている。曲輪と曲輪の間には堀切《ほりきり》があり、本丸と二の丸には土塁《どるい》が形成され虎口《こぐち》が配されている。

馬場と呼ばれる南側の平坦地は、本丸に対する搦手《からめて》として利用されていたと考えられ、この部分に門のような施設があったと推定される。形状は南方からの攻撃に対して喰違い《くいちがい》となる虎口として工夫されている。また、二の丸から本丸への虎口、大手門の虎口も、北側からの攻撃に備えて喰違い構造となっている。本丸の周囲には幅広い腰曲輪が巡っている。北西と北東の一部では地形が急峻となっており、腰

●—大手門からみた和気の眺望

●—本丸の平面

曲輪がない。

なお、本丸の北東側崖地に「黒岩」と呼ばれる凝灰岩の露頭があり、伝説によると過去にここから金の茶釜が出土したとされる。あくまでも伝説であり、板状の大きな板石は、古墳時代後期の横穴式石室の天井板にも類似しているように見えるが、詳細は不詳である。

二の丸の周囲には、薬研堀《やげんぼり》がめぐらされている。昭和五十五年（一九八〇）から六十二年にかけて実施された発掘調査の成果によるとV字状に深く掘り込まれていた。さらにその外側に腰曲輪が幅三メートルに亘ってめぐらされている。

大手門の北西側の道は、現在の集落を結ぶ登城道で、尾根と谷地形をうまく利用したもので、登道に並行して「石垣」と呼ばれる岩盤を削り出しによって調整した土塁が一五〇メートル続く。

なお、北西の山斜面に「常基寺」と呼ばれた平坦面二面がある。手前の坂は「薬師坂」とよばれ、平安時代からの中世にかけて営まれた山岳寺院と推定される。十数年前には、九世紀の須恵器破片が確認されている。

【まとめ】 虚空蔵山城は、能美丘陵の中央部に位置し、文明の一揆、織田軍の北陸制圧時に使用された重要な山城である。

昭和五十五年から六十二年にかけて実施された発掘調査では、堀や土塁、野面積み石垣が確認された。出土遺物は、一六世紀中頃の尾張天目碗、青華磁器碗、砥石、灰釉碗、加賀焼陶器の破片、砥石である。

【参考文献】 辰口町教育委員会『虚空蔵山城跡』（一九八八）

（小阪　大）

●古墳を改造した山城

和《わ》田《だ》山《やま》城《じょう》

〔所在地〕能美市和田町
〔比　高〕二五メートル
〔分　類〕山城
〔年　代〕永正三年（一五〇六）室町時代中期・天正八年（一五八〇）
〔城　主〕和田坊超勝寺、安井左近カ
〔交通アクセス〕JR北陸本線「金沢駅」から北陸鉄道バス「寺井史跡公園前」停留所下車、徒歩五分。

【城の由来】 和田山城は能美平野の中心に位置する、和田山の南側を利用した山城である。城跡の全域が、国史跡能美古墳群の一部、和田山・末寺山《まつじやま》古墳群の中に含まれている。西側には、金沢と加賀市大聖寺を結ぶ街道が接している。

城の由来は、永正三年（一五〇六）夏、越前国朝倉氏との九頭龍《くずりゅう》川の戦いで敗れた一向一揆《いっこういっき》側の和田坊超勝寺が築城したという。また、天正八年（一五八〇）の織田の加賀一向一揆攻めの際には、柴田勝家《かついえ》の家臣安井左近が居城したという（「加賀志徴」など）。

【城の構造】 城は、能美平野を南西側に見渡すことができる標高三六メートル、比高差は約二三メートルから二七メートルで和田山の南側尾根を利用している。城域は約二万二五〇〇平方メートルである。

城は、北西の方向の街道を意識し、大きな堀切《ほりきり》や土塁《どるい》を配して形成されている。なお、北側の尾根では、七基の古墳の墳丘をみることができる。城と古墳群は南尾根の中ほどで大きく逆L状の堀で仕切られる。尾根の最南端が主曲輪で、本丸と呼ばれている。

南北に延びる尾根の中央部に虎口《こぐち》、枡形《ますがた》を置き、そこを中心として南に本丸、北に二の丸が配されている。

本丸は二重の土塁と堀で囲まれ、長辺が約六〇メートル、短辺が約三〇メートルを測る。本丸の中心には、高さ三メートルの不定形な方形の盛土による物見櫓台《ものみやぐらだい》がある。これは、弥生時代後期から古墳時代初期に築造された方墳（和田山九号墳）を転用したものである。昭和三十九年（一九六四）と昭和五十四に発掘

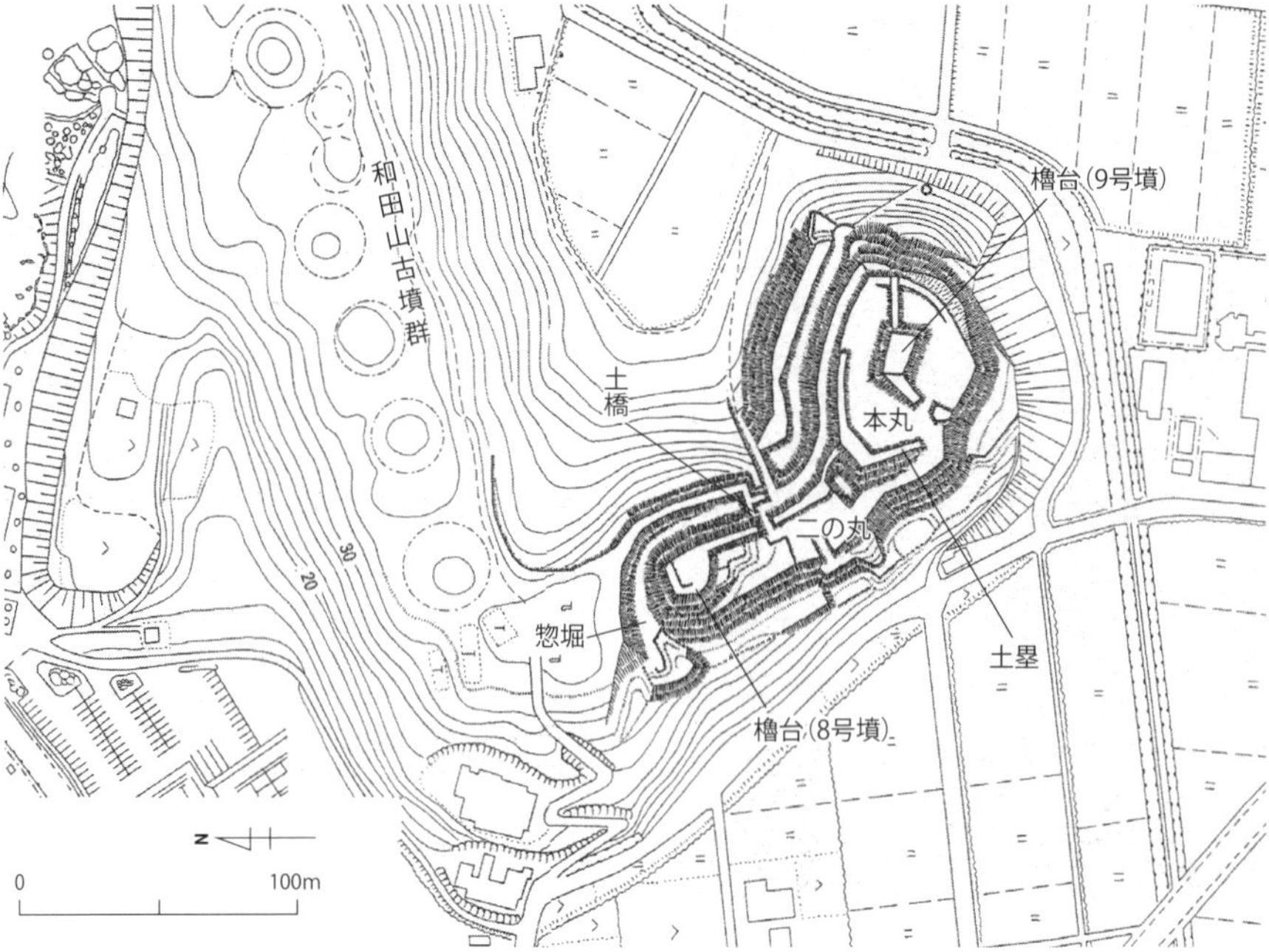

●—和田山城縄張図（作図：佐伯哲也）

●—和田山城遠景

調査が実施され、主体部の木棺からは、ヒスイ、碧玉管玉《へきぎょくくだたま》、素環頭《すかんとう》鉄刀、鉄刀などが出土した。なお、調査で発見された和田山城の時期の遺物はない。

二の丸は、ほぼ方形を呈し、長辺が約五〇メートル、短辺が約二二メートルである。北隅には、土塁と連動して櫓台がある。これも、古墳の墳丘部をうまく転用した櫓である。

●—惣堀と土橋

本丸・二の丸を通して、曲輪の北側には、幅約一五メートルの巨大な空堀と土塁が築かれ、北に対しての防御を意識した城といえる。

【まとめ】和田山城は、加賀一向一揆の勢力と対峙し一六世紀に二度にわたり、北の白山麓勢力を意識して築城された城である。一度目の越前朝倉氏から逃れた和田超勝寺グループは、その後、同じく越前から逃れた本覚寺と組んで加賀において活動を始めたところ、加賀において先に活動していた本願寺八世蓮如の子息が経営した加賀三ヵ寺（本泉寺・光教寺・松岡寺）と激しく対立した（享禄の錯乱）。和田山城の原型は、この時に形成されたと推測される。

その後、八〇年が過ぎ、織田信長の軍勢が加賀の一向一揆を制圧した天正八年にも使用され、北の白山麓山之内衆や、松任・金沢方面の金沢御堂を中心とする一向一揆勢制圧のため使用された要所の城といえる。

【参考文献】寺井町教育委員会『和田山・末松古墳群概報』（一九六八）、寺井町教育委員会『国指定史跡和田山・末寺古墳群環境整備報告書』（一九八三）、石川県教育委員会『石川県中世城跡調査報告書Ⅲ（加賀Ⅱ）』（二〇〇八）、佐伯哲也『加賀中世城郭図面集』（桂書房、二〇一七）、佐伯哲也『戦国の北陸動乱と城郭』（戎光祥出版、二〇一七）

（小阪　大）

●織豊期の石垣の曲輪

舟《ふな》岡《おか》山《やま》城《じょう》

〔白山市史跡〕

〔所在地〕白山市八幡町
〔比　高〕七三メートル
〔分　類〕山城
〔年　代〕天正八年（一五八〇）
〔城　主〕若林長門、高畠定吉
〔交通アクセス〕北陸鉄道「鶴来」駅から北陸鉄道バス「加賀一の宮」停留所下車、徒歩一〇分。

【城の由来】　舟岡山城は、鶴来《つるぎ》市街地や手取《てどり》川扇状地を一望できる舟岡山（標高一八六・二㍍）の南端部に石垣の曲輪が残っている。南方は、北方とは対象的な手取川沿いの白山麓の谷間集落を望むことができる。城の西側は手取川が流れその右岸側には、金沢と白山麓集落を結ぶ白山往来が通る。この手取川の川岸には、かつて手取川を渡河する渡舟が明治時代まであり、舟着場の跡も残っている。舟岡山は、河岸段丘崖が手取川の浸食によって形成された南北五七五㍍、東西三四〇㍍の独立丘陵である。舟底のような形からこのような名称となっている。文献上は、舟岡城、剣城、白山城、八幡城と書かれるが、往時の頃の名称の文献はなく名称は不詳である。

城の歴史は、戦国時代以前は、平安時代末期に手取川扇状地右岸を治めていた在地の土豪林六郎光明・富樫佛誓入道が、この城で河内（白山麓地方）を守り、京より北上した平維盛と越前燧城《ひうちがじょう》にて、戦闘後、敗北、舟岡山城を退去したとされる（『石川郡誌』）。その後、『越登賀三州志』によると、本願寺一派の坪坂《つぼさか》伯耆入道や坪坂平九郎が居城したとされる。

天正八年（一五八〇）四月に織田信長の軍勢が加賀の一向《いっこう》一揆《いっき》を制圧するため加賀の地に入った時には、本願寺から派遣された若林長門父子が居たとされ、同年十一月には鳥越城の鈴木出羽守と伴に首が安土城下に晒された記載（『信長公記』に記載）があることから、これ以前に落城したと推測さ

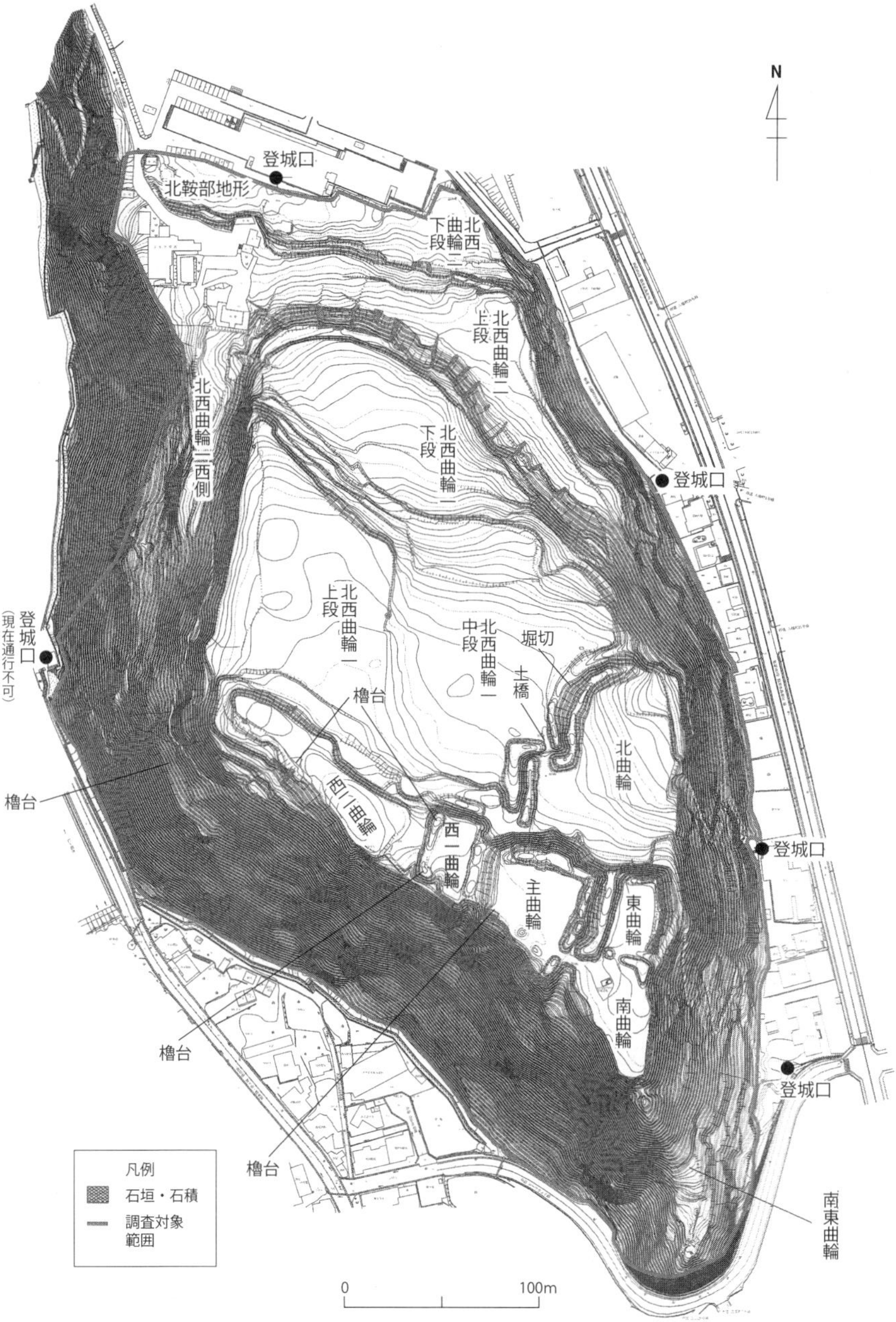

●—舟岡山城縄張図（作図：白山市教育委員会）

●—舟岡山城遠景

れる。

その後、織田配下の丹羽長秀が入城するが、詳細は不詳である。

天正十一年六月、前田利家が金沢城に入城してからは、重臣の高畠定吉に石川郡の村々を扶持し、金沢の南の守りとして当城を与えた。以後、高畠定吉が、隠居する慶長六年（一六〇一）まで居城したとみられる。その後、廃城となったとみられる。

【城の構造】　城は、南北に延びる尾根を、土《ど》・石塁《せきるい》、空堀《からぼり》で仕切り、六つの曲輪からなる。

北側には広大な平坦面が二面あり、尾根の東西を仕切るように、東西約一二五メートル、幅約一五メートルの堀切《ほりきり》がある。もっとも頑丈な石垣が築かれているのは主曲輪である。主曲輪の石塁の幅は上面で二メートルあり高さは、最大で二・五メートルを測る。主曲輪の東側の石垣と北側の石垣は頑丈でそれぞれ櫓台《やぐらだい》跡が残されている事から多門《たもん》櫓であった可能性が指摘されている。主曲輪には、他に北西隅と南西隅に石垣の櫓台跡が残されている。南西隅の櫓台は、半壊状態で廃城以後に故意的に破壊されたとみられる。

西一曲輪と東曲輪に関しては、主曲輪の副郭でそれぞれ幅約一五メートル。深さ約二・五メートルの空堀で、主曲輪に対して枡形門《ますがたもん》的な機能を兼ねる。西一曲輪は、北西と南西隅に石垣の櫓台を持つ。東曲輪の前には、九十九《つづら》折《おり》の登城路がある。登城路の前には、小川（後世川）があり、城との境となる。

西一曲輪は北西方向や北曲輪からの侵入に対して枡形門的な機能を持つ曲輪である。侵入路に関しては故意的に南側の崖面に回している。西二曲輪は舟岡山の西に位置する手取川の舟着き場に接続する曲輪であり西端に防御施設跡があった加工された平坦面と舟着き場に至る九十九折の登城路がある。北曲輪は、北側、東側に対する曲輪で北東から南西にかけて、強大な空堀と土塁が構築されている。北側の搦《からめ》手《て》には土橋《どばし》がある。東側にも登城路がある。

●―舟岡山城主郭南西側石垣

南曲輪は尾根の南西に延びる平坦面で、「ヒスミ」と呼ばれている。現在ここには白山比咩神社創建の地の石碑がある。ここより南西一〇キロの先には、一向一揆最後の砦とされる鳥越城がある。

【まとめ】　舟岡山城は、手取川扇状地や白山麓のどの方向からも見ることができる。天正八年（一五八〇）織田軍は、一向一揆の若林長門のこの城を抑え、何度か奪回を繰り返した鳥越城に対する守りや手取川の能美郡の守りのために当時としては珍しい石垣の城を構築した。前田利家の金沢入城後も、この城の重要さから重臣高畠定吉を配置する。この城の廃城後の破城は部分的である。金沢城に対しての、南の守りとなり有事に使用するための意図が加賀藩の姿勢にあった可能性がある。

【参考文献】鶴来町教育委員会「鶴来町指定史跡舟岡山城跡」（舟岡山城跡区域検討懇話会、二〇〇四）、石川県教育委員会「石川県中世城跡館跡調査報告書Ⅲ（加賀Ⅱ）」（二〇〇八）、白山市教育委員会「白山市舟岡山城跡」（二〇一七）、佐伯哲也『加賀中世城郭図面集』（桂書房、二〇一七）、佐伯哲也『戦国の北陸動乱と城郭』（戎光祥出版、二〇一七）

（小阪　大）

●加賀一向一揆最後の砦

鳥《とり》越《ごえ》城《じょう》

〔国史跡〕

〔所在地〕白山市三坂町
〔比　高〕一三五メートル
〔分　類〕山城
〔年　代〕天正八年（一五八〇）
〔城　主〕鈴木出羽守、毛利兵衛
〔交通アクセス〕北陸鉄道バス「釜清水」から徒歩二五分、小松バス「別宮」から徒歩二〇分。

【城の由来】 鳥越城は、白山麓の鳥越地区、白山市三坂町の通称「城山《しろやま》」の頂上部尾根に築かれた山城である。南西方向に約七五〇メートルには二曲城《ふとげじょう》があり、両城は、加賀一向一揆の山城として整備され国の史跡となっている。平成二十九年（二〇一七）には、日本城郭協会の日本続一〇〇名城に選定された。

本城の城主は、紀伊雑賀一揆《きいさいかいっき》の首領鈴木孫一重秀の一族である鈴木出羽守といわれている。鈴木出羽守は本願寺から派遣されていた武将とされている。『信長公記』には、天正八年（一五八〇）織田信長軍が、加賀の一向《いっこう》一揆勢制圧のため鳥越城に入り、同年十一月には当城の城主であった鈴木出羽守本人を含む本願寺集団と加賀一向一揆の首領の首一九を安土城下松原町に晒したことが記載されている。

織田軍による鳥越城の攻防は、いったん終息したが、その四ヵ月後、一向一揆残党が対峙する二曲城を拠点として、織田方柴田勝家の重臣であった毛利兵衛ら三〇〇名が駐屯していた鳥越城を奪還した。織田信長は、金沢城にいた佐久間盛政に指示し、再び当城を征圧し、破城した。短い期間にいくども城の奪還が繰り返されるなど加賀白山麓において重要な拠点城であったことがうかがえる。

【城の構造】 城は、標高三一二メートルの山頂部の尾根を南北に約二〇〇メートル、東西に最大で約六五メートルにわたり堀切、土塁などで、仕切り本丸を中心として六つの曲輪からなる。

本丸の北側には、岩盤をくり抜いた薬研堀《やげんぼり》があり、南側には野面積みの枡形門《ますがたもん》が築かれている。
枡形門の延長約七五〇メートル先には二曲城跡の本丸、二ノ丸を望むことができる。

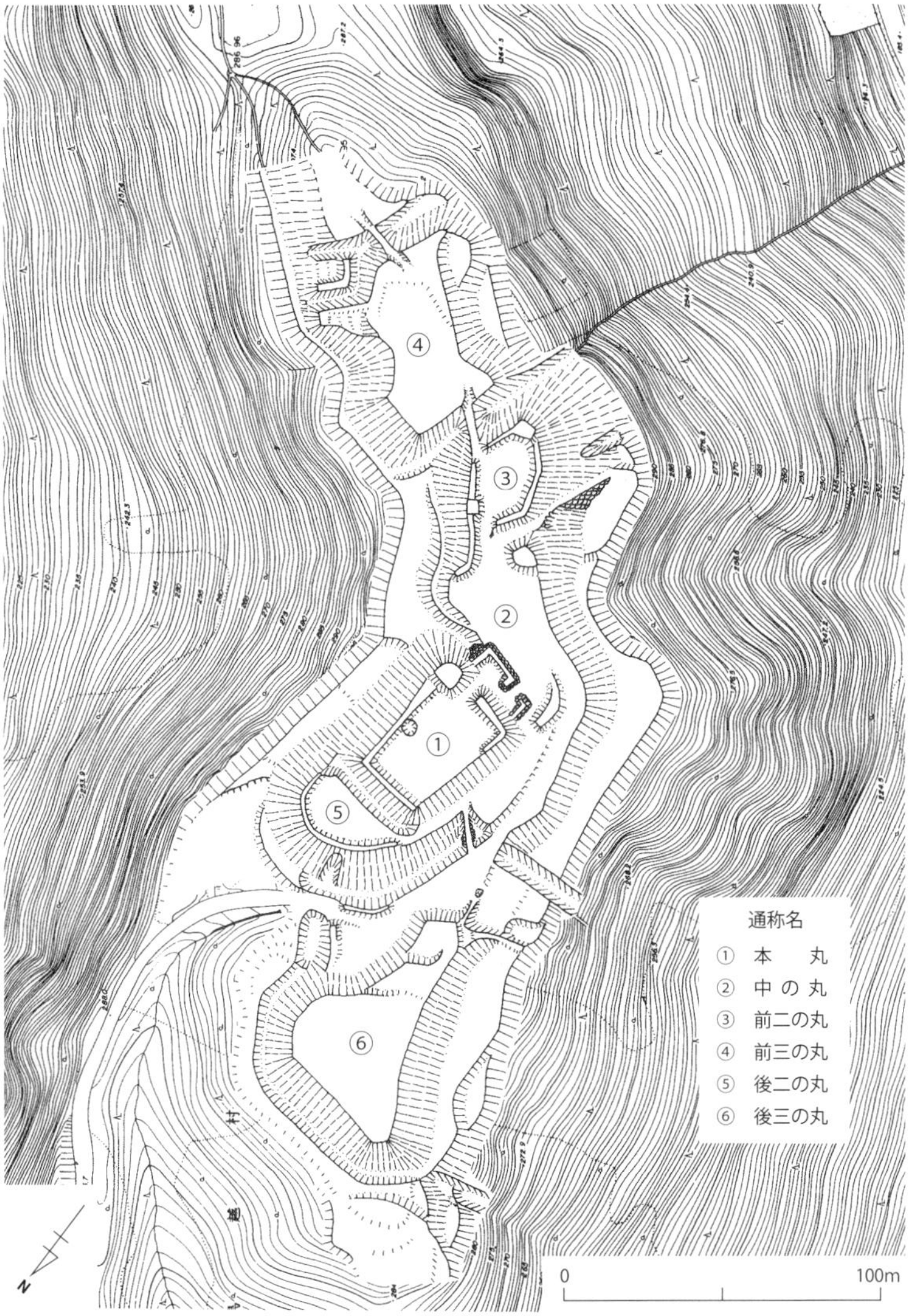

●—鳥越城縄張図（作図：田村昌宏）

さて、鳥越城に関しては、昭和五十二年（一九七七）から平成十四年（二〇〇二）にかけて、旧鳥越村教育委員会により一五次にわたり、延四四五〇平方メートルの発掘調査が実施され詳細な状況が確認されている。調査では、少なからず、二時期（一向一揆時代と織田軍が占領した時代）が確認され、最後は、織田軍により破壊された事が判明している。一向一揆の時代は、掘立柱建物が主体で、織田軍の占領した時代は、礎石建物となる。また、本丸に付随する石垣の枡形門だが、一向一揆時代の深い堀を埋め立てた上に築かれている。櫓跡は手取川の谷往来と大日川の谷往来を俯

●―枡型門と復元された本丸建物

瞰するように二ノ丸と本丸に合わせて三ヵ所設置され、いずれも礎石建物である。

発掘調査からは、多量の出土遺物も発見された。中国景徳鎮窯・彰州窯の青花磁器や龍泉窯の緑釉の磁器や香炉、交趾《こうち》窯製の磁器紅皿、愛知県の大窯製の天目茶碗、茶入れ小壷、越前焼・珠洲《すず》焼・備前焼・信楽《しがらき》焼の甕《かめ》・壺・鉢、土師器《はじき》の小皿、刀、甲冑の部品、鉄炮玉、砥石、石製鉢、茶臼、炭化米など多種多様なものが出土した。特に、鉄炮玉は約一〇〇点出土しており、発掘調査された城としては国内有数の出土数である。しかも、その八割が青銅製で、通常錫製のものと比べ珍しい。枡形門の近くで鞴《ふいご》破片や銅滓《どうさい》や錫《すず》滓も出土しており、鳥越城跡で生産された可能性がある。銅銭の成分を分析したところ、当時通貨として使用していた渡来銭の成分と近似していることが興味深い。

●―後二の丸空堀

【まとめ】 鳥越城は、発掘調査により一向一揆勢と織田勢が直接対峙した「一向一揆最後の砦」として戦った跡がわかる山城である。その内容は、『信長公記』の記録とも一致している。戦いは、天正八年四月頃から始まり、十一月に一揆の首謀者一九名の首の安土献上で終息したかに思えるが、翌年二月には、二曲（府峠）城にて蜂起があり、山之内衆《やまのうちしゅう》を主体とする一向一揆勢はふたたび鳥越城を奪還することができた。この時、柴田勝家《かついえ》の部下毛利兵衛を率いる織田軍三〇〇名が討死した。その後、金沢城に居城していた佐久間盛政《もりまさ》がこれを鎮圧した。そして三〇〇名余が織田軍により磔刑になることにより終息した。

これらの発掘調査の成果や出土遺物は、史跡地近くにある白山市立鳥越一向一揆歴史館でみることができる。

●—二曲城縄張図（鳥越城の南800mに対峙する）（作図：田村昌宏）

【参考文献】鳥越村教育委員会「鳥越城跡発掘調査概報」（一九七九）、白山市教育委員会「国指定史跡鳥越城跡附二曲城跡発掘調査報告書」（二〇一六）、石川県教育委員会「石川県中世城跡館跡調査報告書Ⅲ（加賀Ⅱ）」（二〇〇八）、佐伯哲也『加賀中世城郭図面集』（桂書房、二〇一七）、佐伯哲也『戦国の北陸動乱と城郭』（戎光祥出版、二〇一七）

（小阪　大）

お城アラカルト

一向一揆の戦い

木越祐馨

近世に語られた一向一揆《いっこういっき》は、「南無阿弥陀仏」のむしろの旗に、蓑・笠を着し、竹槍・鋤・棒を持つ姿が、『絵本拾遺信長記』に版行され、農民の一揆として定着した。さらに鎧を着した裹頭《かとう》姿の顕如《けんにょ》像が描かれ、合戦を指揮する本願寺宗主が強調された。これらは中世の一揆とは異なることはいうまでもない。当時の史料からその実態にせまってみたい。

一五世紀後半に成立した加賀の一向一揆は、享禄四年（一五三一）守護を国外に退去させ、天文十五年（一五四六）金沢御堂《みどう》を建立して拠点とした。御堂には大坂本願寺から内衆が派遣され、一揆衆から御上使と呼ばれ、やがて常駐するようになる。御蔵衆・御堂衆も下向し、軍事・財政と仏事を担当、一揆衆を指揮した。

元亀元年（一五七〇）に始まる石山合戦は、畿内の影響が大きく加賀におよび、一向一揆の姿を変質させたといえよう。たとえば御蔵衆は茶の湯・古典文学を嗜んでおり、一揆衆へも浸透したことであろう。

軍事において、明らかな事例として山内《やまのうち》と呼ばれた白山麓での鳥越城の構築をあげることができる。手取《てどり》川支流の大日川流域の峡谷に位置し、山内衆を統率する鈴木出羽守の拠点となった。鈴木氏は対岸の二曲を居城としていたが、南加賀平野部に展開する織田勢に対抗すべく新たに築城したのであった。『信長公記』にみえる大坂本願寺に加賀から呼ばれた城作《しろづくり》が加わったに違いない。

天正八年（一五八〇）四月織田方の将柴田勝家《かついえ》によって金沢御堂が開城すると、一揆方は山内を中心に抗戦した。鳥越城のほかに能美低地に近い波佐谷城などとも連携がなされ、長期戦に突入していった。山内に展開した一揆は、地の利を得てよく戦ったのである。戦いの様子は、『絵本拾遺信長記』の挿入図と異なることはいうまでもない。

長期戦を嫌った勝家は、降雪を目前とした十一月、調略によって、鈴木出羽守以下の一九人を生害に追込み、ようやく一向一揆を解体させたのである。

●加賀国守護富樫の重臣の城

槻《つき》橋《はし》城《じょう》

〔白山市史跡〕

〔所在地〕白山市月橋町
〔比　高〕一四〇メートル
〔分　類〕山城
〔年　代〕長享二年（一四八八）・天正八年（一五八〇）
〔城　主〕槻橋兵庫守重能
〔交通アクセス〕北陸鉄道石川線「日御子駅」下車、徒歩一〇分。

【城の由来】　槻橋城は、手取川扇状地を西に望むことができる獅子《しし》吼《く》山地の御蔵山《おくらやま》の中腹部、標高二二五メートルから一九〇メートルに位置する。城の真下には、金沢と鶴来を結ぶ鶴来《つるぎ》街道が通る。城跡がある山稜は「御蔵《おくら》山」とか「蔵山《くらやま》」と呼ばれており、以前からここで炭化米が出土し、ここにお蔵があったとの伝承による。城名の由来は、室町時代加賀国の守護であった富樫政親《まさちか》の重臣槻橋兵庫守重能がこの城を与えられ、この周辺一帯を治めていたことによる。城の麓にある月橋町も同重臣の名称による。

【城の構造】　城の規模は北東から南西へ一七〇メートル、北西から南東へ一七〇メートルの大きさである。

主曲輪は尾根の最上部に位置し、尾根の上部とは自然地形を利用した深さ三メートルから六メートル、長さ四〇メートルの大規模な堀切《ほりきり》によって仕切られている。主曲輪の東側面には、犬走りの面が確認できる。主曲輪は、縦二六メートル、横一四・五メートルの平坦面に、四面に上面幅二〜四メートル、高さ一・五〜二・五メートルの頑丈な土塁《どるい》が巡っている。北西方向の土塁の上からは、遠く金沢城を眺めることができる。主曲輪は、西側尾根と南側尾根に他の曲輪に通ずる虎口《こぐち》を持つ。二つの尾根は、谷を挟んでおり尾根上に土塁や小規模な平坦面が小刻みに造成され、複雑な構造となっている。両方の尾根ともに、集落に通ずる。集落からの入口は急峻な道となっており、場所によっては、元の地形を大きく掘りこんで登城道が形成されている。西側の尾根筋の先には、上部の主曲輪を防御すべく土塁が尾根を切って築かれている。南の尾根筋は、東側の谷を遮断するように南北に仕切られた土塁と南西方向へ逆くの字に幅二～三メートル、高さ二～三メートルの土塁が築かれている。そして、土塁の南西には地形に沿って小規模な段々畑状の平坦面が築かれている。この平坦面上には、一辺が二～三メートル、深さが五〇センチの方形状の土坑が約二〇基程度、表面状で観察できるが、防衛状の機能は不詳である。

●—槻橋城縄張図（作図：小阪 大）

【まとめ】 槻橋城は、歴史上では、二回使用されたと見られる。最初は、加賀国の守護富樫政親が一向一揆《いっこういっき》によって滅ぼされた長享二年（一四八八）である。江戸時代に書かれた『官地論《かんちろん》』によると、富樫政親の重臣だった槻橋近江守重能をはじめとする槻橋三左衛門、槻橋式部丞、槻橋彌六、槻橋三位坊は、高尾城で一揆勢に屈し政親とともに自害したという。二回目は、織田信長軍と加賀の一向一揆が対峙した天正八年（一五八〇）である。織田方についた武将の軍功記によると「つきはやしに

●—御蔵山城遠景

●—主曲輪

て首一取申候」（山崎長門家家臣軍功書など）と書かれている。

この事実を総合的に判断すると、曲輪の大部分は、一五世紀後半に築かれ、一世紀後に再利用されたと考える。最初の築城時の土塁は、山の地形を遮断するかのように、山へ向かって土塁が形成されており、城というより寺院的である。現に、この山中に「寺」や「物書谷」など寺院を想像させる地名が残る。城主であった槻橋氏も一向一揆の血縁関係者との記載もある（『官地論』）。西側尾根の先に築かれた土塁は、どちらかといえば、天正八年の時の土塁に思える。

【参考文献】石川県教育委員会「石川県中世城跡館跡調査報告書Ⅲ（加賀Ⅱ）」（二〇〇八）、佐伯哲也『加賀中世城郭図面集』（桂書房、二〇一七）、佐伯哲也『戦国の北陸動乱と城郭』（戎光祥出版、二〇一七）

（小阪　大）

●一向一揆拠点の地に築城された山城

波《は》佐《さ》谷《だに》城《じょう》

〈所在地〉小松市波佐谷町
〈比　高〉六〇メートル
〈分　類〉山城
〈年　代〉一六世紀後半
〈城　主〉宇津呂丹波、藤六カ
〈交通アクセス〉JR北陸本線「小松駅」から北鉄バス大杉線「波佐谷」停留所下車、徒歩三分。または、北陸自動車道「小松IC」から車で二三分。

【城の由来】波佐谷城は、波佐谷集落背後の丘陵頂部に築かれた、東西の郭からなる山城である。切り立った崖の上に立地し、西側に現集落や耕地が広がり江戸時代の十村《とむら》屋敷跡などが所在する。谷筋に沿って大杉谷川が流れ、波佐谷からさらに上流に向かって進むと、さらに東の谷を流れる郷谷《ごうたに》川沿いの道と牛首峠で合流し福井県勝山にまで通ずる。この梯《かけはし》川が分岐し、両谷に分かれる要の位置には、波佐谷城と出城とされる単郭の砦、江指城跡があり、両谷への往来を監視していたと考えられる。本城とされる波佐谷城とは、約二キロの距離である。

なお、波佐谷城内において、一向一揆《いっこういっき》に先行するとみられる遺構が確認されている。地下式坑五基と横穴一二基で、倉庫説があるいっぽうで、僧や修験者の埋葬施設や修行窟、入定窟とも考えられている。特に、竪坑を持たない横穴形態のものは南加賀に多く、その出現年代はおおむね一五世紀後半～一六世紀前半である。また、城の南側、磯前神社の裏の丘陵上に広がる平坦地上には、波佐谷松岡寺があったと伝わる。波佐谷松岡寺は、長享二年（一四八八）長享の一揆で加賀国守護富樫政親を滅ぼし、加賀を支配した一家衆寺院「賀州三カ寺」の一つで、本願寺八代宗主蓮如の三男蓮綱《れんこう》の創建である。享禄四年（一五三一）の享禄の錯乱（大小一揆）により焼失したとされる。城の北側に位置する畑地の通称「御城町」で、明治三十四年（一九〇一）に仏具や陶磁器を内蔵した壺が出土した。陶磁器には、瀬戸美濃天目《てんもく》茶碗一点、青

●—波佐谷城跡・伝松岡寺跡推定地（作図：佐伯哲也）

磁碗二点、青磁香炉二点、白磁皿四点があり、一五世紀後半から一六世紀初頭が主体の製品である。戦国時代の陶磁器埋納とみられ、時期的にみて、松岡寺が存在した時期のものと考えられ、門前が町場として発展しにぎわいを見せ、豊富な陶磁器を入手可能である有力な住人が存在したことが想起される。現在、壺と仏具は失われたが、陶磁器類は東京国立博物館に収蔵されている。

城の築城時期は定かではないが、越前朝倉氏が本格的に侵攻してくる弘治元年（一五五五）頃までに造られた城の一つといわれ、天正八年（一五八〇）に柴田勝家軍に攻略されるまで存続したと考えられている。城主は、一向一揆方の武将宇津呂丹波・藤六の父子とされ、敗北後にその首は安土の信長のもとへ送られた。ただし、『信長公記』には調略により討たれたとあり、城で戦闘があったかは不明である。その後、天正十一年に小松城主となった村上頼勝が、一族の村上勝佐衛門を置いたとの伝承もあり、その時点で改修を受けたとする説も存在している。

【伝松岡寺跡の様子】　城から堀切《ほりきり》①である谷を挟んで南西側に位置する。丘陵先端平坦面は、小谷を挟んで南北に分かれ、北側平坦面の先端部に土塁《どるい》状遺構がある。その奥に広大な平坦面が存在し、その一角に一辺一〇メートルの竪坑②（室跡か）

が開口している。一部範囲で確認調査を実施しているが、寺院跡を示すような痕跡は発見されなかった。段や溝による区画は認められたが、明確な遺構は不明である。しかし、西端に近い部分では、地山《じやま》が他の調査区よりも堅く締まっており、焼土や炭化材が粒状で分布した部分も検出されている。南側平坦面③は畑作などによる撹乱が広がっている状況であった。「白山宮荘厳講中記録《しらやまぐうしょうごんこうちゅうきろく》」に「山内放火し」という状況が記されているが、焼失を示すような焼けた面など痕跡は確認されなかった。ただし、確認調査範囲はごく一部であったため、城郭寺院の姿を復元するには今後も検討が必要である。

【城の構造】　東西の郭が間に谷を挟んで独立した配置をとり、最高所（標高約一〇〇㍍）に位置する東郭を主郭、集落側に近接する西郭が副郭と考えられている。城の南側には細くて深い谷が入り、伝松岡寺跡の尾根と城跡を隔てる堀切の役割を果たしている。西郭虎口は、電力会社が鉄塔建設の際に開けたという見方もあるが、反対側の岩肌に造作された階段は、近世以降に耕作地への移動の便で設置されたものであり、他の進入口は見当たらない。東郭には、伝松岡寺跡側からや、南側の堀切沿いに到達することは可能だが、東西郭間の谷奥土塁の脇から登り、土橋《どばし》状の部分から北側尾根に進み、東郭のある頂上面まで続く竪堀《たてぼり》④の底を通るルートを考える。両郭の性格については、東郭の方が複雑な構造をしており、西郭の方が単純な構造なため、主郭と副郭とする見方が強い。一方で、これを時期差ととらえ、西郭が古く、東郭を築いたのは宇津呂丹波・藤六の父子が拠った時期の整備とする説もある。

　西郭は、南北約八〇㍍、東西約四〇㍍で面積約三二〇〇平方㍍を測り、南北二段の平坦面からなる。周囲を高土塁（平坦面との比高差二・六㍍〜三・五㍍）と切岸《きりぎし》のみで防御している単純な構造である。現集落に面する西側は岩盤上に切り立っており、切岸直下に犬走状の面が一段形成されている。なお、北側谷から虎口へ至る侵入者に対しては、郭の東南部を貼り出させた塁線の折れを設け、横矢《よこや》を掛けている。上段にある北側の平坦面⑤は、確認調査により溝や炭・焼土が検出された土坑《どこう》、南北に連なる石列、柱穴とみられる遺構が確認された。また、土坑二基からは、中世陶器の破片や土師器《はじき》皿、小刀などの遺物が出土した。東端土塁は、平坦面からなだらかに坂になり、土塁端から約三㍍手前で急傾斜にあがる構造で、内側は「武者走り状」に段が設けられている。平坦面との比高差は、約二・六㍍を測る。下段の南側平坦面⑥は、溝跡や集石、柱穴とみられる遺構を確認している。特に、東

●—東郭土塁内側の石積（南面）（小松市埋蔵文化財センター提供）

寄りの部分で焼土面や直径三メートルを超える大型土坑が検出された。そこから炭に混じって焼土塊が多量に出土しており、それらを片付ける必要が生じたものと考えられる。平坦面の東端と南端を土塁で防御し、南端側土塁は上段平坦面の土塁と同じく、なだらかな傾斜から約二メートル手前で急傾斜に転じ、内側に段を設ける。平坦面との比高差は約三・五メートルを測り、特に南東隅部分の最高所では、下段との比高差は約七メートルと高い。

東郭は、約六〇メートルの底辺に約四五メートルの二辺が囲む三角形状の平面形であり、広さは西郭の半分以下である。周囲を低い土塁で囲み、虎口横の南東隅部に張り出した高まりがあり、櫓台《やぐらだい》⑦と考えられている。確認調査により、その櫓台の内側を石積で補強していることが明らかになった。虎口は平入で幅約七メートルと広いが、侵入者は竪堀の堀底から郭直下の平坦面に到達した後、右左に折れて虎口に到達するように導線されており、郭からの横矢と櫓台からの攻撃に晒される。虎口反対方向に回り込むと、竪堀や土塁により横移動を制限している。さらに櫓台外側に横堀を設けることで通路を狭くし、防御性を高めている。南側丘陵との境は、最奥のみ土橋状に通路として残し、幅約七～七・五メートルの箱堀⑧を設け遮断している。複数の防御施設を組み合わせており、西郭より発達し

●—河原石の集石（小松市埋蔵文化財センター提供）

た構造となっている。

平坦面は一面で、柱穴と考えられる遺構のほか、虎口の内側に大量の河原石の集石が二ヵ所検出されている。一〇〜一五《センチ》代の石を選んで集めており、飛礫《つぶて》として集められた可能性も考えられる。また、櫓台の内側南面と東面で、角礫凝灰岩による石積と段鼻に石を配した櫓台へ上る階段が発見された。石積は五段に積まれており、南面はやや角度をつけて積み、東面は中位でセットバックさせて積んでいる。高さは約一《メートル》程度で、東面の方が横目地を意識した積み方をしている。石材は、現地で採取されたものと考える。また、櫓台内側直下に直径約四・五《メートル》の土坑が開口し、水溜や貯蔵穴などと推測される。土塁は、西郭と異なる構造で、平坦面との比高差が約一《メートル》程度と低く、上端部幅も約五〜六《メートル》と上面を広く確保した形態である。おそらく杭や板を使用した壁を設置して、防御を固めたのであろう。

なお、東西郭間は約一四〇《メートル》離れており、両者を分ける谷⑨から東郭までの間は緩斜面が続く。その緩斜面には、随所に平坦面を配す程度の造作しか認められず、防御に対する東郭との構造差が大きい。

【出土遺物の概要】 落城したという天正八年を起点とすると、確実に古い加賀焼や越前焼、落城前後の年代を示す土師器皿、落城後の一六世紀末頃を示す作見焼などが出土している。落城前のものには、一部に生産年代が一四世紀代に遡るものが存在するが、おおむね一六世紀代中頃までのものが主体である。土師器皿は燈明痕があるものとないものが認められ、一五六〇〜八〇年代頃と推定される。遺物のほとんどは西郭からの出土であり、東曲輪からは、磁器片などがごく少量出土したのみである。少なくとも、弘治元年の朝倉氏侵攻から、柴田軍による天正八年の落城まで城が使用されたことは確実といえよう。

●—東郭土塁内側の石積（東面）（小松市埋蔵文化財センター提供）

谷を挟んで立地する東西両郭の独立性が高い縄張については、一揆組織内の対立構造の反映という説もあるが、遺物の出土量の差からは、西郭はある程度居住性を考慮したもの、東郭は純然たる軍事施設という性格の違いとも考えられる。波佐谷城跡は、加賀一向一揆方の城の構造を今に伝える重要な城跡といえる。

【参考文献】垣内光次郎「波佐谷の城と陶磁器」『新修小松市史資料編四国府と荘園』（小松市、二〇〇二）、谷内尾晋司「第一節　加賀Ⅱ地区城館跡の概要」『石川県中世城館調査報告書Ⅲ（加賀Ⅱ）』（石川県教育委員会、二〇〇六）、佐伯哲也「波佐谷城跡」『石川県中世城館調査報告書Ⅲ（加賀Ⅱ）』（石川県教育委員会、二〇〇六）、小松市教育委員会「波佐谷城跡」『小松市内遺跡発掘調査報告書Ⅴ』（二〇〇九）

（川畑謙二）

●主要街道を抑さえる記録にない城

岩《いわ》倉《くら》城《じょう》

〔所在地〕小松市原町
〔比　高〕二三〇メートル
〔分　類〕山城
〔年　代〕一六世紀後半
〔城　主〕不明
〔交通アクセス〕JR北陸本線「小松駅」から北鉄バス麦口線「上麦口」停留所下車。または、北陸自動車道「小松IC」から車で二一分。登山約三〇分。

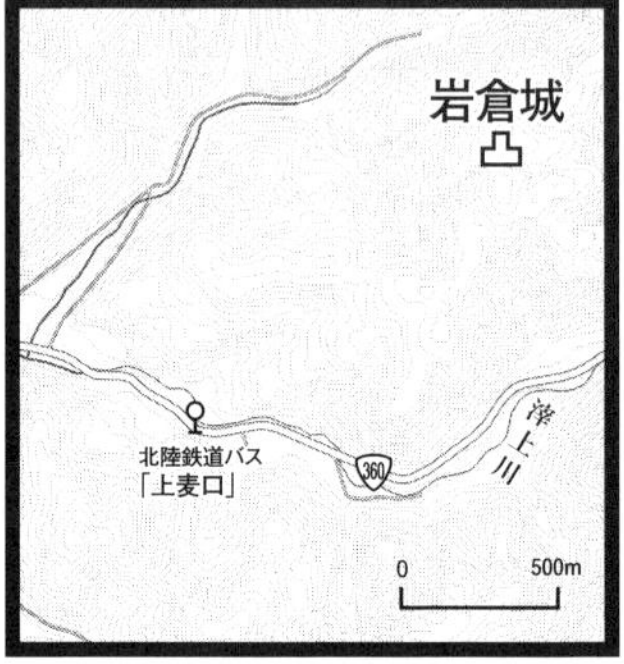

【城の歴史】　市内を流れる梯《かけはし》川の支流である滓上《かすかみ》川流域の地域は、中世には軽海郷と呼ばれ、金沢称名寺などが所有した荘園であった。その谷を通る旧鳥越村の三坂峠《みさかとうげ》を越えて手取《てどり》峡谷に至る「三坂越」は、古くから重要な交通路であった。特に、平安時代末からは、白山信仰の聖地白山へ修行のために向かう道として多くの僧が往来し、街道沿いには白山信仰とつながりのある寺院群（中宮八院、白山中宮の末寺で、八寺の内七寺が軽海郷に所在）や、入道滝やノゾキといった地名が残っており、修行場が点在したと考えられている。

その後、蓮如により浄土真宗本願寺派の布教が拡大すると、手取峡谷一帯は山内《やまのうち》とよばれる一向一揆《いっこういっき》の中心地となり、軍事的にも重要な道となった。街道沿いに多くの山城が造られているのがその証拠である。岩倉城跡はその中の一つで、加賀地域の山城の中でも残存状況が良好である。現在、上麦口町に大きな案内看板が建っており、そこを起点に登城ルートへ向かう。まず途中まで林道を通って登山道に至り、城跡を目指すルートが最短である。一方で、兵糧を運ぶ馬が通った道という言い伝えがある「さむらい道」という別ルートがあるが、地元の小学六年生を引率して登った経験からは、比較的安全に登頂できる前者がお薦めである。林道途中に、「お梅地蔵」があり、江戸時代に女人禁制であった山から岩倉清水を汲み、村人に分け与えたお梅を称えて奉納されたと伝わる。

【城の構造】　標高二九六メートルの岩倉山は、古くから信仰の対象

●—岩倉山遠景

で、現在も観音座像が祀られている。かつて林道が造成された際に、須恵器が出土しており、古代の遺跡があった可能性が高い。おそらく、山林寺院など宗教施設が先行して所在し、戦国時代に至り、山頂に山城が普請されたとみる。麓の集落との比高差が約二三〇メートルという高所に位置し、南北約七〇メートル、東西約三〇メートルを測る主郭を中心とする山城で、周囲を高土塁《どるい》で囲み、虎口《こぐち》前方に防御の郭をおくなど高い防御力を特徴する。ただし、この城に関する記録は残っておらず、正確な築城年代や城主は不明である。

林道の終点から登山道を進むと、米左衛門屋敷跡と伝わる広い平坦面①に至る。その機能として、一般兵の駐屯地などの機能が考えられている。ここから城へのルートは、次第に道が狭く溝状になっていき、隊列を一列にしないと進めなくなる。さらに、左への二回、右への二回の折れと、勾配のきつい坂を組み合わせて進軍を阻んでいる。同時に、虎口②前にある左右の平坦面から横矢《よこや》が掛かり、防御の固い構造となっている。主郭北側隅に櫓台《やぐらだい》③とみられる高まりがあり、主郭東側虎口を連続する虎口郭とともに守りを固める。特に、櫓台北側直下の郭④は、敵兵に接する前方に土塁を設けることから、城兵を安全に出入りさせる馬出《うまだし》の役割も担ったと評価されている。また、主郭東側は、切岸《きりぎし》に加え塁線の折れを造作し、横矢掛かりを設けている。

岩倉城は、このように主郭を中心とした防御の在り方が明確であり、構造がわかりやすいことからも初心者の方にお勧めの山城である。前述の小学生でも、西側虎口前の郭に立つことで横矢掛かりの仕組みを体感的に理解し、感動していたことを思い出す。城跡の残存状況から、高所にある戦いの城として、戦闘状態が終結した後は使用されなかったと考えられ、それが保存状態の良さに繋がったのではないだろうか。

なお、築城主体については、縄張技巧が高度に発達した構造から、織田方の軍勢が鳥越城攻めの際設置した陣城など、織田方の築城とみる見方が強い。一方で、鳥越城を守備する

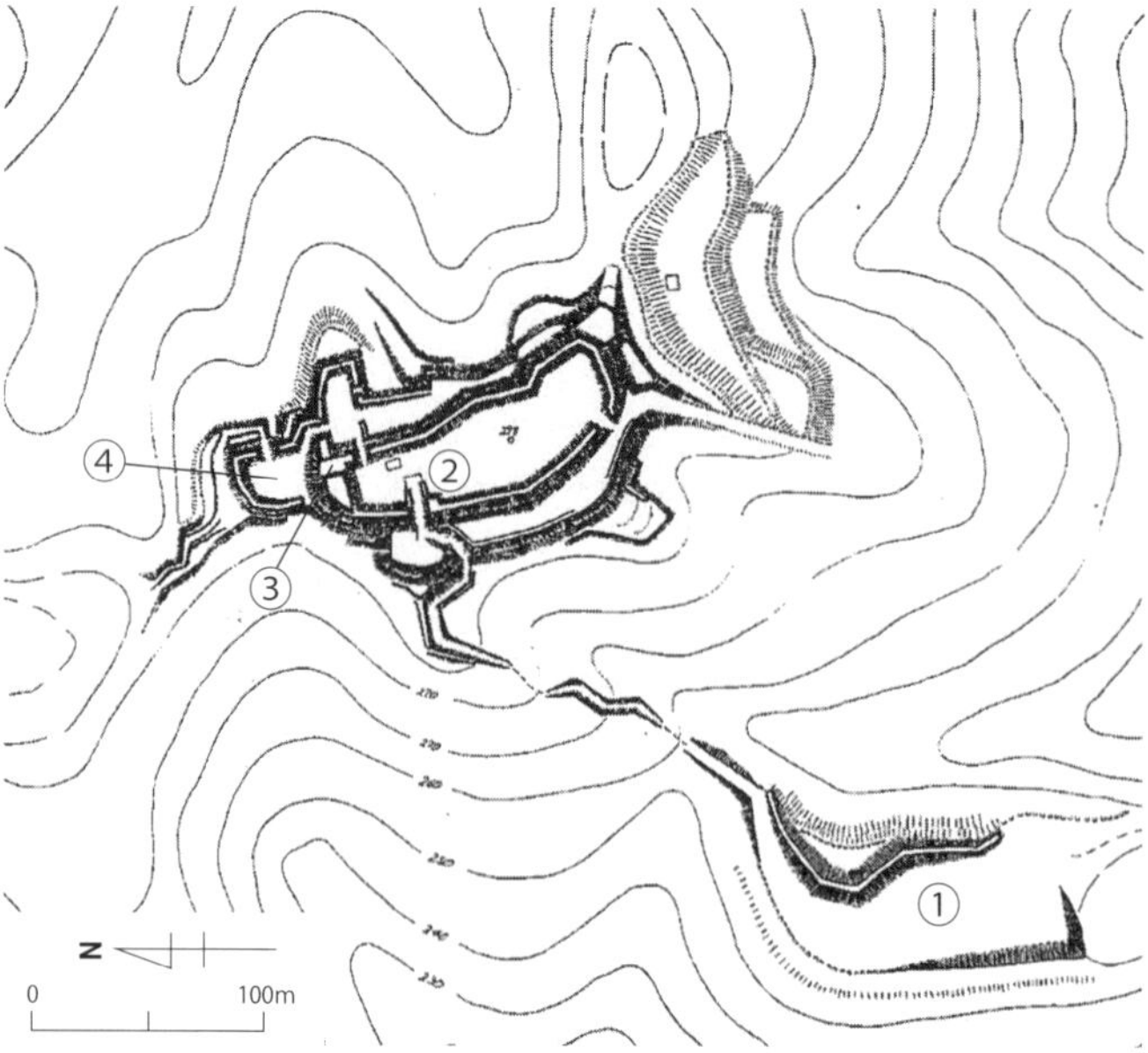

●―岩倉城縄張図（作図：佐伯哲也）

ための一向一揆方の城という説もあり、文献に現れない城として諸説存在している。山科本願寺の縄張が一向一揆段階で成立していたという見方や、『信長公記』に石山本願寺城の造営において「加賀國より城作」が呼ばれたとあることから、一揆方も高い築城技術を持っていたとする説もある。この点は、一向一揆方の築城技術について、その特徴を見出す研究の深化が必要であろう。築城主がどちらであろうと岩倉城跡は、一向一揆最後の砦である鳥越城へと進む重要なルート上にあり、織田方に侵攻を受けた加賀の緊迫した状況を体感できる重要な城といえる。

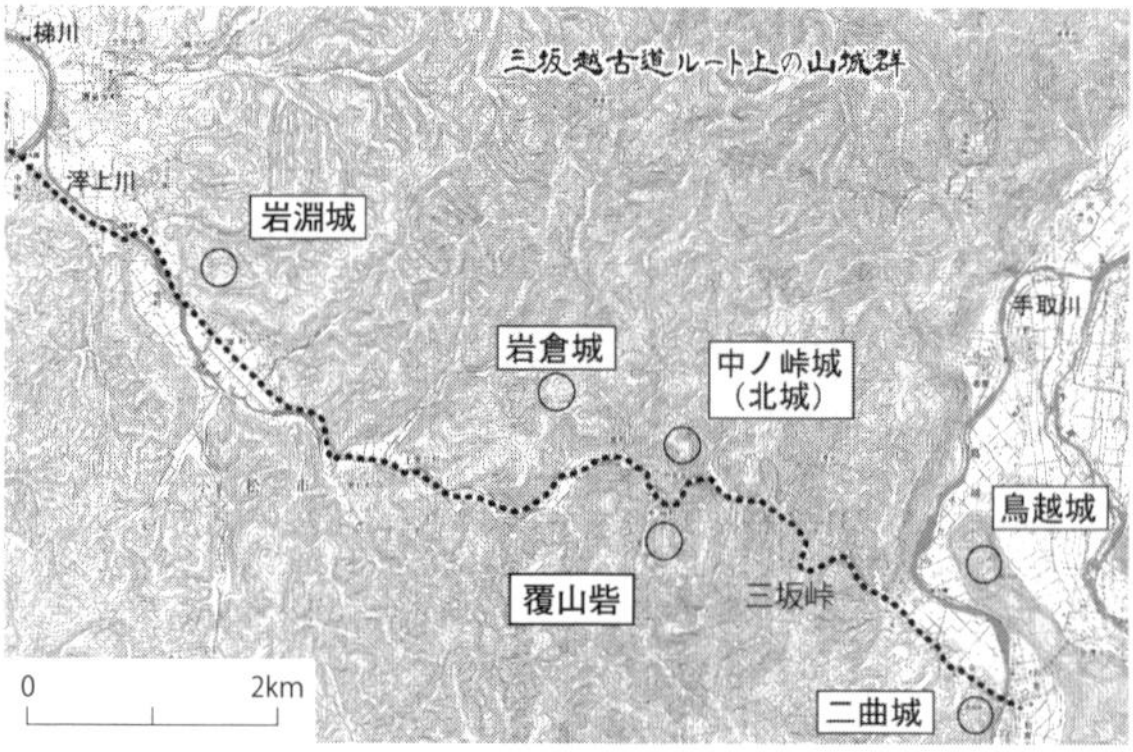

●―三坂越古道ルート上の山城群

【参考文献】垣内光次郎「軽海郷の要害―岩淵城と岩倉城―」『新修小松市史資料編四国府と荘園』（小松市、二〇〇二）、谷内尾晋司「第一節　加賀Ⅱ地区城館跡の概要」『石川県中世城館調査報告書Ⅲ（加賀Ⅱ）』（石川県教育委員会、二〇〇六）、佐伯哲也「〇三三〇　岩倉城跡」『石川県中世城館調査報告書Ⅲ（加賀Ⅱ）』（石川県教育委員会、二〇〇六）

（川畑謙二）

●城兵駐屯地を持つ織田城郭

岩《いわ》淵《ぶち》城《じょう》

（所在地）小松市岩渕町
（比　高）九〇メートル
（分　類）山城
（年　代）一六世紀末
（城　主）徳田志摩・織田氏
（交通アクセス）北陸自動車道「小松ＩＣ」から車で四〇分、下車徒歩二〇分。

【鳥越城に対する織田方城郭】　通称城山《しろやま》山頂に位置する。城跡西麓には三坂《みさか》越えの街道が通る交通の要衝でもある（一九四頁参照）。三坂越えは、小松方面の加賀平野と鳥越《とりごえ》城を繋ぐ最短コースでもあった。周知の通り鳥越城は、一向一揆《いっこういっき》の拠点である。鳥越城を攻撃する織田軍にとって最短コースの三坂越えは、重要なルートだったと考えられ、岩淵城をはじめ、岩倉城・覆山砦を築き、三坂越えを掌握しようとしたのである。

【築城者は徳田志摩か】　江戸期の地誌類『越登賀三州志』「故墟考」（以下、「故墟考」と略す）では城主を「徳田志摩」としている。徳田志摩は天正四年（一五七六）五月二十八日付「加賀四郡旗本衆連署状案《はたもとしゅうれんしょじょうあん》」（『金沢市史資料編2　中世二』金沢市二〇〇三）にみえる「徳田志摩守重清」と考えられ、加賀一向一揆の武将である。徳田志摩は岩淵城と四キロ離れた千代城主としても名が伝わっていることから、小松方面や三坂越えを押さえるのが任務だったのであろう。したがって築城者は徳田志摩の可能性が高い。

【織田政権が改修】　しかし、縄張は明らかに織豊系城郭の臨時城郭、いわゆる陣城の部類に属する。織田（柴田）軍がこのような山麓部まで進出できたのは、天正八年の一向一揆の本拠金沢御堂《かなざわみどう》が陥落してからと推定される。したがって鳥越城が落城する天正十年までの、鳥越城攻めの織田軍陣城として織田軍が改修したと考えられよう。

【城跡の概要】　城跡への道案内板・説明板は主郭に一ヵ所あ

●—主郭Aを取り巻く塁線土塁（稲本香提供）

●—C曲輪の切岸（稲本香提供）

るのみで、登城口を示すような案内板はない。十分調査をしてから登城されることをお勧めする。

主郭はY字形のA曲輪。主郭Aのほぼ全周に横堀を伴わない塁線《るいせん》土塁《どるい》が巡っている。このパターンは同じく三坂越え沿いに位置する岩倉城と同じだが、一向一揆が籠城した波佐谷城や虚空蔵山城とは別パターンである。東側の尾根続きを堀切④で遮断し、乗り越えてきた敵軍の横移動を鈍らすために⑤地点に土塁を四本並べている。簡易的な障《しょう》子堀《じぼり》である。

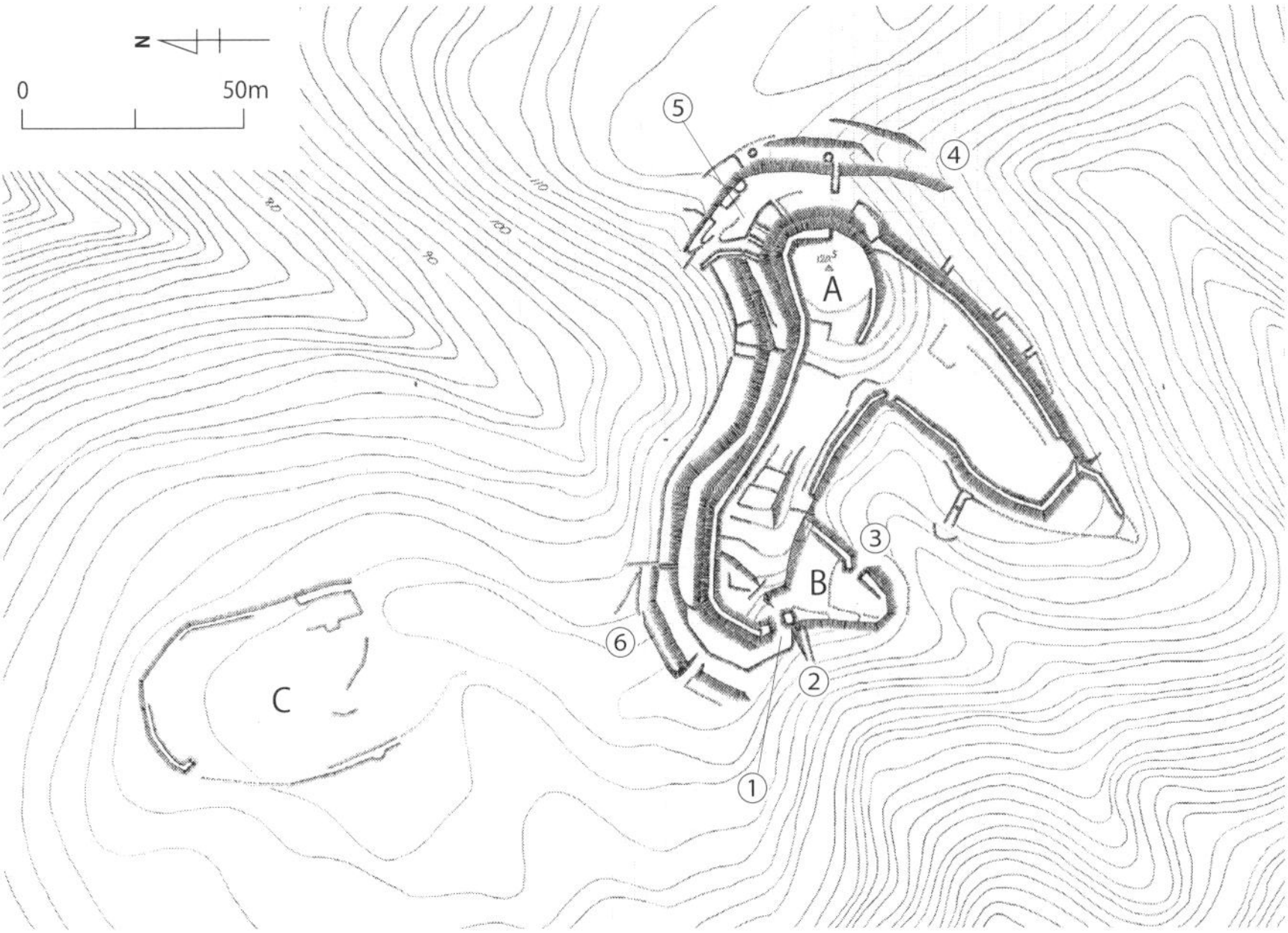

●―岩淵城縄張図（作図：佐伯哲也）

C曲輪からの尾根続きが大手となるため、この方面がもっとも多くの防御施設を集中させている。まず尾根続きを遮断するため、堀切⑥を設けている。堀切⑥を越えた敵軍は、内《うち》枡形《ますがた》虎口《こぐち》①に入ったと考えられる。内枡形虎口①は土塁と櫓台《やぐらだい》を兼ね備えた虎口で、敵軍を強制的に入らせるために竪堀《たてぼり》②まで設けている。もちろん入る前から敵軍に対して城内から横矢《よこや》が効いている。さらに虎口を突破したあとは、坂道を駆け上がらなければ主郭Aに入ることができない。自然地形までも生かしきった見事な虎口である。

仮に内枡形虎口①に入らず、北側に廻り込んだとしても、長時間主郭から横矢攻撃を受けるだけで、甚大な被害を被ることになる。

【逆襲曲輪の設置】 B曲輪の目的は、虎口①を攻める敵軍を背後から攻める、いわゆる逆襲曲輪だったと考えられる。すなわちB曲輪に駐屯する城兵が虎口③から出撃し、帯《おび》曲輪を通って竪堀《たてぼり》②南側まで移動して敵軍に横矢攻撃を仕掛けたのであろう。みごとな防御態勢と言える。

このように防御施設は完成しており、虎口には櫓台・計画的な通路を付属させ、内枡形にまで発達させている。さらに主郭虎口を従郭が防御しており、従郭に対する主郭からの求心力は強い。これらの点は波佐谷城・虚空蔵山城にはなかっ

●—尾根続きを遮断する堀切（稲本香提供）

た点であり、織豊系城郭の特徴を強く示している。

【自然地形が多く残る】　一方、曲輪には自然地形が多く残り、また不必要な段も多く残っており、臨時的な城郭だったことを物語る。軍事的緊張が高まった結果急遽築城されたことを物語っており、鳥越城攻めの緊張感が漂ってくる。恐らく徳田志摩時代の岩淵城は、ほとんど自然地形に近い城だったのであろう。

【城兵駐屯曲輪の設置】　注目したいのはC曲輪の存在である。C曲輪は低土塁・切岸《きりぎし》が巡る平坦面で、ほぼ防御機能ゼロの曲輪である。土塁がL形に折れている場所もあるため、城郭施設として良く、恐らく下級城兵の駐屯地だったと考えられる。通常下級城兵は城内に収納しきれないため、城外に分散して駐屯させるか、あるいは山麓に駐屯していたと考えられる。

　しかし二度の落城悲劇を経験した織田鳥越籠城軍にとって、一揆軍のゲリラ戦の怖さが身にしみており、臨戦体制化にあって下級城兵を分散して駐屯させる不利を悟っていたのであろう。これを克服するためにC曲輪を構築し、常時下級城兵も主要曲輪群の付近に駐屯させていたのであろう。

【城主の推定】　このような曲輪は同じ三坂越え沿いの岩倉城・覆山砦にもみられる。城兵駐屯曲輪の存在は、三坂越え沿いの織田城郭（岩倉城・岩淵城・覆山砦）の特徴の一つであり、C曲輪の存在は岩淵城が織田政権によって構築された傍証となる。鳥越城を攻める織田（柴田）軍の陣城（駐屯地）とすることが、仮説の範疇なら許されるであろう。

【参考文献】　佐伯哲也『戦国の北陸動乱と城郭』（戎光祥出版、二〇一七）、佐伯哲也『加賀中世城郭図面集』（桂書房、二〇一七）

（佐伯哲也）

●コンパクトな織田城郭

覆《おお》山《やま》砦《とりで》

〔所在地〕小松市中ノ峠町
〔比　高〕一二〇メートル
〔分　類〕山城
〔年　代〕一六世紀末
〔城　主〕織田氏
〔交通アクセス〕北陸自動車道「小松IC」から車で五〇分、下車徒歩六〇分。

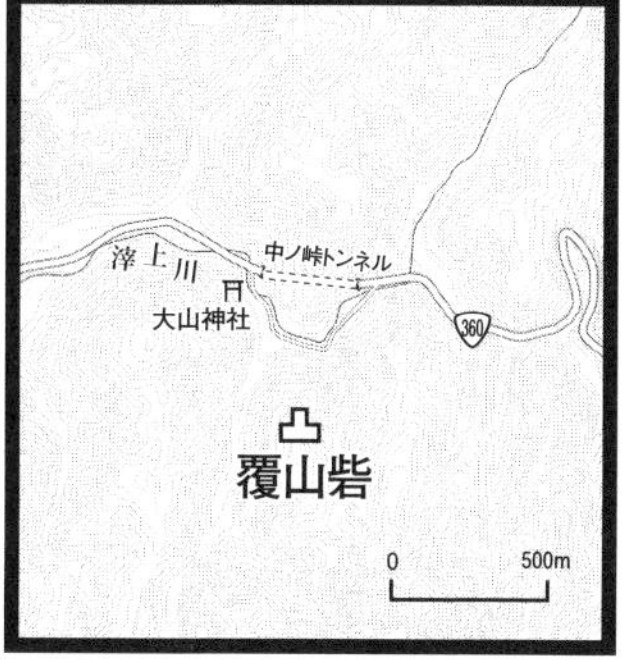

【天然の要害】　中ノ峠町に面した尾根の突端に位置し、急峻な地形に守られた天然の要害となっている。したがって明確な登城道は存在せず、非常に登りにくい状況になっている。

　これは攻城軍は勿論のこと、籠城軍にとっても困難な籠城生活だったと考えられる。厳しい山上の築城は、山麓に築城できない、軍事的緊張の高さを物語っていよう。

【城跡の概要】　北麓に三坂《みさか》越えの街道が走る交通の要衝である。城主などは伝わっていない。主郭はA曲輪。主郭Aの全周に横堀を伴わない塁線《るいせん》土塁《どるい》が巡っており、これは岩淵城・岩倉城と同様の縄張である。南の尾根続きは堀切《ほりきり》③を設けて敵軍の攻撃を遮断している。堀切③を越えた敵軍に対しては、⑥地点からの横矢《よこや》が効いている。

　大手方向は北東の中ノ峠集落方向で、敵軍は内枡形《うちますがた》虎口《こぐち》②からB曲輪に入ることになる。中ノ峠集落からは急峻な地形が続き、城道となる尾根や緩やかな斜面は全く存在せず、どのようなルートで虎口②に到達したのか判然としない。敵軍はもちろんのこと、城兵達も苦労しながら登城したのであろう。虎口②に入らない敵軍は、B曲輪を南下することになるが、竪堀《たてぼり》⑤によってそれ以上進めない。ここに敵軍が集中することを想定したのであろう。櫓台《やぐらだい》④を設け、防御力を増強している。

　虎口②を突破した敵軍は西進することになり、B曲輪からの横矢に晒されながら外枡形虎口①に向かうことになる。虎口①は土塁で構築されたみごとな外枡形虎口。櫓台を備え、

●―尾根続きを遮断する堀切③（稲本香提供）

さらに入ると主郭Aからの横矢が効いている。このように虎口②から虎口①に至るまで、常に敵軍に対して横矢が効いているとともに、敵軍は設定された細長い通路を通るため、城兵は攻撃の焦点を絞ることができ、少人数での籠城が可能となっている。

【城兵駐屯曲輪の設置】　注目したいのは城兵駐屯曲輪の存在である。主郭Aから一二〇《メートル》離れた南西の方向に、城屋敷《しろやしき》（次頁図）と呼ばれる平坦面が存在する。岩淵城などのように、下級城兵を駐屯させる平坦面と考えたい。城屋敷も三坂越えから奥まった場所に存在し、敵軍から直接攻められることはない。

●―土塁で構築された外枡形虎口①（稲本香提供）

【城主の推定】　このように覆山砦は小規模ながら明確な枡形虎口・塁線土塁はもとより、主郭AとB曲輪の連動性・計画的な通路の設定は、織田政権城郭の特徴を示している。天正八年（一五八〇）頃鳥越城を攻める陣城として、織田軍が築城したと考えたい。小規模城郭といえども下級城兵を駐屯させる山上平面を設けている点は、三坂越え沿いの織田城郭（岩倉城・岩淵城・覆山砦）の特徴の一つであり、非常に興味深い。

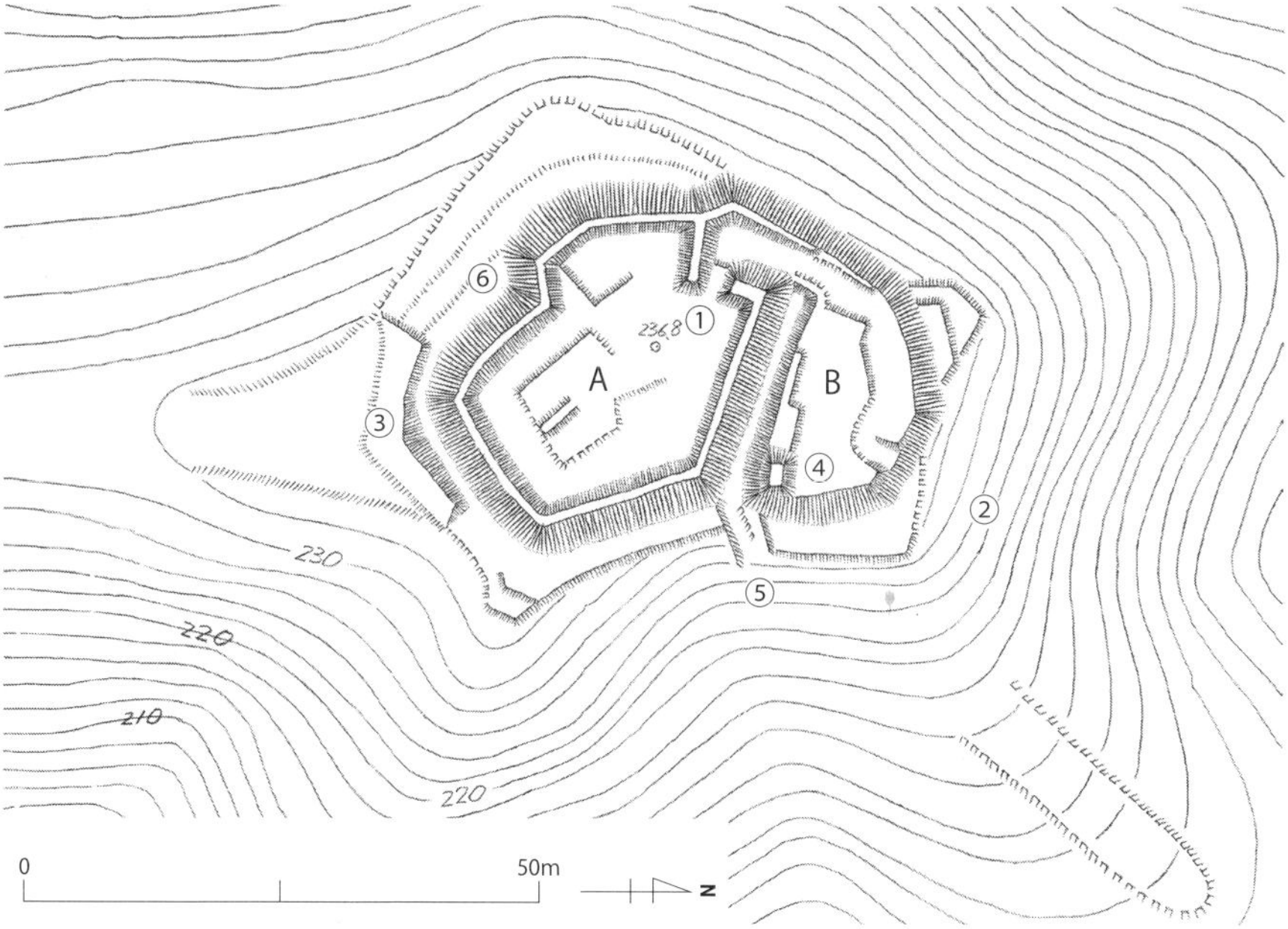

●—覆山砦縄張図（作図：佐伯哲也）

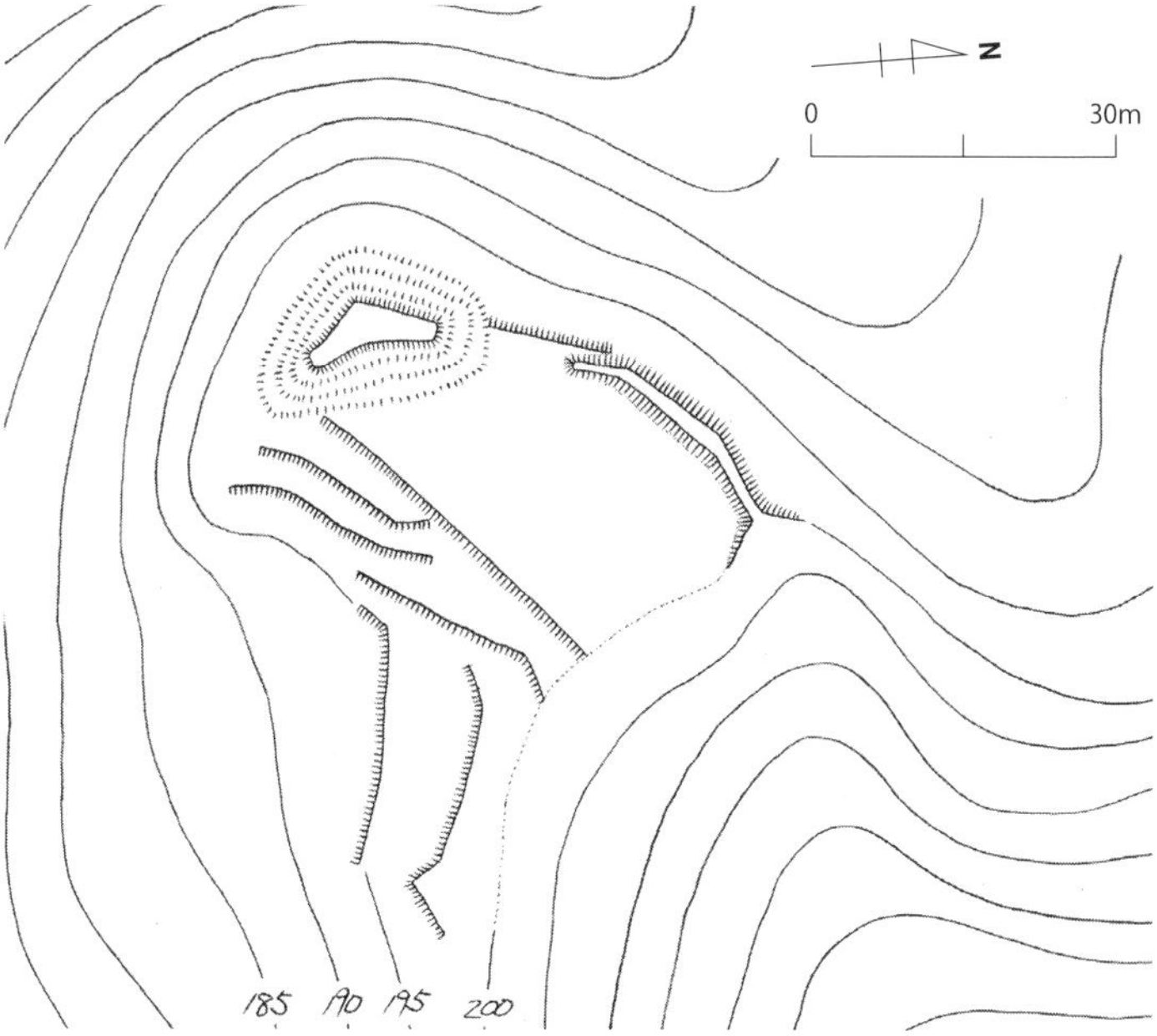

●—覆山砦城屋敷址（作図：佐伯哲也）

【参考文献】佐伯哲也『戦国の北陸動乱と城郭』（戎光祥出版、二〇一七）、佐伯哲也『加賀中世城郭図面集』（桂書房、二〇一七）

（佐伯哲也）

●里山に広がる戦国時代末期の山城

松《まつ》山《やま》城《じょう》

〔所在地〕加賀市松山町
〔比　高〕約四〇メートル
〔分　類〕山城
〔年　代〕一六世紀第４四半期
〔城　主〕徳山五兵衛則秀、坪坂新五郎、前田利長
〔交通アクセス〕ＪＲ北陸本線「粟津駅」から北鉄加賀バス「那谷寺」停留所下車。県道を西へ、徒歩約四〇分で山麓。山道を約一〇分登坂で城跡。

【立地と歴史】　松山城は、加賀市大聖寺の市街地の東に広がる江沼盆地の南東縁にあり、東西に延びる能美丘陵の西端に位置する。城の西方直下には動橋《いぶりはし》川が流れ、また、南裾にはその支流となる那谷《なた》川が流水しており、天然の要害地となっている。

築造についての確たる史料はないが、加賀一向一揆《いっこういっき》の城とされ、永禄十年（一五六七）足利義昭の仲だちによる加越和睦の際には破却されたという。天正四年（一五七六）織田信長軍の佐久間盛政《もりまさ》の将であった徳山則秀《のりひで》が一向一揆攻略の際に松山に拠ったという。天正八年には、一向一揆方の坪坂新五郎や徳田小次郎をはじめとした衆徒五〇〇〜六〇〇人が本城に立て籠もるが、柴田勝家《かついえ》軍により攻め落とされたとされる。また、慶長五年（一六〇〇）関ヶ原の合戦の影響により、前田利長《としなが》は大聖寺城を攻める際、この城に本陣を置いたといわれている。

【大山地区の縄張】　この城は、松山町の集落背後にあり、地元では「城山」と呼ばれ、その中で通称「大山」と「御亭《おちん》山」の二ヵ所に城郭遺構をみることができる。「大山」と「御亭山」の間には、現在畑地になっている敷地が広がっており、館の存在をうかがうことができる。

「大山」地区は、標高約五〇メートルの山頂部にある曲輪①を主郭とし、その周りの北・東・西方に横堀アを巡らせている。主郭より東方は、能美丘陵の尾根が続く。東尾根は本城の搦手《からめて》口と考えられるが、その縄張は非常に複雑であ

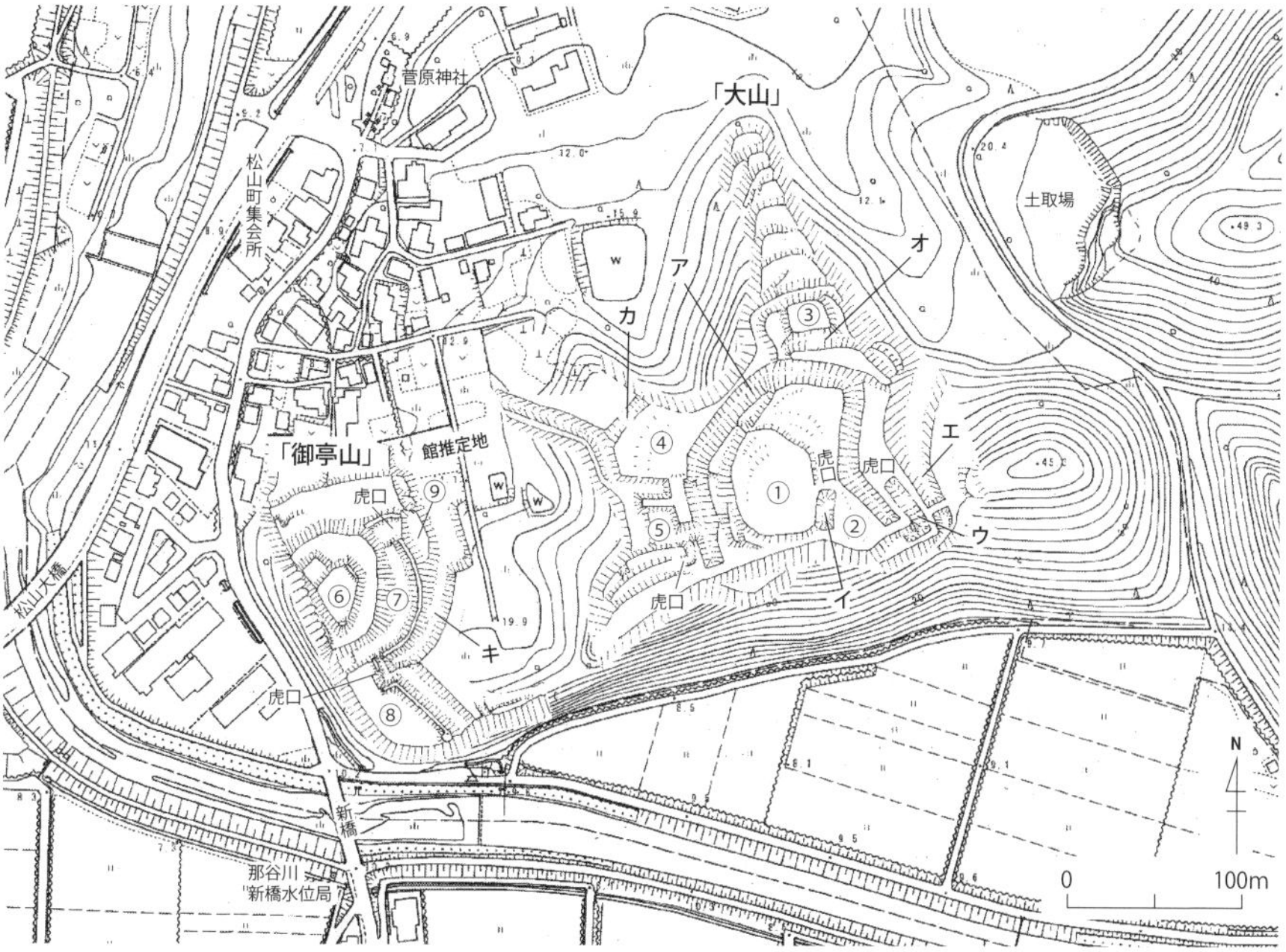

●—松山城縄張図（作図：田村昌宏）

る。主郭①から曲輪②へ至るには規模は小さいが、深さを十分にもった堀イが遮っており、折れを有した虎口《こぐち》を施している。曲輪②から東尾根へ進むときも一筋縄にはいかない縄張普請となっている。曲輪②より横堀アは土橋《どばし》を使って渡る。その東奥には堀ウが掘られており、この堀ウを迂回するように、狭い城道を北方から南方へ回りこんでさらに自然地形の谷を利用した広大な堀切《ほりきり》エを土橋で渡って能美丘陵の尾根へと進んでいく。堀切エより東方奥にも曲輪状の遺構がみられるが、明確ではないので東方の城域は堀切エまでと考えられる。

主郭①より北尾根については、主郭①から横堀アを経ると、尾根を遮断する堀切オが存在する。その先には古墳の墳丘《ふんきゅう》と想定されている曲輪③があり、その北側下段には帯《おび》曲輪が認められる。この帯曲輪は北西方へと延び、西側の尾根まで続く。この帯曲輪から北方については、数段の曲輪が段々状に連なっており、そのまま麓に到達する。

主郭①の西側は、北西と西方にそれぞれ延びる二ヵ所の尾根が存在する。主郭①の西側下段には帯曲輪があり、その下には横堀アが巡っている。北西尾根については、横堀アの先に北側尾根と帯曲輪で連結している曲輪④があり、さらにその奥には堀切カが掘られ、下から上がってくる敵を防御している。西方の尾根は削平がやや甘い東西に長い曲輪と、北側下段に造成した帯曲輪があるだけで、堀切などの防御遺構はみられない。この尾根をそのまま西方に進めば「御亭山」に到達することから、この尾根は「大山」と「御亭山」をつなぐ連絡通路のような役割をもっていたと想定される。

　ところで、北西と西方の尾根の間にある谷地には、複雑な縄張プランをみることができる。前述した館推定地から一本の竪堀《たてぼり》状遺構が谷地を使って主郭①へと突き進んでいく。この竪堀状遺構は曲輪④の南隣を通り、横堀アの手前にある帯曲輪にぶつかって終焉する。この竪堀状遺構と西方尾根との間には曲輪⑤が存在し、この曲輪⑤と横堀アとの間には開口部があり往来することができる。また、この開口部手前には、曲輪⑤と西方尾根との間が出入りできる折れを有した虎口が存在する。この虎口を使って西尾根から主郭①へ向かうには、土橋で横堀アを渡った後、東方へと進み、堀イを回り込んで曲輪②を経て主郭に到達することになる。

　曲輪⑤から開口部を経て横堀アに入ってみる。堀底道を南方へ進むと、西尾根と主郭①を結ぶ土橋の障壁で行き止まりとなる。もう一方の北方は、三〇メートルほど進んだところで南方と同様に障壁が存在し、北方に延びる横堀への侵攻を阻んでいる。

　このような縄張普請から、館推定地から掘られている竪堀状遺構は「大山」の大手道《おおてみち》と推察される。兵が麓からこの堀底の道を通ると、常に北西尾根上に構えている城側の兵からの攻撃を受け続けることになる。また、堀底道の奥には、行き止まりになる箇所と曲輪⑤へ向かうルートに枝分かれしており、この道を通る兵を困惑させている。曲輪⑤においても、帯曲輪や土塁《どるい》で囲まれた空間地となっており、三方から敵の攻撃を受けることになる。曲輪⑤から西尾根への虎口を通らず、横堀アの堀底道に入れば、いずれの方角も行き止まりとなり、城側の兵からの攻撃を一身に浴びる形となる。

　「大山」地区は、主郭を取り囲む横堀の設置、東方尾根搦手口の堀の配置、西方の敵を欺く大手道の仕掛けなど、手の込んだ縄張をしている。

【御亭山地区の縄張】「御亭山」地区は、松山集落のすぐ南側の小高い丘のような箇所に位置する。能美丘陵の西端にあたり、樹木がなければ、見晴らしのよい箇所である。

　標高約二五メートルの頂部にある土塁を有した曲輪⑥が「御亭山」の主郭となる。曲輪⑥の下段には主郭を囲むかのような曲輪があり、その下には土塁が盛られた南北に長い曲輪⑦が認められる。曲輪⑦の南側には、広大な敷地を有した曲輪⑧が存在し、曲輪⑦と⑧の東隣には、幅約一〇メートル以上にもおよ

●—法皇山横穴古墳

●—ポケットパークさえぐさの丘（松山城南麓）

ぶ大きな堀キが掘られている。

「御亭山」への登城口は後世の開削などにより一部明瞭ではないが、曲輪⑦へ向かう際、枡形《ますがた》のような折れを有している曲輪⑨があることから、この箇所が虎口にあたると思われる。また、「大山」との連絡道は前述のとおり、南端にある尾根を利用しており、曲輪⑧東隣にある大きな堀キの堀底道を利用して北上し、小規模な枡形虎口を経て、曲輪⑧内に入り込む構造となる。

「御亭山」は、「大山」地区よりも規模は一回り小さいが、堀の規模は各段に大きく、曲輪を造成するときの切岸《きりぎし》も高く急峻である。「大山」地区の手の込んだ縄張普請は、天正期の織田信長軍と一向一揆軍との争い時に造られたものと思われ、「御亭山」地区はその縄張の規模から、慶長期の前田利長軍の本陣の場と推測する。

松山城は、樹木で見通しは悪いが、元来は、江沼盆地や越前国を往来する動橋川上流域を眺望でき、城を造るには好条件の場所である。手軽に登れる里山でありながら、戦国末期のダイナミックな城を堪能することができ、まさに隠れた名城のひとつに挙げられる。

【松山城周辺の見どころ】 松山城の南、那谷川を渡ると「さえぐさの丘」と呼ばれるポケットパークがあり、松山城はもちろん天気がよければ霊峰白山や江沼三山である大日山、富士写ヶ岳《ふじしゃがたけ》、鞍掛《くらかけ》山を望むことができる。また、近隣には国指定史跡の狐山《きつねやま》古墳や法皇山横穴《ほうおうざんよこあな》古墳、平安期以降に白山信仰として栄えた栄谷《さかえだに》寺跡や温谷《うたに》護法寺跡、江戸時代に加賀藩前田氏によって再興された秋の紅葉の名所として有名な那谷《なた》寺など、時代を超えた名所・旧跡が数多くあり、歴史好きにはたまらない見所満載な地域である。

【参考文献】『中世城郭辞典二』（新人物往来社、一九八七）、『石川県中世城館跡調査報告書Ⅲ（加賀Ⅱ）』（石川県教育委員会、二〇〇六）

（田村昌宏）

●加賀の城郭寺院

塔尾超勝寺《とのおちょうしょうじ》

〔所在地〕加賀市塔尾町
〔比　高〕約二五メートル
〔分　類〕館城（平山城）
〔年　代〕一六世紀第４四半期
〔城　主〕一向一揆衆
〔交通アクセス〕ＪＲ北陸本線「加賀温泉駅」から北鉄加賀バス「山中温泉」停留所下車。県道を東へ、徒歩約四五分で塔尾神社。山道を三分ほどで城跡。

【位置と歴史】　塔尾超勝寺は、霊峰白山から派生する大日山系から流水する動橋《いぶりはし》川中流域の東谷と呼ばれるエリアにある塔尾集落の背後の丘陵上に位置する。塔尾は、江沼平野から南下し、越前国へ向かう途中、四十九院《しじゅうくいん》方面と今立《いまだち》方面に分岐する交通の要衝地である。今立の方は、杉水《すぎのみず》峠より古九谷《こくたに》の窯があった九谷村を経て、越前坪江郷《つぼえのごう》へ通ずるルート、四十九院は、四十九院峠を越えると山中温泉の街に到達し、そこから越前国境の大内峠へと向かう。

　塔尾超勝寺は、永正三年（一五〇六）、越前国藤島にあった一向一揆《いっこういっき》衆が、朝倉氏との争いに敗れ、加賀へ退転した際に築いたとされる城郭寺院である。

　城郭寺院があったとされる山上は、通称「オヤシキ」と呼ばれ、眼下には塔尾集落と、動橋川を見渡せることができる。主要な遺構は、広大な敷地を有した平坦地と、北東側にある背後の丘陵を分断する大きな堀である。

【縄張の構造】　標高約八〇メートルにある山頂部は、一部の箇所で一メートル弱ほどの段差が存在するが、ほぼ単郭と捉えてよい広大な曲輪で構成しており、荘厳な堂舎など寺院建物が建っていてもおかしくない大きな面積をもつ。曲輪内には、直径約二～三メートルの窪みが数ヵ所みられ、地元住民の話では井戸跡とのことである。集落域に面する曲輪の東と南、西側の周囲には土塁《どるい》を設けていない。山麓から寺院建物などを仰ぎ見せるために、あえて造成しなかったかもしれない。

　対してこの曲輪の北東側の丘陵上には、幅一〇メートル以上の巨

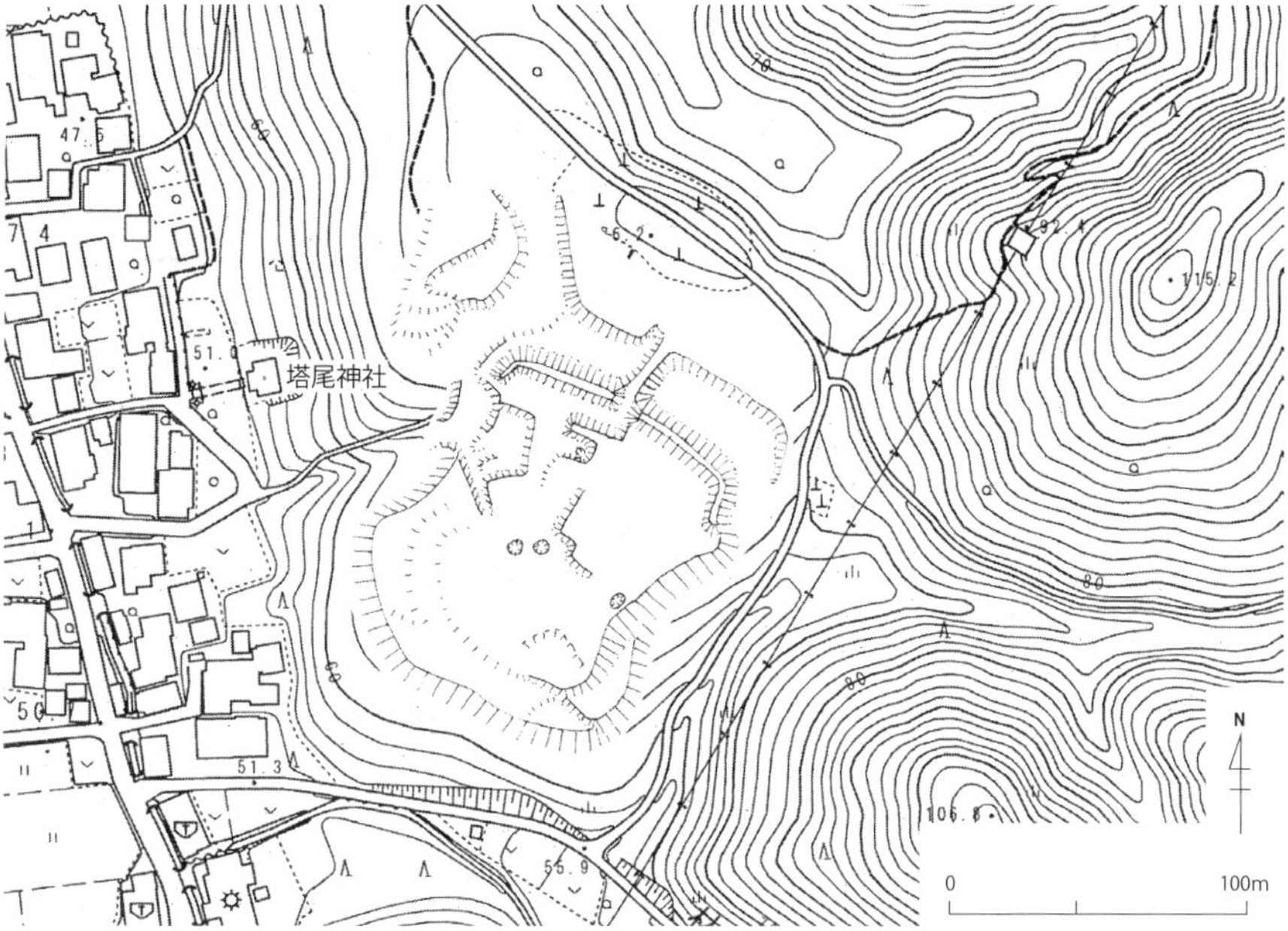

●—塔尾超勝寺縄張図（作図：田村昌宏）

大な堀が掘られ、この堀と内郭側には大きな土塁を構築している。また、堀の中央部には、背後の丘陵部との間を往来できるよう土橋《どばし》を設け、城域内に入る箇所には内枡形虎口《うちますがたこぐち》を設置し、堅牢な防御を施している。

現在、この城へは塔尾集落内にある塔尾神社南側の谷地から登る道が存在し、山上の曲輪への出入口が存在するが、当時からあったものかは不明である。

石川県内にある一向一揆方の城郭寺院は、小松市波佐谷《はさたに》城に隣接する波佐谷松岡寺《しょうこうじ》跡や金沢市若松本泉寺《わかまつほんせんじ》跡でもみられるように、山麓との比高差はあまりなく、山上には広大な面積を有した曲輪を設けている。塔尾超勝寺跡もこれと同じようなタイプにあたる。

塔尾超勝寺は、麓から時間をかけずに登ることができ、良好な内枡形虎口もみることができることから、城巡りビギナーにはお勧めの城である。

（田村昌宏）

【参考文献】石川県教育委員会『石川県中世城館跡調査報告書Ⅲ（加賀Ⅱ）』（二〇〇六）

●近世城郭成立期の雄大な城

大《だい》聖《しょう》寺《じ》城《じょう》

（所在地）加賀市大聖寺地方町
（比　高）約六五メートル
（分　類）平山城
（年　代）一六世紀第４四半期～一七世紀第１四半期
（城　主）溝口秀勝、山口宗長、横山長秀
（交通アクセス）ＪＲ北陸本線「大聖寺駅」から北鉄加賀バス「かが交流プラザさくら」停留所下車。西へ徒歩五分で山麓。山道を五分ほど登坂で城跡。

【立地と歴史】　大聖寺城は、石川県加賀市の江沼平野を望む丘陵先端部の錦城《きんじょう》山（標高約七〇メートル）に所在する。本城は、越前国との二本の往来（熊坂道・吉崎道）の結節点に位置することから、加賀国を守るうえで屈強な要衝の地にあたる。

本城が文献史料に登場するのは『太平記』で、建武二年（一三三五）旧鎌倉幕府執権北条氏の残党名越時兼《ときかね》が北国の武士を従えて上洛しようとしたが、後醍醐天皇方の南加賀・越前の軍勢がこの城に籠って迎え撃ったと記されている。戦国時代には、一向一揆《いっこういっき》の拠点の城のひとつになっていたようで、永禄十年（一五六七）には、将軍足利義昭軍に火を放たれて破却されたとの記録が残る。天正八年（一五八〇）織田信長によって一向一揆の制圧がはかられ、本城は拝郷家嘉《はいごういえよし》が置かれるが、天正十一年の賤ヶ岳《しずがたけ》の戦いで柴田勝家《かついえ》に属した家嘉は戦死する。同年、賤ヶ岳の戦いに勝利した羽柴秀吉は、丹羽長秀の与力である溝口秀勝を本城に配置した。慶長二年（一五九七）、溝口秀勝は越後国柴田城の城主となったため、大聖寺城は、小早川秀秋の家臣、山口宗永が入った。慶長五年（一六〇〇）徳川家康と石田光成の対立が深まると、山口宗永は石田方（西軍）に加担したため、徳川方（東軍）の前田利長《としなが》の攻撃を受け、大聖寺城は落城した。その後、本城は利長の下で城代が置かれたが、元和元年（一六一五）の一国一城令で廃城となった。寛永十六年（一六三九）加賀藩主前田利常《としつね》の三男利治《としはる》が入封し、大聖寺藩が成立するが、城の再建はなく、城山の麓に藩邸を構えたに留まっている。

【縄張の構造】　大聖寺城跡は、通称「本丸」「鐘が丸」「二の丸」の三峰の山頂からそれぞれ東方へ向かって延びる尾根筋を概ねの範囲とする。「本丸」からの尾根と「二の丸」からの尾根の間には深い谷があり、その麓には「対面所」と呼ばれる大きな曲輪が存在する。

「本丸」は、本城の主郭に相当する。「本丸」南西側には大きな土塁《どるい》が盛られ、その一端には天守台に相当する櫓台《やぐらだい》が設けられている。平成二十三年（二〇一一）の発掘調査により、櫓台は石垣で造成されていたことがわかった。また、「本丸」へ出入りする東側の虎口《こぐち》には、鏡石に相当する巨石と、石垣列を確認しており、本城の中枢部では、石垣による普請が行われていたようである。「本丸」東側の虎口から東方へ下る曲輪①は、馬出《うまだし》虎口曲輪、「本丸」北側から「二の丸」へ向かう箇所には、空堀《からぼり》が存在し、その箇所に枡形《ますがた》虎口を形成している。

「二の丸」は、南を除く三方に土塁を設ける広大な面積を有する曲輪で、その周囲は発掘調査で空堀が巡っていたことが判明している。また、現在「二の丸」から東方へ向かう尾根には明瞭な虎口曲輪が認められないが、平成二十四年（二〇一二）の発掘調査で、「二の丸」東方下段の空堀を挟んだ箇所には土塁もしくは土塀といった遮蔽物が構築していたことがわかり、当時は枡形虎口が存在していた。この尾根の扇端部には通称「戸次丸《べっき》」と呼ばれる見張台のような曲輪が設けられている。「戸次丸」より北東方へ下る際にも複数の折れを有した曲輪がいくつも存在し、搦手《からめて》に当る尾根筋とはいえ、敵からの備えを万全にしている。

「本丸」の南西、深い堀を挟んだ所には、「鐘が丸」が存在する。「鐘が丸」は、大聖寺城内でもっとも敷地の大きい曲輪で、西端には巨大な土塁が連なり、南西隅には櫓台を設け、北と東方には虎口がみられる。この縄張構成は、本丸と非常に酷似している。「鐘が丸」の曲輪から北方と東方に向かう際の下段の曲輪は馬出虎口曲輪となる。また、東方へ向かう尾根の先端部には「東丸」と呼ばれる「戸次丸」と同様の見張台に利用したと考えられる曲輪が存在する。この「鐘が丸」から「東丸」へ進む尾根の途中には、「本丸」との間にある谷へ向かうルートがいくつか存在し、いずれも枡形状の折れを有している。

「東丸」の先は断崖絶壁で、大聖寺の城下町や、江沼平野のはるか先には霊峰白山を眺望できる絶好のロケーションである。「東丸」の西側には枡形虎口を通って麓の間を行き来する。

「本丸」の尾根と「二の丸」の尾根の間の谷地に「対面所」

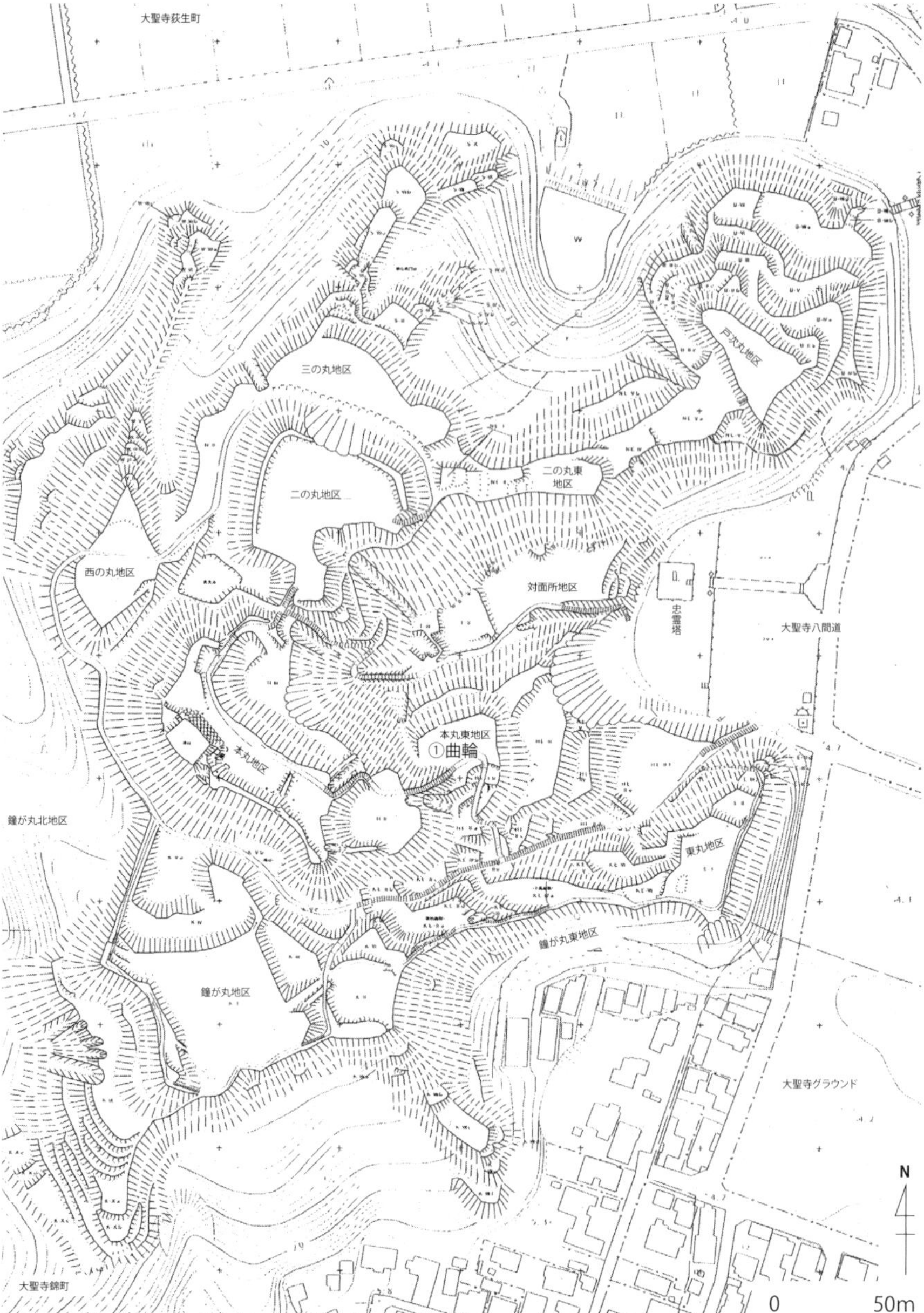

●—大聖寺城縄張図（『大聖寺城跡，大聖寺藩主前田家墓所確認調査報告書』より）

●—江沼神社

と呼ばれる広大な曲輪が存在する。この箇所では、一部発掘調査が実施され、排水用と想定される溝と、土師器《はじき》皿、貿易陶磁器を発見した。この曲輪の北東端には、庭石を彷彿させるような巨石が存在し、また、この地から本丸櫓台を仰ぎ見ることができるロケーションであることから、名前のとおり、対外者との謁見の場となり得る屋敷があったと考えられる。

【近世の大聖寺城】　近世に入ると、大聖寺は、加賀藩前田家の傘下となり、寛永十六年（一六三九）加賀藩第三代藩主前田利常の三男利治《としはる》が大聖寺藩を創立した。城は元和の一国一城令により廃城となるが、城の東麓には大聖寺藩の藩邸を設け、一帯に広がる現在の大聖寺の町は近世城下町として大きく繁栄した。大聖寺藩邸は、現在の錦城小学校から江沼神社にかけての範囲で、古絵図を見ると、南辺以外の三方は堀や熊坂川で防御する一方、櫓などの城郭としての防御施設は設置されなかったことがわかる。

【大聖寺城下の面影】　この藩邸の名残として、「戸次丸」の南側に位置する国指定重要文化財の長流亭や、加賀市指定名勝の庭園が存在する。長流亭は、宝永六年（一七〇九）大聖寺三代藩主前田利直の休息所として大聖寺川を望むようにして建てられた亭舎である。

●—長流亭

昭和三十五年（一九六〇）加賀市名勝に指定された庭園は、長流亭の南東隣、江沼神社の境内地にある。江沼神社は、宝永元年（一七〇四）に創建され、大聖寺藩の祖である前田利治と「学問の神様」で知られる菅原道真を祀っている神社である。境内の庭園は、長流亭とともに宝永六年に作庭されたもので、金沢市にある代表的な名園兼六園の庭の影響を受けた池泉回遊式庭園である。

大聖寺城は、山上には石垣を有した櫓台や、枡形・馬出虎口をふんだんに使った鉄壁の山城、会所・庭園の存在を想定される「ハレ」の場としての機能を有した「対面所」の曲輪を見ることができる。さらにその麓には、江戸時代の大聖寺藩邸が存在し、その一端をみることができる長流亭や庭園、そして、藩主の墓所がある実性院を含む寺院群や町屋が広がる城下町が大聖寺の街中一帯に残る。戦国時代から近世にかけての歴史的風景を感じ取ることができる箇所は、石川県内にほとんどなく、大変貴重であり、一度ならず何度でも訪れてほしい場所である。

【参考文献】「大聖寺城」『日本城郭体系七』（新人物往来社、一九八〇）、『大聖寺城跡―その縄張等現況調査報告書―』（加賀市、一九九八）、加賀市教育委員会『大聖寺城跡　大聖寺藩主前田家墓所確認調査報告書』（二〇一七）

（田村昌宏）

●北陸の秘湯地を挟んで対峙した山城

柴《しば》田《た》の付《つけ》城《しろ》

〔所在地〕加賀市山中温泉白山町
〔比　高〕約八〇メートル
〔分　類〕山城
〔年　代〕一六世紀第４四半期
〔城　主〕柴田勝家
〔交通アクセス〕ＪＲ北陸本線「加賀温泉駅」から北鉄加賀バス「菊の湯前」停留所下車、西へ徒歩約一〇分で白山神社裏。山道を一〇分登坂で城跡。

【立地と縄張】柴田の付城は、山中温泉街から北西方向の通称「薬師山（台）」に所在する。天正八年（一五八〇）、織田信長軍が加賀地域を攻める際に、本城から山中温泉街を挟んだ東方の山上にある一向一揆《いっこういっき》の城、山中黒谷城を意識して築いたといわれている。

城は、南北に延びる尾根の扇端部に位置する。標高約一四五メートルの最高所が主郭の曲輪①にあたる。主郭は、南北に長い広大な敷地をもった曲輪で、その北側には明瞭な切岸《きりぎし》を有した二段の曲輪②と曲輪③が存在する。主郭と曲輪②および③への出入りは北西側にそれぞれ虎口《こぐち》があるが、いずれも平入り型である。曲輪③より北方へは痩せ尾根が延び、その先には本城最大の面積を有する曲輪④が存在する。曲輪④の東側に麓へ向かう道があり、大手道と考えられる。主郭より南側は、堀切《ほりきり》があり、その奥は南北の長い曲輪が設けられている。全体の縄張構成から、北方の山代温泉がある江沼平野を意識しており、曲輪④は眺望もよい箇所でもあることから、物見台の役割をしていたと考えられる。

【山中温泉の信仰地との関わり】この城の東麓には、山中温泉の守護仏として信仰されている医王寺が所在する。医王寺は、薬師如来を本尊とし、本城が「薬師山」と呼ばれるのも本寺の本尊が由来しているようである。また、医王寺境内より、主郭南方に到達するルートがあり搦手《からめて》道と考えられる。なお、この道の途中には複数の石仏が安置されており、この城山全体が医王寺の信仰対象の山であったかもしれない。

●—柴田付城縄張図（作図：田村昌宏）

●—医王寺

【山中温泉を挟んでの戦】　また、この柴田の付城より、大聖寺川や山中温泉街を挟んだ対岸にある山中黒谷城は、天正八年の織田信長軍の侵攻に対して、一向一揆方の将、岸田常徳が立て籠もったとされている。城は丘陵上に設けられており、標高二三〇メートルの主郭を中心に、それぞれ派生する尾根に段々状に連続した曲輪と、各所に堀切を設置した縄張を構築している。柴田の付城は、現在スポーツレクリエーション公園のエリアの一部となっており、運動や自然に親しむ場として、一般の人に開放されている。こうした利用のほかに、多くの人には、山中黒谷城を含めた城郭遺構をみてもらい、戦国時代の合戦に思いを馳せてほしいものである。なお、城跡めぐりをした後は、古からの湯治場である山中温泉にゆったりと入って、心地よい疲れを流すのも良いかもしれない。

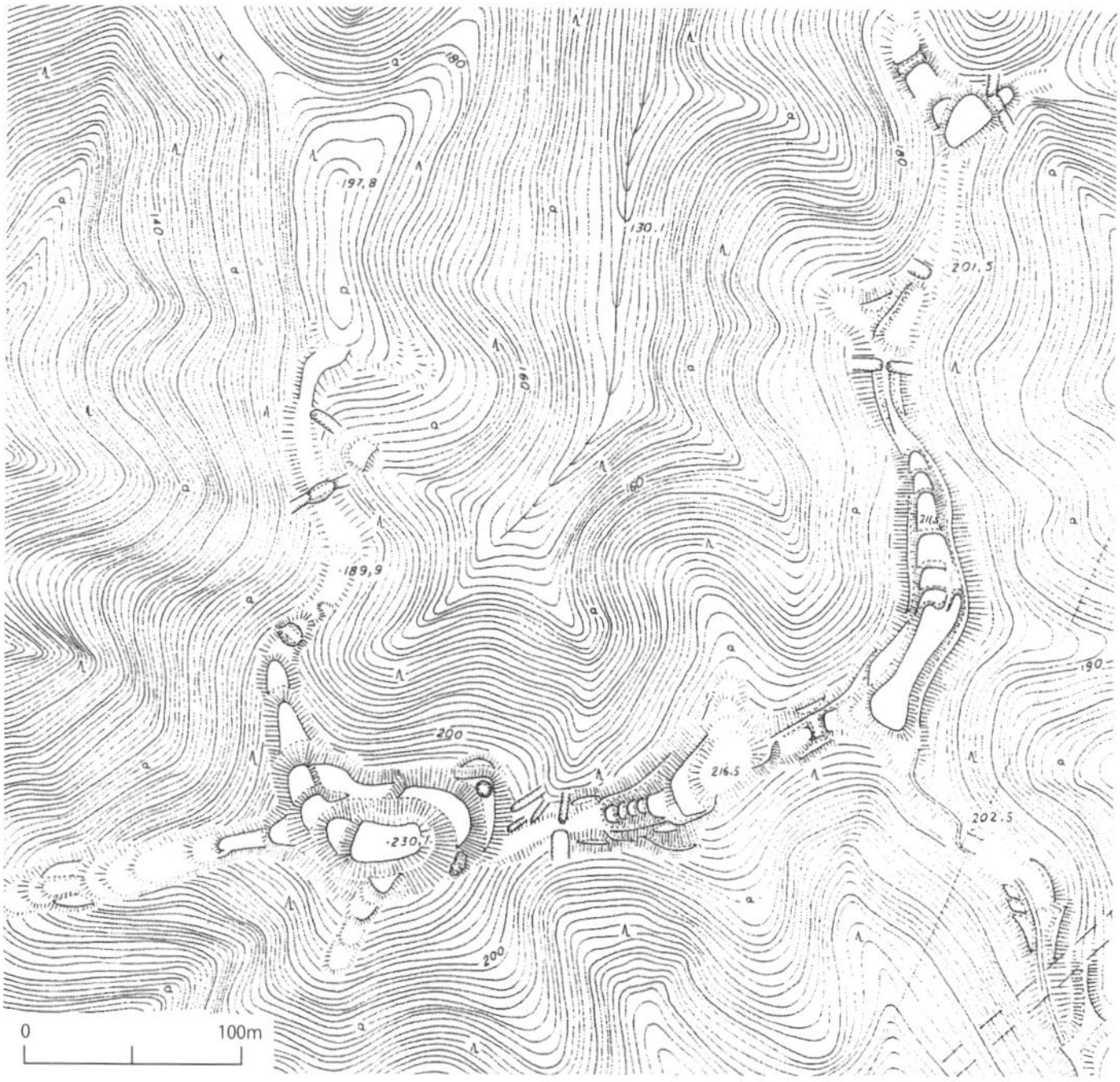

●—山中黒谷城縄張図（『加賀国熊坂城跡』より）

●—山中温泉総湯

【参考文献】加賀市教育委員会『加賀国熊坂城跡』（一九九六）、石川県教育委員会『石川県中世城館跡調査報告書Ⅲ（加賀Ⅱ）』（二〇〇六）

（田村昌宏）

赤《あか》岩《いわ》城《じょう》

●国境沿いに見られる戦国期の要害

〔所在地〕加賀市山中温泉滝町
〔比　高〕約一一〇メートル
〔分　類〕山城
〔年　代〕一六世紀第４四半期
〔城　主〕藤丸新介
〔交通アクセス〕ＪＲ北陸本線「加賀温泉駅」から北鉄加賀バス「山中温泉」停留所下車。県道を東へ、徒歩約五〇分で山麓。山道を二〇分登坂で城跡。

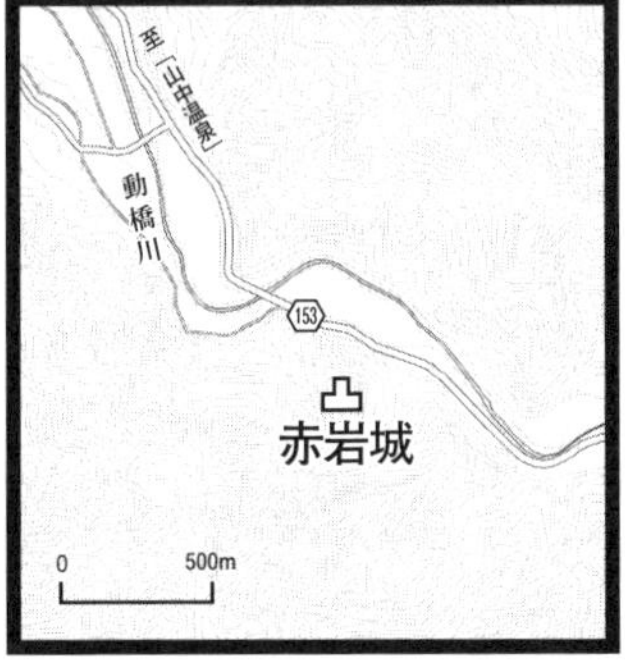

【地理的・歴史的背景】 赤岩城は、霊峰白山からの山稜の一つである大日山系を上流にもつ動橋《いぶりはし》川上流、加賀東谷の菅生谷《すごうだに》町と荒谷《あらたに》町の集落の中間に位置する。この城は、加賀国と越前国を往来する重要な交通路の要にあり、ここより北方へ約二キロ進んだところには、一向宗の拠点城郭寺院である塔尾超勝寺《とのおちょうしょうじ》がある。

本城は、『朝倉始末記』によると、加賀一向一揆《いっこういっき》の大将藤丸新介の居城で、弘治元年（一五五五）朝倉宗滴《そうてき》に攻められ、本城から北方およそ四キロにある横北へ敗走したという。その後、再び藤丸新介がこの城に籠るが、慶長年間（一五九六―一六一五）に大聖寺城主の山口玄蕃に攻められたことで、新介は能美郡大杉へ逃げ込み、後に金沢御堂に入ったとされている。

城は、動橋川左岸上の南北に連なる山陵上の一角に所在し、標高約一九〇メートルの最高所の曲輪①を主郭とする。全体の縄張構造から、特に北方向から来る敵を意識した造りになっており、東西斜面は急峻であることから、東と西方には目立った城郭普請はみられない。

【縄張の構造】 主郭①は、方形に近いかたちをし、北東隅には巨大な石が複数散在している。古代の巨石信仰があったとしてもおかしくない見事なものである。主郭①より下段の曲輪②へは、東側に虎口《こぐち》があり、そこから南、西、北側へと曲輪①を回り込むようにして進む。

なお、この虎口から北方へは東斜面にある曲輪⑦へと向か

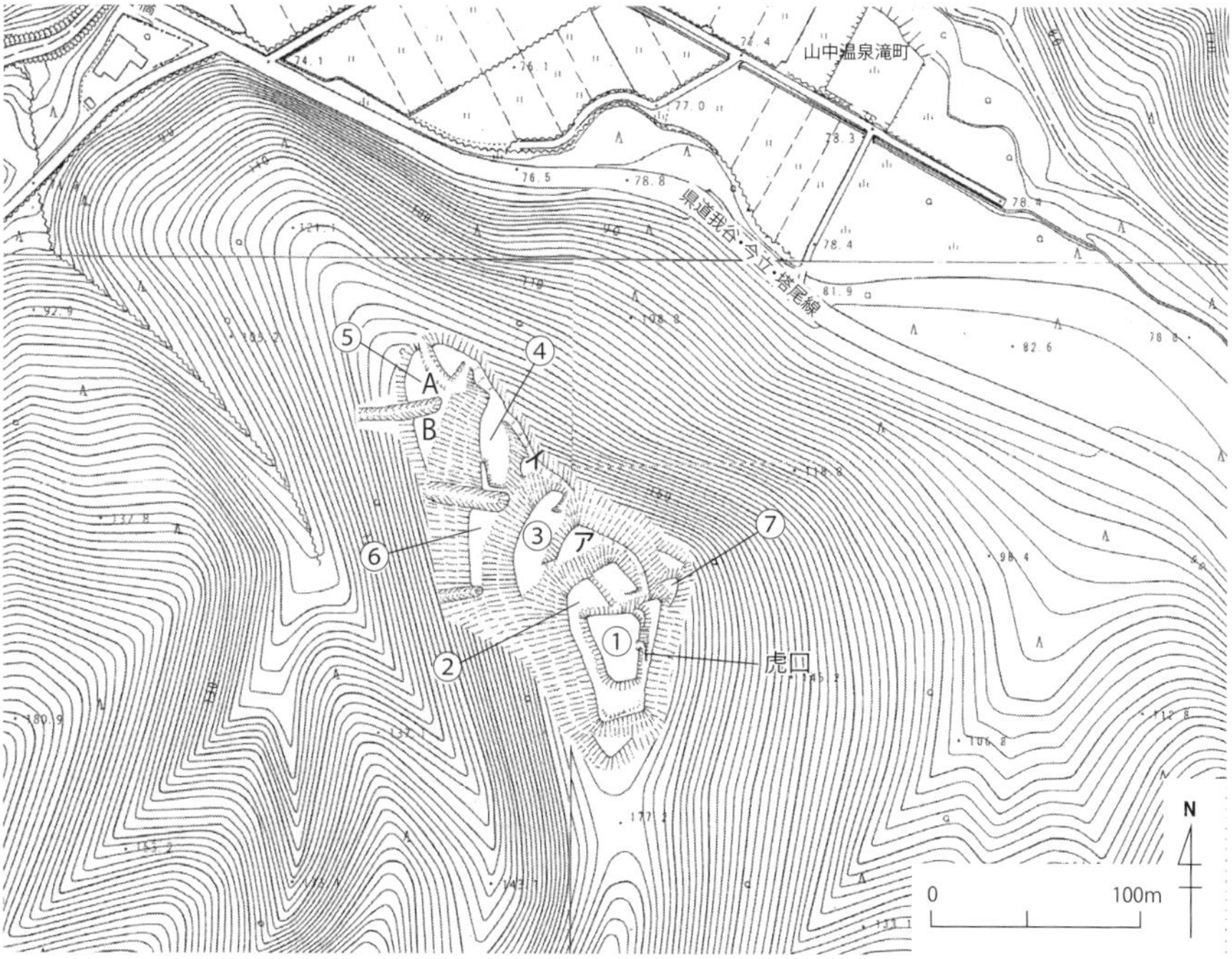

●—赤岩城縄張図（作図：田村昌宏）

う道が存在する。曲輪⑦より東方には、麓に下りる道があり、こちらのルートは搦手《からめて》にあたると思われる。

大手とされる曲輪②から北方曲輪③の間には、急峻な切岸《きりぎし》を設けており、敵は容易に攻めることはできない。曲輪②から下段の曲輪③へは、東方から下りる城道があり、一段の小曲輪アを経て到達する。

また曲輪③とその下段にある曲輪④との間にも崖のような切岸がみられ、容易に往来できない。こちらも東方にある城道を通って曲輪②—③間と同様、小曲輪イを挟んで、曲輪④に到着する。

曲輪④より西側には本城唯一存在する土塁《どるい》とその奥には深い竪堀《たてぼり》が掘られ、その対岸には曲輪⑥が存在する。曲輪⑥の南西端にも竪堀が設けており、本城の西斜面を強固に守っている。曲輪④から北方下段の曲輪⑤までには、この城最大の長さをもった切岸が造成されている。

曲輪⑤の中央には曲輪を分断するような構造をした竪堀がみられる。この縄張は、曲輪⑤—Aの敷地をあえて狭くさせ、敵の侵入を制限させるとともに、竪堀の対岸となる西側の曲輪⑤—Bは行き止まりとなるため、外敵を欺くためと考えられる。なお、曲輪⑤には、曲輪④へ上る際に折れを設けた空間地があり、枡形《ますがた》虎口の可能性をもつ。

また、曲輪②と③の間にある小曲輪アと、曲輪③と④間の小曲輪イは、敵が来たときに味方兵を下段の曲輪に進めさせるための馬出《うまだし》曲輪に相当すると思われる。

赤岩城は、城域はさほど大きくなくコンパクトな規模の山城であるが、主郭へ到達するまでに立ちはだかる急壁な切岸、複数にわたる枡形や馬出虎口の設置など、戦国時代後半の縄張を堪能することができる。城郭遺構の遺存状態もよいので、草木が伸びて周囲が見づらくなる夏場の時期を避けたときに、是非見学してもらいたい城である。

なお、天保四年（一八三三）大聖寺藩によって書かれた「大日山紀行」では、本城と周辺の名所・旧跡を紹介している。赤岩城については、「赤岩という急峻な山があり藤丸新介が城郭を構えた」と記している。また、「城の対岸には、『屏風岩』と呼ばれる大岩があり、本城の南方荒谷には絶景の『鶴ヶ滝』がある」と記述している。

江戸時代に記載された「屏風岩」や「鶴ヶ滝」は、今も加賀東谷地区の景勝地となっている。本城と併せてぜひ足を運んでいただきたい所である。

【参考文献】山中町史編纂委員会『山中町史現代編』（一九九五）、石川県教育委員会『石川県中世城館跡調査報告書Ⅲ（加賀Ⅱ）』（二〇〇六）

（田村昌宏）

●—屏風岩

●—鶴ヶ滝

加賀

●雄大な横堀が魅力的な山城

日《ひ》谷《のや》城《じょう》

〔所在地〕加賀市日谷町
〔比　高〕約八〇メートル
〔分　類〕山城
〔年　代〕一六世紀第４四半期
〔城　主〕一向一揆、朝倉氏、織田氏（戸次右近広正）
〔交通アクセス〕ＪＲ北陸本線「加賀温泉駅」から北鉄加賀バス「河南」停留所下車。県道を西へ、徒歩約三五分で山麓。山道を約一五分登坂で城跡。

【立地と歴史】　日谷城は、加賀市街地から南方へ約三キロ進んだ大聖寺《だいしょうじ》川の支流三谷《みつたに》川の谷あいにある日谷《ひのや》町集落の東側丘陵上に立地する。

この城は、天文年間（一五三二～五五）に一向一揆《いっこういっき》勢の拠点として築かれたとされている。『朝倉始末記』の中では、永禄十年（一五六七）将軍足利義昭の調停で、越前の朝倉義景《よしかげ》と一向一揆方が和睦した際、その条件として日谷城、大聖寺城、黒谷城を焼き払われたと記されている。天正三年（一五七五）八月、朝倉氏を滅ぼした織田信長は、越前に続いて加賀に進出し、江沼・能美郡を平定した。このときに日谷城と大聖寺城を修復して、戸次右近（別喜右近）を将に置いて一向一揆勢に対する拠点とした。

この城は、一向一揆、朝倉氏、織田氏の三勢力それぞれの普請が重複して残ることが推測される。

【縄張の構造】　本城のある山は通称「シロヤマ」と呼ばれ、標高一一八メートルの最高所の曲輪①が主郭となる。この主郭①から、各方位に派生する尾根上に曲輪や堀などの遺構がみられる。主郭の南縁には土塁《どるい》の痕跡が残るがさほど高くはない。主郭の北側の下段には腰《こし》曲輪②が配置されており、主郭北側の一角に緩傾斜の箇所があることから、ここが主郭①と腰曲輪②を結ぶ虎口《こぐち》となる。

この腰曲輪②より、北西と北東に延びる尾根が分岐する。腰曲輪②より北西方の尾根を向かってみる。腰曲輪②から一段下ると小曲輪があり、さらに北方下段には帯《おび》曲輪が存在す

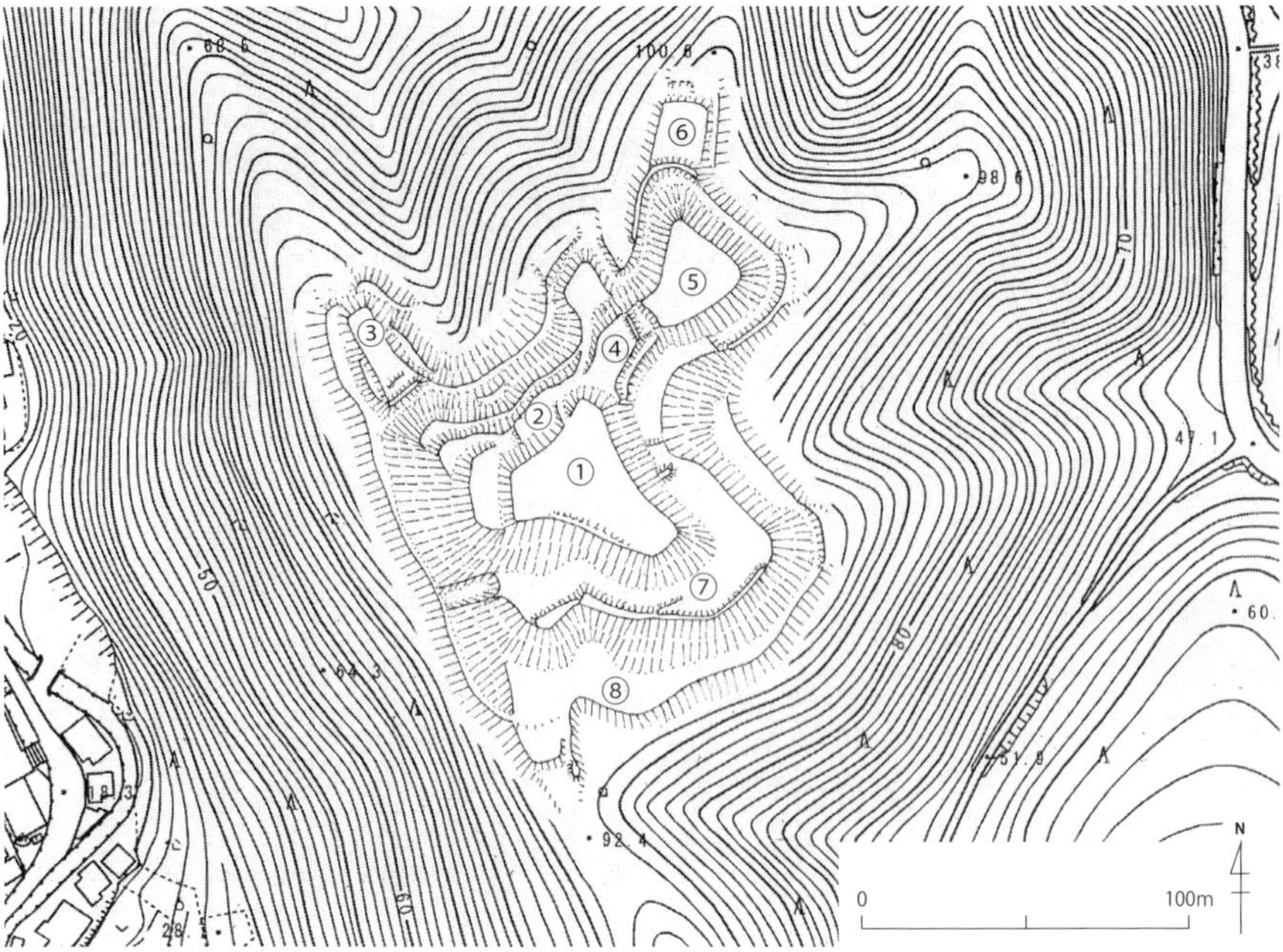

●—日谷城縄張図（作図：田村昌宏）

る。その下は長い切岸となり、その果ては北西尾根を分断する堀切《ほりきり》がみられる。その奥には広大な曲輪③が存在する。曲輪③の下段にはこの曲輪を囲むように帯曲輪が巡る。これより、尾根は北西方へと続いていくが、顕著にみられる遺構はここまでである。

続いて、主郭①北側の腰曲輪より北東方の尾根をのぞいてみる。腰曲輪②より東方には曲輪④、堀切を挟んで曲輪⑤が存在する。その下にはこの曲輪⑤を取り囲むように横堀が巡る。この横堀は、西方にある曲輪③の南に接する堀切まで続いており、本城の北側斜面を一体的に防御する要の堀となる。曲輪⑤および横堀より北方では、尾根が北と東に二分する。東側の尾根は顕著な遺構はみられない。一方、北側の尾根には、曲輪⑥が存在し、その奥は自然地形が続く。

次に主郭①の南側の斜面をみていくと、南方は南と東に尾根が延びる地形となる。主郭①の南方下段には、南から東を巡る広大な曲輪⑦をみることができる。曲輪⑦の南側には、幅広な土塁が構築されている。さらにその下段にも曲輪⑦同様、南から東方にかけて帯状に巡る曲輪⑧が存在する。この曲輪⑧は、北方にある曲輪⑤の南東の谷地まで延びている。また、幅は非常に狭小であるが、曲輪⑧の南から派生する西斜面にも帯曲輪が認められ、そのまま北西尾根の曲輪③手前

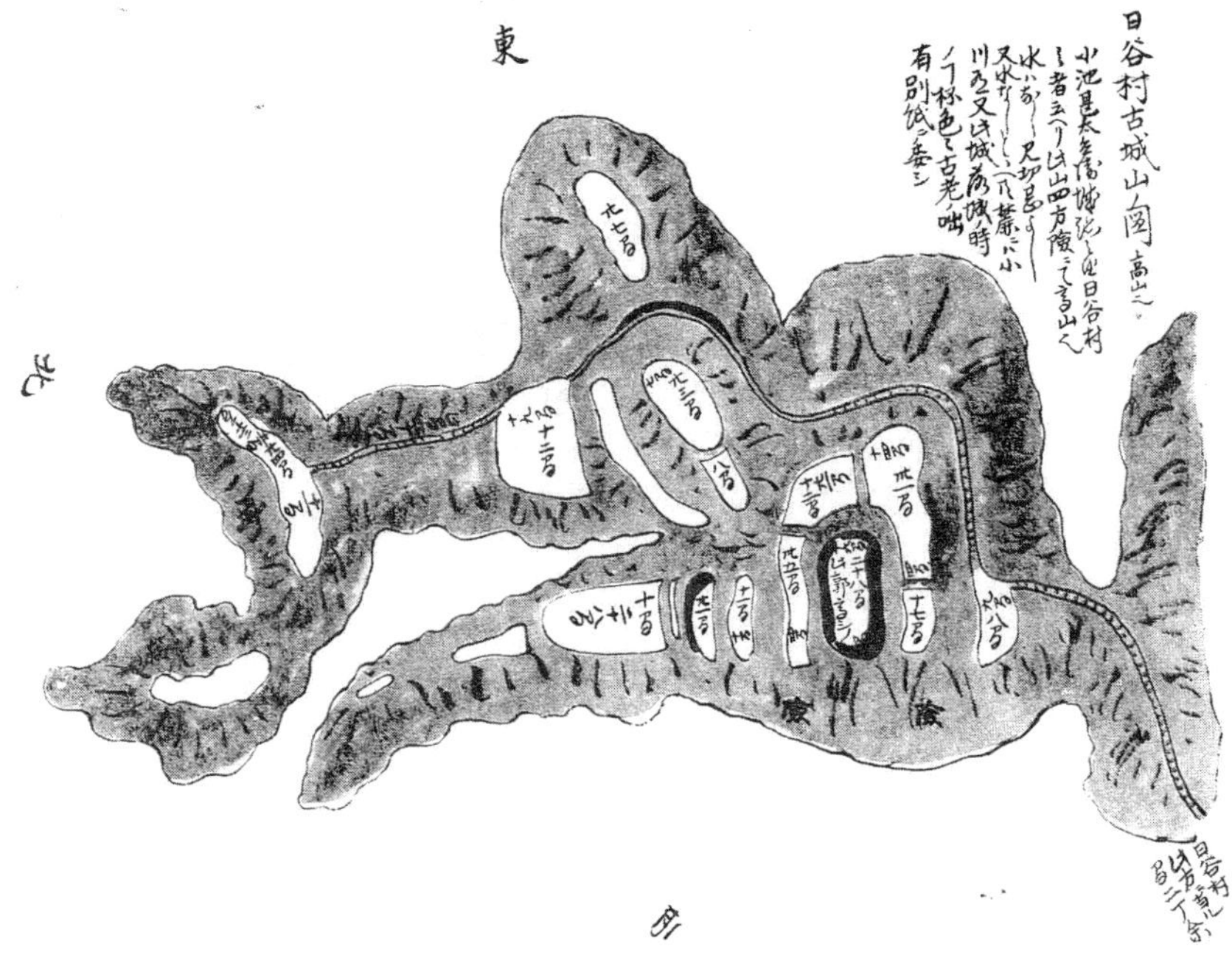

●—日谷村古城山図（『加賀市史通史』より）

の堀切に合流する。

本城は、目立った土塁の構築は、主郭①、曲輪⑦の南端に限り、虎口も主郭①と曲輪②間は、平入り虎口と、複雑な普請をした防御遺構は認められないように見えるが、主郭①とその下段の曲輪②・④・⑤を、横堀や帯曲輪にもなる曲輪⑦および⑧で囲い込み、城の中枢部の防御を強化した縄張となっている。この横堀などを利用した防衛ラインの普請は戦国末期に多く認められるプランであり、冒頭にも述べたように、城主が何回も変わることで、完成された縄張と考えられる。

なお、江戸時代後期に描かれた絵図を見てみると、主郭①から北側の曲輪③や曲輪⑥を経て、さらに北方に延びる尾根の先端部まで城域内にしている。絵図では、曲輪と考えられる平坦地の表記をしている箇所が確認できるが、現地で見る限り顕著な曲輪遺構を見出すことはできなかった。明瞭な城普請が確認できないこれらの箇所は、陣城に見られる兵を駐屯させる場であったかもしれない。

【参考文献】加賀市史編纂委員会『加賀市史　通史上巻』（一九七八）、『中世城郭辞典二』（新人物往来社、一九八七）、石川県教育委員会『石川県中世城館跡調査報告書Ⅲ（加賀Ⅱ）』（二〇〇六）

（田村昌宏）

執筆者略歴

いなもとかおり	1988年生まれ	城マニア・観光ライター
大西泰正（おおにし　やすまさ）	1982年生まれ	石川県金沢城調査研究所
岡本伊佐夫（おかもと　いさお）	1957年生まれ	平和こども園かぶと
川名　俊（かわな　しゅん）	1986年生まれ	石川県金沢城調査研究所
川畑謙二（かわばた　けんじ）	1972年生まれ	小松市交流推進部 文化振興課
木越祐馨（きごし　ゆうけい）	1955年生まれ	加能地域史研究会代表委員
北林雅康（きたばやし　まさやす）	1975年生まれ	七尾市教育委員会
小阪　大（こざか　ゆたか）	1967年生まれ	白山市観光文化スポーツ部 文化財保護課
佐伯哲也（さえき　てつや）	1963年生まれ	北陸城郭研究会会長
春風亭昇太（しゅんぷうてい　しょうた）	1959年生まれ	加越国境城跡群及び道調 査整備指導委員会顧問
新出直典（しんで　なおのり）	1974年生まれ	能登町真脇遺跡縄文館
善端　直（ぜんばた　ただし）	1965年生まれ	七尾市教育委員会 スポーツ・文化課
滝川重徳（たきがわ　しげのり）	1966年生まれ	石川県金沢城調査研究所
竹森杏奈（たけもり　あんな）	1990年生まれ	宝達志水町教育委員会
田村昌宏（たむら　まさひろ）	1967年生まれ	野々市市教育委員会
戸谷邦隆（とたに　くにたか）	1973年生まれ	津幡町教育委員会
増永佑介（ますなが　ゆうすけ）	1985年生まれ	かほく市教育委員会
向井裕知（むかい　ひろとも）	別掲	

編者略歴

一九七四年、石川県に生まれる
一九九七年、富山大学国際文化学科考古学専攻卒業
現在、金沢市文化スポーツ局歴史都市推進課

〔主要著書〕
「堅田B遺跡」『鎌倉時代の考古学』(高志書院、二〇〇六)、「鎌倉・南北朝時代の館と城」『中世城館の考古学』(高志書院、二〇一四)、編著『加越国境城郭群と古道調査報告書』(金沢市埋蔵文化財センター、二〇一四)、編著『加賀一向一揆関連遺跡と古道調査報告書』(金沢市埋蔵文化財センター、二〇一九)

北陸の名城を歩く
石川編

二〇二二年(令和四)十二月二十日　第一刷発行

編　者　向《むか》井《い》裕《ひろ》知《とも》

発行者　吉川道郎

発行所　株式会社　吉川弘文館
郵便番号一一三—〇〇三三
東京都文京区本郷七丁目二番八号
電話〇三—三八一三—九一五一(代)
振替口座〇〇一〇〇—五—二四四番
http://www.yoshikawa-k.co.jp/

組版・製作＝有限会社 秋耕社
印刷＝株式会社 平文社
製本＝ナショナル製本協同組合
装幀＝河村　誠

ISBN978-4-642-08412-3

中井　均・加藤理文編

東海の名城を歩く　静岡編

名城六〇を西部・中部・東部に分け紹介。Ａ５判・二九六頁／二五〇〇円

中井　均・内堀信雄編

東海の名城を歩く　岐阜編

名城六〇を西濃・本巣郡、中濃・岐阜、東濃・加茂、飛騨に分け紹介。Ａ５判・二八〇頁／二五〇〇円

中井　均・鈴木正貴・竹田憲治編

東海の名城を歩く　愛知・三重編

名城七一を尾張・三河・三重に分け紹介。Ａ５判・三二〇頁／二五〇〇円

仁木　宏・福島克彦編

近畿の名城を歩く　大阪・兵庫・和歌山編

二四〇〇円

近畿の名城を歩く　滋賀・京都・奈良編

二四〇〇円

二府四県の名城一五九を紹介。Ａ５判・平均三三二頁

上里隆史・山本正昭編

沖縄の名城を歩く

沖縄本島と島嶼部のグスク四六を紹介。Ａ５判・一九六頁

一九〇〇円

吉川弘文館
（価格は税別）